心理・教育・人事のための

テスト学入門

繁桝算男 編

誠信書房

はじめに

　本書は「テスト学」についての入門書である。テスト学という名称を初めて見聞きする人も多いかもしれない。しかし，テスト学は，テストの作り方，実施法，テスト結果の利用の仕方，テスト得点の統計的分析や評価に関する理論や技法を統合する分野であり，世の中のために非常に重要である。

　テスト学に最も近い領域は，心理学と統計学である。外界を扱う物理学と比べて，心のサイエンスである心理学は困難な問題を抱えている。心の内部で起こる心的な事象の間の関係を論じるとしても，あるいは，心的な事象からその人の行動を説明・予測するにしても，その心的な事象の指標が直感的には明らかでないという問題である。

　心的な事象のほとんどは実体のない構成概念である。構成概念は，テストによって数値化されることが多い。例えば，知能，不安，価値観，態度など，おびただしい数のテストが存在する。構成概念は，統計学では潜在変数として扱われる。経済学や工学において実際に役に立つシステムを作るためには，入力変数と出力変数の間の関係を簡潔に表現する潜在変数モデルが有効である。潜在変数モデルの先鞭をつけたのは，心理学から発展した因子分析であり，本書で随所に言及される項目反応理論（item response theory; IRT）である。

　さて，次のような会話を考えてみよう（架空の話である）。

①心理測定の基本問題

学生　そもそも心の中で起こることを数値化するなんて不可能なことだと思います。もしできたとしても，それは表層的な部分だけであり，深層部分を含めた全体を数値では表現できないように思います。

編者　確かに難しい面はある。しかし，心理学研究者は心の内的なプロセスとしての構成概念を測定できるかどうかに疑問をもち，それを解決するためにいろいろ考えてきたのだよ。そして，どのような前提条件があ

ればどのような測定値が必要であるかを明らかにしてきた。

学生 でも，例えば，不安テストであると主張すれば，不安を測定しているテストであると見なされていませんか。

編者 テストがどのように作られているか，また，そのテストの質がどのように保証されているか，という課題として研究されている。

②**大学入試の問題**

学生 日本の大学の一般選抜では，ペーパーテスト（紙筆テスト）の成績が使われます。しかし，大学での教育への適性は，ペーパーテストだけで決まるわけではないと思います。ペーパーテストに基づく学力だけではなく，受検者の高校生活全般に目を配って入学者を総合的に決めるべきではないでしょうか。

編者 米国の大学の入試ではそのような実践をしているよ。しかし，実際には一人一人の受検者を丁寧に見るほどの余裕はないようだ。客観的で公平な選抜への近道としては，テストを使うほうが得策かもしれない。

学生 実際のテストは真偽式や多枝選択式なので，受検者の思考力が評価されているとは思えません。フランスのバカロレア試験はフランス人の知性を涵養していると聞きます。日本のテストも，適度な時間と深い思考を要する記述式テストを受検者に課すべきではないでしょうか。

編者 多枝選択式などの客観テストと記述式テストや面接の結果を，各大学の特殊性を考慮し，適切に組み合わせて入試の合否判定に利用するのが望ましい。近年ではコンピュータを利用したテストが発展していて，問題の多様化や記述式テストの採点の客観化なども試みられているよ。

③**人事におけるテスト**

学生 大学入試で学力が重視されるのは理解できますが，企業の採用などでもテストが使われます。テストよりも，しばらく一緒に働いてから採用を決定するのが最も理想的なはずです。でもそれが難しいから，代わりに面接を行っているのだと思います。良い面接官ならば，最もふさわしい人物を選ぶことができるという想定なのでしょうか。

編者 短時間の面接でも応募者のパーソナリティがわかると考える面接官は多いようだが，その自信とは裏腹に面接試験の評価と職場のパフォーマンスとの間の相関はそれほど高くないと聞いている。

学生　データ上での相関は高くないとしても，面接試験で優秀な人材を発掘できたというエピソードはよく聞きます。面接は，有効な選抜の手段ではないのでしょうか。

編者　面接は企業側の望む人材についての発信の場であり，また，主体的に応募者を決定している意識を高める意義もありそうだね。ただし，面接での応答にもテストからの情報を活用するのがよいだろう。

④臨床におけるテスト

学生　メンタル面での困難を抱えている人への援助のためにカウンセラーなどが面接をしますが，臨床的な面接の場面では，テスト結果が不要な情報を与えることはないのでしょうか。

編者　テスト結果を機械的に臨床場面に持ち込むことは最も回避すべき態度だろうけど，テスト結果から見いだされる情報は有益だよ。テスト結果を臨床的介入の出発点にすればよいのではないだろうか。

学生　テスト結果など用いず，先入観なしにクライエントと接し，共感することのほうが大切だと思います。

編者　共感はもちろん大切だけど，例えば，発達障害が疑われるような子どもを前にして，認知機能検査の情報を得ないまま処遇を決めることは考えられない。どのようなテストがあり，テストから得られる情報をどのように利用すべきかについて，心理専門家はしっかり学ぶはずだよ。

上記の会話に少し補足をしておきたい。

①心理測定の基本問題

心理測定が可能かどうかという問題には，公理論的なアプローチによって可能であると答えることができる。ただし，公理論的な測定論の前提を満たすことは難しく，その前提どおりに測定値を得ることも同様に難しい。テストで得られる得点は，公理論的な吟味を経て得られるものではない。だからこそ，その得点をいろいろな意思決定に用いる根拠が必要になる。テスト得点の質を検討する概念が信頼性と妥当性であり，3章で説明される。

②大学入試の問題

入試の問題は大学の意思決定問題であり，関与する要因の重要性や各大学の個別の状況によって入試をどのように位置づけるかも変わってくる。一律

の正解があるわけではない。入学試験の望ましさを議論するための背景知識は1章と2章で与えられる。コンピュータ利用によるテストの新しい動きに関しては，5章と6章で説明される。

③人事におけるテスト

企業において重要な採用や人事配置という意思決定にテスト情報をどのように組み入れるかは重要な課題である。7章では，この課題の解決に向けて実践的な観点から説明される。人事におけるテストは，コンピュータによって制御されるテストを，自分の都合に合わせてテストセンターなどで受ける機会も多くなってきた。また，異なる機会に異なるテストを受ける場合に，同じ構成概念を測定することを目的として，同一尺度上に得点を変換する等化という考え方は，4章で説明される。

④臨床におけるテスト

臨床場面では，人事に関する決定と同様に，テスト情報をどのように位置づけるのかを議論されることが多い。8章では，実践的な場面におけるテストの利用について，自閉スペクトラム症に焦点を当てて考察される。

なお，本書にはテストに関して参考になる情報を3つの付録として用意した。付録Aは現在日本で利用されている主要テストのリストである。付録Bは実際にテスト得点を分析するためのソフトウェアのリストである。付録Cはテスト得点の分析の数理統計学的な基礎をコンパクトに説明している。

本書は，テストに関する多様な側面をカバーしている。各章の説明や用語はなるべく統一したが，その整合性は十分でない場合もある。幸いにして本書が版を重ねることができるならば，整合性やわかりやすさの向上など，必要な改善をしていきたく，読者からの叱正を期待している。

本書の企画から校正まで，編集部の小林弘昌氏に大変お世話になった。また，付録Aの作成では，石垣琢麿先生（東京大学），渡邉誠一先生（日本人事試験研究センター）のご協力を得たことに感謝申し上げる。また，付録に関しては著者紹介に示した担当以外の著者からも貴重な意見をいただいた。

2023年1月

編者　繁桝　算男

目　次

1章
テストとは何か

1.1
テストの定義

　多くの人が学校で何回もテストを受けただろうし，高校や大学などの入学試験，企業の採用試験，さまざまな免許や資格の試験など，人生において何回ものテストを受ける機会がある。そのテストについて，良い思い出をもっている人は少なく，嫌いと思っている人が多数派ではないだろうか。

　なぜ，人はテストを嫌がるのだろう。1つの理由は，テストが自分の知らない自分の一部を引き出し，テストを実施する人がその情報を勝手に利用するのではないかという恐れである。テストを受ける側としては，テストの結果が信用できることや，使用する目的がはっきりしていることを要求したくなるだろう。テストを実施・利用する側からすれば，受検者の要求にどうすれば応えることができるかが問題となる。

　「テストとは何か」という問いに答えるのは簡単ではないが，「受検者の特徴を数値化したものである」という答えをとりあえず用意しておく。数値とは，加減乗除を行う通常の数値だけではない。背番号のように，個人を識別するような数値もある。また，成績評価の優・良・可，オリンピックの金・銀・銅メダル，運動会の1位・2位・3位などの順序も数値によって表現できる。

1.1.1　数値の4つの分類

　心理学では，数値を「名義尺度」「順序尺度」「間隔尺度」「比尺度」という4つに分類することが多い。

①**名義尺度**　単に分類する機能をもつ数値。例えば，野球選手の背番号などのことで，選手を区別することはできるが，その数値について加減乗除を行うことは意味がない。

②**順序尺度**　順序性をもつ数値。順序のみを示すので，オリンピックの金メダルを3点，銀メダルを2点，銅メダルを1点とし，国別に合計点を比較してもあまり意味がない。

③**間隔尺度**　数値の単位に意味がある数値。例えば，温度や年号などのことである。気温について，「5℃と10℃」および「25℃と30℃」は同じ5℃の差であるが，25℃は5℃の5倍だけ暑いという意味はない。

④**比尺度**　数値の単位に加えて数値ゼロ（すなわち，原点の位置）にも意味がある場合。例えば，長さや質量などのことである。25mは5mの5倍だけ長いという意味があり，0mは原点としての意味がある。

1.1.2　数値化と測定

　数値化するという行為を「測定」とよぶことにする。名義尺度の場合，言葉によって測定する対象が明確に区別されるのであれば，その言葉に対して1つの数値を対応させればよい。

　しかし，現実の測定に関しては，間隔尺度や比尺度をさすことが多い。ただし，間隔尺度や比尺度の数値を得ることは，厳密にいえば非常に難しい。心理学では，間隔尺度以上の数値化が可能である前提条件が吟味されている。自然科学において長さや質量などの測定が自明な行為であることが多いのに対し，心理学における測定は測定値の意味が恣意的に解釈される場合がある。心理学では，測定を整合的に説明するために，公理論的測定論という領域で測定の意味を明らかにする研究が蓄積された。要約すると，測定とは，測定対象の世界に存在する測定対象間の関係を数値間の関係に変換する行為である。本書では，測定の基礎論をこれ以上展開する余裕はないが，興味のある読者は，吉野・千野・山岸（2007）を参照されたい。

1.1.3　テストと測定

　現実に行われている数値化は，公理論的測定論によって正当化される場合は少ない。本書で取り上げるテストも，別の考え方によって測定値を得てい

る。本章の冒頭で，とりあえず，受検者の特徴を数値化したものをテストとしたが，テストとよばれるためには，さらにいくつかの条件をクリアしなければならない。

テストは目的をもって行われるものであり，数値化される状況と手続きが明確にされていることをテストの条件とする。日本テスト学会（2007）のテスト・スタンダードでは，テストを次のように定義している。

「テストとは，能力，学力，性格，行動などの個人や集団の特性を測定するための用具であり，実施方法，採点手続，結果の利用法などが明確に定められているべきものである。したがって，本規準は心理学的なテスト，学力・知識試験はもとより，行動評定，態度評定などの評定手法，調査のほか，構造化された面接，組織的観察記録にも適用され得るものである。」

テストは，何らかの意思決定のために用いられることが多い。当面は，個人や集団の特性を知るためであっても，将来的にはある種の意思決定に使われることが多いだろう。そのテストを受ける人にとってその結果が非常に重要な意味をもつテストをハイステークステストという。テストが個人や社会に重要な意味をもつハイステークステストを 2 つみてみよう。

1.2
ハイステークステストの例

1.2.1　例 1——PCR 検査

2019 年 12 月に第 1 例目の感染が報告されてから，世界は新型コロナウイルス感染症（COVID-19）に長い間苦しめられている。このウイルスに感染しているかどうかをテストするのが PCR（polymerase chain reaction）検査である。PCR 検査は，ウイルスの遺伝子を増やし，その DNA に光る試薬を組み込み，ウイルスが存在すれば光が強くなるという特徴を利用したテスト法である。

検査の結果は，陽性か陰性かのどちらかである。このとき，検査の結果と真の状態（実際に感染しているかどうか）との関連は，2×2 の分割表にまとめられる（表 1.1）。この分割表の 4 つの区画をセルとよぶ。この 4 つのセルの数字を検討すると，PCR 検査がどれほど有効であるかがわかるが，

表 1.1　PCR 検査の結果を示す 2×2 の分割表

	PCR 検査陽性	PCR 検査陰性
COVID-19 感染	**真陽性** 感染者が正しく陽性	**偽陰性** 感染者が誤って陰性
COVID-19 非感染	**偽陽性** 非感染者が誤って陽性	**真陰性** 非感染者が正しく陰性

表 1.2　PCR 検査の結果を示す 2×2 の分割表（実際のデータ）

	PCR 検査陽性	PCR 検査陰性
COVID-19 感染 5,000	**真陽性** 4,500	**偽陰性** 500
COVID-19 非感染 10,000	**偽陽性** 10	**真陰性** 9,990

注：上記の数値は，北海道大学病院の約 2,000 例による特異度の推定値と感度の推定値（唾液検査で 83 から 97％）に基づく（2020 年 9 月 29 日プレスリリース）。このほかの数字は，東京都発表の 2021 年 8 月 21 日の発表からの想定値。

これらの 4 つの数値を 1 つの指標にまとめたほうがわかりやすい。このために感度（sensitivity）や特異度（specificity）という指標がよく用いられる。感度は感染者の中での陽性者の率を表し，高ければ偽陰性が少ないことになる。特異度は非感染者の中での陰性者の率を表し，高ければ偽陽性が少ないことになる。それぞれ以下のように計算する。

$$感　度 = \frac{真陽性の数}{真陽性の数 + 偽陰性の数}$$

$$特異度 = \frac{真陰性の数}{偽陽性の数 + 真陰性の数}$$

実際のデータを当てはめて計算してみよう（表 1.2）。

$$感　度 = \frac{4500}{4500 + 500} = 0.9$$

$$特異度 = \frac{9990}{10 + 9990} = 0.999$$

したがって，この例では，感度としては陽性者の90％を正しく判定し，特異度としては陰性者の99.9％を正しく判定する検査といえる。感度や特異度は，PCR検査が，ウイルス感染の診断を目的とすることにどれほど適しているかを表す指標である。テスト理論では，この問題は妥当性の問題として議論される（3章参照）。

ところで，PCR検査で最初に陰性であったが，念のため翌日にも測定すると陽性であったというニュースを耳にする。この間にウイルスの数が増えたという可能性もあるが，ウイルスの数が一定であったとすると，検査の結果が変動したということを意味する。検査の結果が再現できないことを，本章では信頼性がないという。信頼性と妥当性は両方とも考察しなければならない。なお，1つ1つの検査結果には誤差が含まれるが，検査を2回やれば偽陰性や偽陽性が格段に減少するという見解は間違いである。

1.2.2　例2——科挙

世界史を記述するとき，これまでは西洋中心の視点から描かれたものが大多数であった。現在では西洋中心主義が反省されて，文字どおりの世界史に関する良い本が多く出版されているようである。テストを論ずるときも同じような問題がある。定評のあるテスト理論に関する教科書（Hogan, 2007）によれば，テストの歴史の準備期におけるテストとして，イエズス会の論述試験（16世紀）やケンブリッジ大学の筆記試験（19世紀）をあげ，黎明期のテストとして，キャッテル（Cattell, J. M.）の知能テスト（1890年）やビネー（Binet, A.）の知能テスト（1905年）をあげている。

しかし，実は，このようなテストよりも大規模で整備されたテストは，中国の王朝であった隋（581-618年）の時代の598年から始まっている。言うまでもなく，「科挙」である。科挙については，テストを考えるうえで興味深い事実が多い。試験の公平性を保つため，あるいはカンニングを防ぐため，試験実施システムが工夫されていた。例えば，筆跡から受検者がわかると公平性を欠く原因になることを考慮して，全答案が筆写された点などあげられる。興味のある読者は，宮崎市定の一連の著書（例：宮崎，1946, 1963, 1987など）を参照されたい。

ただし，現代から考えると，科挙の欠点を見いだすことも容易である。科

挙の試験には暗記を要求するものが多い。例えば，儒教の経典である経書の中の3文字を伏せておき，その3文字を埋めるという穴埋め問題がある。受検者は，この問題の対策のために，57万文字を暗記しなければならなかったという。このようなテストでは，将来に発展する潜在的能力，自然科学や実証の方法論，法律や経済などの実践的スキルなどを評価することはできない。受検者はもっぱら古典を勉強し，暗記をベースとした勉強をすることになった。その後，書道の大家である王安石（おうあんせき）の新法改革において，科挙についての改革も実行された。暗記よりも大義を問う試験などに改革されたのである。また，官吏任用試験として，法律の知識を問う新たな試験が課されることになった（平田，1997）。しかし，この改革は短命であった。

　ほかにも科挙の弊害を説く者もいたようであり，このときの議論では，現代の入試に関する論争と同じような論旨の対立がみられた。例えば，試験はもともと不完全なのだから，せめて評価が客観的になされる科挙のシステムでよいという主張もあり，現代の日本の入試において，客観的に採点される多枝選択式を押す立場と，深い思考力を評価するためには記述式問題が必須であるとする立場の論争と重なる側面がある。

　科挙の目的は，①天子を助ける有為な人材を集める，②すべての人が政治に関わる（少なくも，それが真であると広く人民に思わせる）である。とりあえず，ここで妥当性の定義を，「テストを実施する目的に照らして，その実施が適切である程度」であるとしよう（妥当性は3章であらためて議論される）。科挙は，建前上は万人に開かれており，ある程度その目的を達成したという点で妥当性はあったと思われる。しかし，科挙の目的がその時代の科学や工学を発展させようとするのであれば，そのための妥当性を欠いている。歴史的に，ヨーロッパと比べ，清の時代の中国の科学技術が遅れた原因の1つは科挙にあるといえるかもしれない。

1.3

テストの種類

　さまざまなテストが存在するが，それらは次のような種類に分けて考えることができる。

1.3.1　学力テスト

　小学校，中学校，高校，大学などでは，授業で教えた知識や技能を把握したかどうかを確かめるために，教師が作ったテストがしばしば実施される。一方で，「全国学力・学習状況調査」や「大学入学共通テスト」のように，テスト項目の作成に多数の専門家が関与し，大規模に実施されるテストもある。さらに，「国際数学・理科教育動向調査（TIMSS）」や「OECD 生徒の学習到達度調査（PISA）」などは，国際的な学力の差異を明らかにするために多くの国で実施されており，マスコミではこれらの調査における日本の順位が大きく報道されている。これらの調査で用いられるテストは，異なる国においても学力を測る尺度が同じ原点や単位をもつことを目標として多大な努力が払われている。ただし，完全に同じ物差しで各国を比較しているかどうかには若干の疑問が残る。また，各国の教育内容とテストとの関連も一様ではなく，単純な順位の動向ではなく，結果についてはより詳細に吟味すべきである。

　教師が作成するテストの目的は，生徒・学生を効果的に教えるための情報を得ることと，生徒・学生を評価することである。入学試験や企業の採用試験は，受検者の将来に大きな影響を与えるテストである。受検者の人生に大きな影響を与えるという意味で，教育界ではハイステークステストに分類される。

1.3.2　認知機能テスト

　認知機能テストの先駆けは，キャッテル（Cattell, J. M.）が，重さなどの識別，反応時間，時間間隔の判断の正確さといった基礎的認知プロセスを測ろうとしたことである。しかし，これらの基礎的認知プロセスの測定値は，学業成績を予測するという実践的な基準としては失敗であった。実用的な認知機能テストは，ビネー（Binet, A.）が，協力者のシモン（Simon, T.）と1905 年に出版した「ビネー・シモン尺度」が最初である。これは，当時のパリ市において知的障害をもつ子どもを特別支援学校に入学させるかどうかを判断するために開発された。この尺度は，認知機能を単純な認知プロセスに分解せず，推論や記憶のようなより総合的な機能を測ることを意図してお

り，知能検査とよばれている。日本でも「鈴木ビネー知能検査」や「田中ビネー知能検査」とよばれるテストがある。これらは，個々の受検者ごとにテストが実施されるが，現在，世界においても日本においても個別検査の主流は「ウェクスラー知能検査」である。「ウェクスラー知能検査」の最初のテストは 1939 年に発行されているが，現在では，「ウェクスラー成人知能検査」が第 4 版（WAIS-IV），「ウェクスラー児童用知能検査」が第 5 版（WISC-V），「ウェクスラー幼児用知能検査」が第 3 版（WPPSI-III）と，改訂を繰り返している。

　一方で，集団に対して一斉に実施される知能検査もある。その嚆矢は，米国で第一次世界大戦における兵士の選抜の資料になるように開発された，「陸軍アルファ検査」と「陸軍ベータ検査」である。

　なお，因子分析を適用することにより，知能という概念が多様な能力から構成されていることがわかってきた。そのため，例えば学校における学習のためのテストというように目的に特化した個別的な名称が望まれること，あるいは，知能という名称が遺伝的な影響を示唆していること，初期には知的障害の選別に使われたこと，移民問題において差別的取扱いに使われたことなどを理由に，知能検査の知能という名称を避ける動きもある。

　推論の能力を問うための質問項目（問題）は，しばしば，文化の影響を受けやすい。文化の影響を極力排除した，文化的に公平なテストとして，「レーヴン色彩マトリックス検査」がよく知られている。これは図形を使った質問項目を使っている。

　基礎的な認知プロセスを取り分けて知能を測定しようとする企ては，知能を総括的に測定する試みとしては失敗したといえるが，脳機能に起因する症状（例：失語症や注意や記憶の障害）に焦点を当てた検査として使われているテストもある。

1.3.3. パーソナリティテスト

　パーソナリティ（性格）の諸特徴を測定しようとするテストである。代表的なものは，質問紙法によるテストである。これは，例えば，「友達が多い」「約束を守る」「時間に正確である」「気分は安定している」などの質問項目に回答するテストである。テストへの回答は，例えば，「非常によく当ては

まる」「当てはまる」「どちらでもない」「当てはまらない」「まったく当てはまらない」という選択枝のいずれかをチェックするという形式がある（5件法とよばれる）。選択枝の個数は3つや7つ，あるいは中間的な選択枝を排除して4つの場合などがある。

　質問紙法によるパーソナリティテストには，パーソナリティ全般を包括的に評価するテストと，個別的な特徴を評価するテストがある。後者には，例えば，うつ傾向や不安傾向などのテストがある。歴史的には，不適応や臨床的症状の予測のために，このようなネガティブな特徴を測定するテストが多かったが，ポジティブな側面を測定しようとする動きも近年では目立っている。

　パーソナリティテストには，投影法（投映法）とよばれるユニークなテストがある。例えば，対称的なインクの染みが何に見えるのかという評定者とのやりとりによって内面を探ろうとする「ロールシャッハテスト」や，いろいろな意味に解釈できるような絵を見せて物語を作ってもらう「主題統覚テスト（TAT）」などがある。これらのテストに基づく結論は，明確なルールによって導かれるわけではなく，受検者の示すあらゆる兆候を観察し，総合化して判断される。この意味では本章の冒頭に掲げたテストとはやや異なる面があり，テストではなく，アセスメント（1.4.6項参照）に分類される場合もある。

1.3.4　職業適性・興味・価値観・態度テスト

　職業適性のテストとして，日本では，厚生労働省の編集による「一般職業適性検査（GATB）」がよく知られている。目的として，職業適性を評価するテストであるが，一種の認知機能テストでもある。

　また，職業適性の1つの側面である職業興味に焦点を当てたテストもある。米国の心理学者ホランド（Holland, J. L.）は，職業興味を6つの人格型（現実型，研究型，芸術型，社会型，企業型，慣習型）に分けた。この類型化に基づいた興味検査が開発され，その日本版が「VPI職業興味検査」である。

　ホランドの類型化に似ているが，歴史的にはより古い分類が，シュプランガー（Spranger, E.）による価値観の類型化である。シュプランガーは，人

生の価値の追求を，理論志向型，経済志向型，社会志向型，美志向型，権力志向型，宗教志向型に分類した。この分類に基づき，いくつかのテストが開発されている。

　パーソナリティあるいは興味や価値観より，さらに行動と直接的に関連するのが態度である。より具体的なテーマに関する態度について，例えば，マイノリティ差別について，家庭内暴力について，早期教育について，大学入試のあり方についてなど，研究者の関心に応じて多様な態度に関するテストが開発されている。

1.4

テストの形式

　前節のテストの種類と重複することもあるが，テストをその形式から分けることもできる（テストの出題形式は，コンピュータの利用によりさらに多様化しているが，これに関しては5章や6章を参照されたい）。

1.4.1　回答選択式テスト vs. 記述式テスト

　学力テストをまず考える。質問項目（問題）の回答に対して，もっともらしい回答を複数用意し，どれが正答かを問う多枝選択式が典型的な回答選択式テストの例である。回答方法にはいろいろなバリエーションがあり，複数選択できる場合，順位をつける場合などもある。それに対し，回答を記述することを求める記述式テストも多い。数学において，問題を自力で解き，その途中経過と最終的な回答を要求するのは記述式テストである。また，歴史において，例えば，「ローマ文明とギリシャ文明の違いを最も際立たせる社会構造の違いを記述せよ」というのも記述式テストである。

　パーソナリティテストにおいて，質問項目に対する回答（反応）をあらかじめいくつかの段階に定めておくのは多枝選択式テストである。それに対し，絵の見本を見て，物語を作って記述するのは記述式テストである。投影法は一種の記述式テストである。

1.4.2　スピードテスト vs. 力量テスト

　評価対象として，質問項目（問題）の回答に至るまでの所要時間が含まれるときには，回答時間に制限を設ける場合がある。このようなテストをスピードテストという。これに対し，時間を評価対象とせず，正答やそれに準ずる回答に到達するかどうかのみを評価する場合は，回答時間に制限を設けないか，あるいは十分に長い回答時間を設定する。このようなテストを力量テストという。学力テストや認知機能テストに適用される分類である。

1.4.3　最大能力テスト vs. 典型行動パターンテスト

　受検者のリソースを最大限発揮できるような環境を用意し，また，受検者にもそのように動機づけるテストが最大能力テストである。それに対し，平常の心理状態においてもっともありそうな典型行動パターンを聞くテストもある。前者の代表例は学力テストであり，後者の代表例はパーソナリティテストや態度測定である。

1.4.4　紙筆テスト vs. 生物学的指標 vs. 行動観察 vs. パフォーマンステスト

　学力テストや質問紙法によって回答を得る場合，コンピュータを利用するケースも増えているが，机の上に紙で用意されたテスト材料に筆記用具を使って回答することが多い。紙筆（paper and pencil）テストとよばれる理由である。また，紙上で言語的に表明される回答ではなく，身体から発する各種の生理的指標や脳活動の指標など，生物学的指標を回答（反応）の一部として利用することがある。さらに，ある種の特定の状況を設定し，受検者の行動を観察して記録するテストもある。なお，受検者に課題を与え，その成果を評価するテストもある。これはパフォーマンステストとよばれる（6章参照）。これらの方法はそれぞれに長所と欠点があり，また，これらの関連は階層的であることが多いので，最終的な結論に至るため，あるいは，何らかの意思決定と関連づける場合には，これらのテスト結果を総合して評価することが有効である。

1.4.5　一斉実施テスト vs. 個別実施テスト

　質問紙法のパーソナリティテストは通常，集団を対象に一斉に実施される

ため一斉実施テストとよばれる。これに対し，投影法は一人一人の受検者に対し，時間をかけて回答を収集するため個別実施テストとよばれる。個別実施テストのほうが，より多くの情報をもたらし，評定者が各種の情報を総合することができる利点があるが，テスト実施に多大なリソースが必要とされる。テストの使用目的に応じて，どちらのほうが有効であるかを判断しなければならない。学力テストは，一斉に実施されることが多いが，受検者の回答を詳細に吟味するためには，英語の面接試験のように，面接場面を設定して質問項目を用意し，回答や回答を得る過程などを口述させることによって深い情報を吟味できる。

1.4.6　テスト vs. アセスメント

　繰り返しになるが，テストとは，テスト実施の際に得られる回答（反応）をテストの結果の数値に対応させることをさす。しかし，臨床場面で，知能テストやパーソナリティテストを個別に実施する場合，テストに対する回答があらかじめ定められた様式の範囲に収まらない情報がある。例えば，受検者の表情やしぐさなども情報になる。本書では，テストに対する回答とテスト結果を対応させる手続きが明示されている場合をテストであると定義した。臨床場面などで，テストから得られる回答の種類として，テストが提供するデータとして想定していない情報を含めて，評定者の主観によってテスト結果が報告される場合をアセスメントとよぶことにする。また，複数のテストが同時に実施され，複数のテストの結果が利用できる際に，それらを総合して何らかの結論に至ろうとするとき，複数のテストの結果と結論とに対応させるルールが存在しない場合はアセスメントである。

1.5
テストに望まれる性質

　テストを評価する観点はいくつか考えられる。日本テスト学会（2007）のテスト・スタンダードは，「客観性」「信頼性」「妥当性」「標準化」「等化」「公平性」をあげている。それぞれの観点から，テストがもつべき望ましい性質を議論しよう。

1.5.1 客観性

　一般には，テストの実施や採点が客観性をもっていることが望ましい。本章で繰り返されているように，テストとは，採点あるいは評価の結論と，テストの回答との間に対応づけ（ルール）が存在することと定義している。しかし，現実の評価の場面では，この条件が絶対的ではないと考える。学力テストにおける記述式の採点において，採点方法をできるだけルール化する努力が必要であるとしても，その一方で，型破りではあるがオリジナリティのある素晴らしい回答を評価する余地も残したい。

　本書では，2章で質問項目（問題）の作り方について，また，7章と8章で人事と臨床という実用的な状況におけるテストの使い方について説明される。

1.5.2 信頼性

　テストへの反応は一般的には数値で表される。最初に得られる数値を素点とよび，それを目的に応じて加工したものをテスト得点とよぶ。このテスト得点が，テストするたびに変動していては信用できない。テスト得点を，安定した部分と誤差の部分に分けるとき，誤差の部分のばらつきが小さいほど信頼性は高い。信頼性については3章で説明される。

1.5.3 妥当性

　数値化されたテスト得点は，本来そのテスト得点が狙っている得点（真の得点）とそれ以外の残差に分けられる。テスト得点がどれくらい真の得点を反映しているかを評価することが，テストの妥当性の評価である。しかし，統計的・機械的に妥当性を評価することは難しい。学力テストにおいて，多枝選択式テストは記述式テストよりも客観的に採点でき，また信頼性も高い。これに対して，記述式テストの場合は，テスト得点の信頼性は相対的に低いが，高次の思考力を測定するという目的を考えると妥当性が高いと判断できるかもしれない。同様な例として，質問紙法によるパーソナリティテストの信頼性は高いが，臨床的な症状の予測のためには投影法のほうが妥当であるかもしれない。テスト得点の妥当性の問題は，3章で議論される。

1.5.4　標準化

　テスト得点のゼロの点（原点）は，本来の測定対象の原点ではない。例えば，数学のテスト得点が0点であったとしても，数学の学力がゼロであることを必ずしも意味しない。テスト得点に意味を与える1つの方法が，そのテストが想定している集団の平均や分散を計算して，特定の値に変換することである。これを標準化という。標準化することにより，当該集団におけるその得点の位置づけが明らかになる。

　例えば，小学校6年生に対して，全国に適用される学力テストを作成した場合，全国の小学校6年生のうち，十分な数の小学生をランダムに抽出し，それから得られるデータの平均と分散に，平均＝50，標準偏差＝10という値を与えて，テスト得点全体をこれに合わせるように変換する。もちろん，平均＝0，標準偏差＝1としてもよい。この得点は，基礎となる偏差値である。すなわち，データの平均を$\bar{x}$，標準偏差をs_xとすると，偏差値zは，

$$z = \frac{x - \bar{x}}{s_x}$$

である。この得点から，平均a，標準偏差bのテスト得点Zは，

$$Z = a + bz$$

によって与えられる。標準得点を正規分布に従う得点としたい場合には，得られたデータのパーセンタイル得点を，正規分布のパーセンタイル得点と対応させればよい。

　テスト得点に意味を与える方法には別の方法もある。例えば，教科の学習目標がいくつかのステップのつながりと想定するとき，それぞれのステップを習得したかどうかをテスト得点で評価する。明確な基準が定められた場合にそれを習得したかどうかという意味づけを基準準拠型の標準化という（一方で，先にあげた小学校6年生用の学力テストにおいて，その全国の小学生の集団における相対的位置づけとして意味づける場合を，集団準拠型の標準化という）。これらの区別は学力の習得を想定した方法であるが，臨床的な応用場面においても，症状の改善に段階的なステップを想定できるならば，基準準拠的な評価も可能である。

1.5.5　等化あるいはリンキング

　異なる集団に対して，同じ意味をもつ尺度を構成する作業を等化という。例えば，フランスの小学生と日本の小学生の学力を比較しようとする場合，フランス語のテストと日本語のテストの難易度が違っていると比較はできない。テスト得点が同じ意味をもつように，2つのテストの単位と原点および分布を調整することが等化である。また，大きな意味で同じ特性を測っているが若干の違いがある場合や，異なる母集団を扱う場合，その得点を相互に比較できるようにすることをリンキングという。テスト得点の等化やリンキングに関しては，4章で説明する。

1.5.6　公平性

　テストの評価が評定者やテスト実施者の恣意に左右されることは避ける必要があることは明白である。評定者の主観に委ねざるを得ないテストもあるが，その場合でも評定者を複数用意するなど，評価のプロセスを第三者が知ることのできる透明性を用意しておくことが望ましい。別の例を考える。国際的に使われる認知機能のテストは，文化によって有利・不利が生じることは避けたほうがよい。文化によって影響されるテスト項目を除くということは，公平性を担保するための作業である。これらの2つの例では，公平性の概念が明白であるが，すべての点で，すべての人に公平であるテストを想定することは難しい。少なくとも，そのテストの効用と限界を見極めるために，どのような視点から見て公平であるかを明らかにしておくべきであろう。

　近年では，情報技術が進歩し，テストの設計，実施，評価のすべての側面に大きな変革をもたらしている。テストにおけるコンピュータ技術やAI手法の導入に関しては，5章と6章で議論する。

1.6
読者へのアドバイス

　テストの作り方，使い方，結果の見方のプロセスにおいて，テストの研究や実践に従事している人に特有の用語がある。それらを整理しておく。これ

らの専門用語は，専門家の中でも一致しているわけではなく，本書の各章において異なる用語が用いられている場合もあるが，ここではテスト・スタンダードに準じて整理しておく。

1.6.1 テストのプロセスに関与する人

テストのプロセスに関与する人として以下があげられる。

①**質問項目を書く人**　　アイテムライター。
②**テストを出版する組織**　　テスト出版社，出版者とも書かれる。また，プロバイダーという総括的な言葉が用いられる場合もある。
③**テスト実施者**　　受検者に，テストを受ける手続きについて，現場で説明し，管理する人。
④**テスト受検者**　　文脈によっては，例えば，研究のためのテストの場合などは，被検者。
⑤**評定者**　　テスト結果が客観的に得られない場合，テストで得られるデータを評価し，得点化する人。

1.6.2 素点と尺度得点

テストのプロセスの典型的な例を時系列的にあげる。投影法のように，テストの結果が受検者の絵の解釈や物語などの場合の取り扱いは，以下の典型的なプロセスには含まれていない。学力テストなどの場合には，まず，テストに対する回答はあるルールに従って数値化される。数値化されたテスト結果を素点という。典型的には，素点は，項目に対する回答の正誤が，1か0かというダミー変数で示されたものである。ただし，正答か誤答かという判断をせず，あるいは，パーソナリティテストの場合のように正誤の判断が適切ではない場合などは，項目の選択枝への反応そのものが以後の分析の対象になる場合がある。選択枝の反応の統計的処理については3章で説明される。

素点は，目的に応じてさまざまに加工される。最も単純なものは，正答数の合計点である。これを正答数得点という。正答数得点は，素点とされることも多い。それぞれの項目への正答に適当な数値を配分して，その合計点を0から100とすることもよく行われる実践である。この配点方式を一般的に

すると，それぞれの正答に重みをつけて足し合わせる合成得点になる。このように素点を加工したものを，尺度得点（あるいは，スコア）とよぶ。尺度得点は，素点の関数である。尺度得点にはいろいろな発展型がある。1.5.4項で説明した標準化は，素点に意味をもたせる1つの手段である。数ある統計分布の中で，最もよく知られているのが正規分布である。標準化するときに，正規分布に当てはめて，この基準になる正規分布の中での位置を示す標準得点も，得点に意味を与える手段の1つである。ある程度以上の確かな受検者の数があれば，このデータにおけるパーセンタイルに対応する正規分布の位置が，正規化された標準得点である。標準得点にそれほどの精度を必要とせず，わかりやすさを優先するとき，標準得点を5段階や9段階に分けて結果を示すことがある。9段階に分ける場合をスタナインとよぶ。また，標準得点の原点と単位は，目的に応じて適切な値を選べばよい。原点と単位を定めることは，分布の平均と標準偏差を定めることと同じであるが，よく見られるのは，学力テストの偏差値を示すときに使われる平均50，標準偏差10である。知能テストの結果を示すときには，歴史的なIQスコアの表現とそろえるために，平均100，標準偏差15とすることがある。

引用文献

平田茂樹 （1997）．科挙と官僚制（世界史リブレット）．山川出版社．

Hogan, T. P. (2007). *Psychological testing: A practical introduction* (2nd ed.). Wiley. （ホーガン, T. P. 繁桝算男・椎名久美子・石垣琢麿（訳） （2010）．心理テスト——理論と実践の架け橋．培風館.）

日本テスト学会 （2007）．テスト・スタンダード——日本のテストの将来に向けて．金子書房．

宮崎市定 （1946）．科挙．秋田屋．[注：本書の改訂版が宮崎（1987）にあたる]

宮崎市定 （1963）．科挙——中国の試験地獄（中公新書）．中央公論新社．

宮崎市定 （1987）．科挙史（東洋文庫）．平凡社．

吉野諒三・千野直仁・山岸侯彦 （2007）．数理心理学——心理表現の論理と実際．培風館．

2章
テストの作り方
——能力・学力テストを中心として

2.1

テストの作成手順

　テストを作るというと，多くの人はテストの質問項目（受検者に提示される質問や問題のこと；本章では単に「項目」とよぶことにする）を作ることを思い浮かべるであろう。確かに，項目がなければテストは成り立たないが，ただやみくもに項目を作って集めればテストが完成するわけではない。3章で述べるように，テストが測定のツールとして適切に機能しているかどうかを評価する観点として信頼性や妥当性がある。こうした性能を担保するためには，一定の手続きに従い，科学的・実証的なアプローチでテストを作っていく必要がある。

　一般的に，テストは図 2.1 のような手順を経て作られる（Crocker & Al-

図 2.1　テストの作成手順

手順①　テストの目的・用途を決める
手順②　テストのフレームワーク（設計図）を作る
　　[a] 構成概念の定義
　　[b] テストおよび項目仕様の作成
手順③　テスト項目の作成
手順④　予備テスト
　　[a] 回答データの収集
　　[b] 回答データの分析（尺度構成，信頼性の確認）
手順⑤　テストの編集
手順⑥　スコア結果の報告，解釈基準やマニュアル

すべてのプロセスが「妥当性」に関わる

(Crocker & Algina, 1986 や Downing, 2006 などを参考に作成)

表 2.1　Messick の妥当性の 6 つの側面

側面	説明
内容的	テストの内容から，想定している特性を測定していると考えてよいか
本質的	受検者が，テストが意図した思考過程やスキルを使用して回答しているか
構造的	測定したい特性の構造がテスト得点に適切に反映されているか
一般化	そのテストの結果が，他の状況にどの程度一般化できるか（信頼性を含む）
外的	そのテストの結果と他の指標との関連性や予測力は十分か
結果的	そのテストが意図した通りの役割を果たしているか

(Messick, 1995)

gina, 1986 や Downing, 2006 などを参考にしている）。手順①〜②は，何のために（手順①），何を（手順②[a]），どのように（手順②[b]）測るのかを明確にする作業であり，ここで定めた方針に従ってテスト項目が作成される（手順③）。次に，作成した項目に実際に回答してもらい，難易度や信頼性といった種々の測定論的な性能を検証する（手順④）。ここまででテストの内容や得点を算出する尺度が決まるが，さらに，本番で出題する項目の選定（手順⑤）や，テスト結果の利用者に返す報告の内容を定めたり，テストの結果を適切に解釈・利用するためのマニュアルを作成したり（手順⑥）といった作業もテスト作成のプロセスの一部と考えられるだろう。

　テストの妥当性（3 章）に関してはさまざまな見方があるが，その中の 1 つとして，Messick（1995）は，妥当性を「テスト得点の解釈と利用を裏づけるエビデンスの蓄積の程度」と定義し，妥当性の検証にあたって着目すべきポイントを 6 つの側面に整理している（表 2.1）。テスト作成の各段階において，これらのうちのどの側面が関わってくるかを意識し，必要なエビデンスを蓄積していくことによって妥当性を高めることができる。大まかにいえば，手順②〜③は内容的・本質的・構造的側面に，手順④は構造的および一般化の側面に，手順⑤〜⑥は内容的・構造的側面に，それぞれ対応するといえるであろう。

　本章では，図 2.1 に示した①〜⑥の各手順に沿って，テスト作成のポイントを解説する。なお，本章の内容は，達成度テストなど教育の文脈で用いられるテストを念頭に置いているが，他の種類のテストにおいても同様の考

え方が適用できる。

2.2 ▰▰▰▰▰▰▰▰▰▰▰▰▰▰▰▰▰▰
テストの目的・用途を決める

　テストには，必ずそれが使われる文脈や何らかの用途が想定されているはずである。テストの結果をどのような目的で使うのかを明確にするところからテスト作成は始まる。それによって，誰を対象に，どんなタイミングで，どのような能力を測定するかが決まる。また，テストの実施にあたっては，テスト時間や実施環境，開発運用にかかるコストなどさまざまな制約があるが，テストの目的を定めることで，そうした制約のもとでテストのどんな特徴や機能を優先するかという開発方針が明確になる。

　テストの目的・用途は，例えば次のように分類できる（例：渡部，1993）。

　①入学試験などの選抜，資格付与，適正配置のためのタイプ分けやスクリーニングなどの「予測・判別・分類」

　②臨床場面における治療・介入方針の立案や学習状態（強みや弱み）の把握といった「診断」

　③自身の態度・興味・性格等への気付きや，自身の学習進度や到達度を知るための「自己理解」

　④カリキュラムや指導法，政策の評価を行う「プログラム評価」

　⑤新しい構成概念や構成概念そのものの検討を行う「研究」

　教育テストは，それが用いられる評価の文脈に応じて，学習結果（達成度）を総合的に評価する総括的評価（summative evaluation）と，学習状態を細かく把握して学習者へのフィードバックや指導方針の立案につなげる形成的評価（formative evaluation）のいずれかに区別されることが多い。

　テストの目的の記述例として，経済開発協力機構（OECD）が実施する生徒の学習到達度調査（Programme for International Student Assessment; PISA: https://www.oecd.org/pisa/）を見てみよう。PISA は，生徒の学習達成度をテストによって測定するほか，生徒の生活環境や態度，家庭や学校の状況などの情報を広範に収集する国際的な大規模調査である。その目的は，

OECD 加盟各国の教育システムの評価・モニタリングであり，さらに国際比較を行うことによって各国の課題を明らかにし，教育政策の改善に役立てることであるとされている。調査の対象は 15 歳の生徒であるが，これは，加盟各国の義務教育の最終学齢に相当し，公的教育の成果を評価する対象として最も適切であるという理由で設定されている。こうした大きな目的に即して，PISA の達成度テストでは，実生活に必要な読解・数学・科学などの幅広い知識やスキルを生徒がどの程度活用できるかを測定・評価することをねらっている。上記の分類に従えば，PISA は各国の教育政策や教育プログラムの評価が目的であり，総括的評価の文脈で用いられるテストであるといえよう。

2.3
テストのフレームワーク（設計図）を作る

テストは「能力，学力，性格，行動などの個人や集団の特性を測定するための道具」であるが（日本テスト学会，2007，p. 17），テストが測定の対象とするこうした人間の特性は一般的に構成概念（construct）とよばれる。構成概念は「○○力」や「△△性」といった名称でよばれることが多いが，単なるラベルではない。構成概念は関心のある人間の行動を説明・理解するための仮説的な概念であり，測定の目的や背景となる理論があって初めて意味をもつものである。テストの目的や使用する文脈，対象とする受検者などが異なれば，同じ「○○力」とよばれている特性でも，想定されている内容が同じものであるとは限らない。

そこで，テストの作成時には，まず測定したい特性はどのようなものかを明確にする必要がある。そのためには，関心のある特性に関連する理論や仮説（例：その特性の構成要素，その特性が発揮される状況・プロセス・メカニズムなど）を精査し，そのテストの目的・用途に即した「測定したいもののモデル」を作ることになる。その上で，どのようにすれば（どのような項目を提示し，どのような回答を引き出せば）そのような特性をテストにおいて測定できるかを考えていくことになる。

例えば，PISA の数学的リテラシーテストでは「数学的リテラシー」を次

のように定義している。

　　「数学的リテラシーとは，さまざまな文脈において数学を定式化，活用，
　　解釈する個人の能力である。これには数学的に考え，数学的な概念・手続
　　き・事実・ツールを使って現象を記述・説明・予測する力を含む。それはま
　　た，実世界において数学が果たす役割を認識し，建設的，積極的かつ思慮深
　　い市民に必要とされる根拠ある判断や決定の助けとなるものである。」
　　（OECD，2019，p. 75: 筆者訳）

　先の目的のところで述べたように，PISA は実生活における知識やスキル
の活用を教育の成果として重視しているが，それがこの定義にも反映されて
いる。

　次に，こうした定義に基づいて，テストで測定する知識やスキルの範囲と
して内容領域（content domain）が定められる。PISA の数学的リテラシー
テストでは，表 2.2 に示すように，内容領域を「プロセス」「内容」「文脈」
という 3 つの次元によって整理している（OECD, 2019）。「プロセス」は，
上記の数学的リテラシーの定義にも表現されているように，現実的な状況下
で，与えられた問題を数学的なアプローチ（数学的思考）によって解決する
プロセス（すなわち，ある状況下での特定の問題を数学的に定式化し，数学
的知識・スキルを適用して答えを導き，結果を解釈・評価するプロセス）を

表 2.2　PISA 数学的リテラシーテストの内容領域およびテストにおける配分

カテゴリ		配分
プロセス	状況を数学的に定式化する（定式化）	25%
	数学的概念，事実，手続き，論法を適用する（適用）	50%
	数学的結果を解釈，応用，評価する（解釈）	25%
内容	変化と関係	25%
	空間と形	25%
	量	25%
	不確実性とデータ	25%
文脈	個人的	25%
	職業的	25%
	社会的	25%
	科学的	25%

（OECD, 2019, Tables 3.1–3.3, pp. 80–89 に記載されている情報をまとめたもの）

モデル化しており，テストでは個人がこうしたプロセスをどの程度発揮できるかを測定することをねらっている。

　「内容」は，数学的リテラシーテストが対象とする数学の内容的知識を規定・分類するものである。教科としての数学では単元ベースで考えることが基本となるが，PISA では，単元を反映しつつも，現実世界でみられるさまざまな現象を特徴づける数学的構造（変化と関係，空間と形，量，不確実性とデータ）に基づいて内容的知識を整理している。

　PISA のテストでは，現実的・具体的な状況や関連する資料や情報が提示され，その状況におけるさまざまな問題に回答する形式をとる。「文脈」は，そうした，数学的問題が与えられる状況を規定・分類するものである。できるだけ多様な状況を含めるために 4 つのカテゴリ（個人的，職業的，社会的，科学的）が設けられている。

　これら 3 つの次元および各カテゴリは，数学教育をはじめとする関連分野の先行研究，各国のカリキュラム，過去の PISA の項目の内容分析などのさまざまな知見を反映したものとなっている。また，項目作成時に参考にできるように，項目の難易度に影響するさまざまな要素の分析も行われている。

　このようにして内容領域を構造化する，すなわち，内容領域をいくつかの次元およびそれぞれを規定するカテゴリによって整理することによって，テストに出題可能なテーマや素材，測定する構成概念の範囲が明確になる。また，個々の項目を作成する際に，それぞれの次元のどのカテゴリをねらうのかを明確に指定することができるようになる。作成された項目をカテゴリごとに集計することによって，内容領域の網羅性の把握も容易になる。

　測定する構成概念の定義やモデル，および内容領域の構成は，テストの目的や測定したい特性によってさまざまである。例えば，「数学」という教科における達成度を測定したい場合，上記の PISA の例とは異なり，内容領域は特定の期間に学習すべき単元によって構成され，それぞれの単元において学習目標が要求する知識やスキルを測定の対象とすることになるだろう。一般的に，学習結果や学習状態を評価するためのテストでは，学習や指導と，テストによる測定が，同じ理論的枠組み（その領域における知識やスキルの構造や，学習者がそれらをどのように身につけていくかに関するモデル）に

基づいて設計されていることが望ましい（例：Pellegrino et al., 2001による「アセスメントの三角形」）。

　テストを構成する個々の項目は，全体として内容領域を網羅するように計画的に作成される。項目仕様（item specifications）は，個々の項目を作成する際に参照する仕様書である。項目仕様には，具体的に内容領域のどの部分（例：単元，文脈，難易度，プロセスなどの各次元の組合せ）をねらうのかを明記するとともに，使用可能な項目の形式その他の条件や，作成例なども記載する。項目仕様は，項目作成の意図を明確にして，項目の均一性や交換可能性を高める（項目の品質を安定化する）機能を果たし，特に複数の項目作成者に依頼して多くの項目を作成する場合にはこれを定めておくことがきわめて重要である。

　図 2.2 に，数学の単元「小数の掛け算」における多枝選択式（後述）の計算問題の項目仕様の例を示す。図 2.2 の項目仕様は，内容領域中の特定の単元を指定し，与える数値や選択枝に関する条件をかなり細かく規定するものであるが，場合によっては，形式的な側面よりも内容領域のどの部分をねらうのかについてのより具体的な記述に重点を置く項目仕様もありうる。

図 2.2　多枝選択式項目の項目仕様

数学（領域）　→　小数の掛け算（単元）　→　計算問題タイプ 1（項目）

刺激の属性	回答の属性
1.　2 つの小数の掛け算 2.　作業は文章または記号で指示 3.　因数の一方は 0 を含まない 3 桁，もう一方は 2 桁が非ゼロで 5 以上の 3 桁 4.　各因数は少なくとも 1 桁の整数部分を持つ 5.　計算結果が小数点以下 4 桁に収まる 6.　計算過程に少なくとも 2 回の繰り上げを含む	1.　形式：多枝選択式，小数点揃え，昇順または降順に並べる 2.　a, b, c, d の 4 枝選択式とし，「正解」「繰り上げミス」「桁揃えミス」「小数点の位置のミス」を表す各選択枝を含める 3.　いずれかの選択枝を「該当なし」に置き換えてもよい→「該当なし」選択枝は最後に置く

【作成例】

22.4×5.09 を計算しなさい。

　　a.　11.4016　　（小数点の位置のミス）
　　b.　13.2160　　（桁揃えミス）
　　c.　113.9860　　（繰り上げミス）
　　d.　114.0160　　（正解）

(Crocker & Algina, 1986, p. 70 に基づいて筆者が作成し，作成例を追加)

項目の形式は，実際の項目作成にあたって検討すべききわめて大きな要素である。項目の形式には，大きく分けて回答選択式（selected-response format）と回答構築式（constructed-response format）がある。回答選択式とは，項目中に正解を含むいくつかの答えが選択枝として提示されており，受検者がそれを選ぶことによって回答する形式である。回答選択式の代表例として多枝選択式（multiple-choice format）がある。図2.2の例のように，多枝選択式項目は，幹（「22.4×5.09を計算しなさい」）とよばれる問いを提示する部分と選択枝（a〜d）からなる。通常は選択枝の中に1つだけ正解があり，その1つを受検者が選んで回答するが，複数選択を許すものもある。

　多枝選択式項目は，多様な構成概念や出題内容に対応できる，採点を客観的かつ効率的に行うことができるため信頼性を高くしやすいといった利点があり，大規模な教育テストで最もよく使われる形式となっている。その一方で，①単純な知識やスキルしか測定できない（思考力など高次の能力の測定には向かない），②消去法などの回答テクニックで正解することができてしまうため意図している特性や回答過程が回答に反映されない，③そうした回答テクニックに偏った望ましくない学習を助長する，といった批判がある。

　多枝選択式項目を作成する際の最大の関心であり最も難しい点は，誤答枝をいかに作るかということであろう。誤答枝の作り方は，項目の難易度やその他の測定論的性能にも影響する。例えば，明らかな誤答では選択枝としての意味をなさない。逆に，難しくする目的で正解と紛らわしい誤答を入れると，かえって測定したい特性をうまく識別できなくなってしまうことがある。

　有効な誤答枝を作成するための1つの方策として，学習過程において典型的にみられる誤概念や計算手続きにありがちなミスなどを反映した「意味のある」誤答を設けることがあげられる。そうすれば，誤答枝のもっともらしさを高めることができ，さらにどの選択枝を選んだかによって学習状態に関するより具体的な解釈ができるようになる。なお，選択枝数は4〜5枝が多いが，少なすぎると作成の手間が省ける一方で当て推量による回答の影響を受けやすくなる。逆に多すぎるともっともらしい誤答をそろえるのが難しくなり，実質的に選ばれない選択枝が無駄に増えてしまうことになる。

回答構築式は，問いに対する回答を受検者が自ら考え，表現する形式である（回答が書く，話す，操作するといった種々の動作によることから，パフォーマンス型ともいわれる）。回答構築式項目の代表例は，いわゆる記述式である。記述式には，単語の穴埋め（文章などの一部が空欄になっており，当てはまる言葉を受検者が記入する形式）や数値の記入のような単純なものから，短い文を書かせるもの，数学のテストにあるように結果だけでなくそれを導いた過程まで回答するもの，さらには何らかのテーマや資料を与えてまとまった量の文章を書かせる論述式（essay）などのバリエーションがある。

　回答構築式項目の利点の1つは，回答から多様な情報を引き出せることであり，回答選択式項目よりも思考力や表現力などの高次の能力の測定に適しているとされる。その一方で，回答に時間がかかるために項目数を増やせず，回答構築式の項目を増やすと内容領域の網羅性が限定されてしまうという難しさがある。また，回答構築式項目は何らかの採点を必要とする。単語の穴埋め程度のものであれば正解との一致を確認するだけで済むが，分量の多い記述答案を人手で採点するような場合には，個々の答案の採点に時間がかかる。さらに，さまざまな原因（例：採点基準の解釈の違い，採点への慣れや疲労など）で採点者内・採点者間で採点結果にブレが生じることから，テスト得点の信頼性が低くなる傾向がある。採点の正確さを担保するためには，できるだけ明確な採点基準を設け，採点の体制やプロセス（例：評定者のトレーニング，採点結果のモニタリングおよび調整など）を整える必要がある。近年では，採点負荷や採点結果のブレの軽減，採点時間の短縮などを目的として，AIを活用した自動採点の研究・実装も進んでいる（6章参照）。

　このように，回答選択式と回答構築式にはそれぞれのメリットとデメリットがある。これらを理解したうえで，テストの目的，内容領域との親和性，実行可能性などを考慮して，1つのテストの中にバランスよく配置することが大切である。

　どのような内容・形式の項目を，どのような配分で1つのテスト版に含めるかを定めたものがテスト仕様（test specification: ブループリントともよばれる）である。テスト版に含める一連の項目が内容領域を十分に網羅・代表していることが望ましいのはもちろんであるが，1回のテストで出題で

きる項目の数は限られていることから，内容についてはある程度大きなカテゴリ分けをしておき，項目の選定に無理が生じないようにしておく必要がある。項目の形式に関しては，回答構築式の項目は一般的に回答に時間がかかり，テスト時間に制限がある状況で回答構築式の項目を増やすと，出題できる全体の項目数が減って信頼性が下がるといったデメリットが生じる。これは内容領域の網羅性や測定精度の確保という観点から望ましいといえない。また，要求される採点の精度や，採点にかかる時間やコストも考慮する必要がある。テストの目的，実行可能性，持続性の観点から，こうしたさまざまな制約を考慮しながら，無理のない設計を行うことが大切である。

　表 2.2 には，PISA の数学的リテラシーテストのテスト仕様の一部として，プロセス，内容，文脈の各次元について，1 つのテスト版に含まれるカテゴリの配分を示した。内容領域以外でテスト仕様に含めるべき要素として，項目形式の配分がある。PISA 2018 の数学的リテラシーテストでは，配分は明らかではないが，数字での回答などの制限回答構築式と，回答過程を示すなどの自由回答構築式の 2 種類の回答構築式，および多枝選択式が用いられている（OECD, 2019）。

　テストの目的や用途の記述に加えて，ここまでに述べた，テストで測定する構成概念および内容領域の定義，そしてそれを具体的なテスト項目に表現するための項目仕様や，内容領域がテスト版の中で適切に反映されるように項目の配分を定めるテスト仕様を合わせて，テストのフレームワークとよぶ。つまり，フレームワークは，そのテストが「何のために」「何を」「どのように」測るかを明記したものである。

　フレームワークが明確になっていないと，項目作成者の恣意的な考えや解釈に基づく項目が乱立し，テストの性能が向上しないばかりか，テスト結果の解釈（このテストの得点は何を表しているのか）や妥当性の評価（このテストで意図したとおりの測定ができているか）の根拠を欠くことになってしまう。フレームワークに基づいて，これに続く項目の作成，得点の算出，テスト結果の利用に至るすべてのプロセスに一貫性をもって取り組むことがきわめて重要なのである。

2.4
テスト項目の作成

　テスト項目の作成（item writing）にあたっては，まず内容領域に理解の深い項目作成者を選定する。作成される項目はフレームワークに準拠している必要がある。また，通常は複数の項目作成者が並行して，あるいは共同で項目を作成する。そのため，事前にトレーニングの機会を設けて，項目作成者全員がフレームワーク（テストの目的や内容領域，テスト仕様や項目仕様）をきちんと理解し，共通認識をもって作業にあたれる状態にすることがきわめて重要である。トレーニングの済んだ項目作成者に対して，作成する項目の仕様（領域や単元，項目形式の指定）や数を割り当てて作業してもらう。

　できあがってきた項目の草案は，レビューを行って内容がチェックされる。項目作成チーム自体がレビューを行うことが多いが，ハイステークステストでは，さらに第三者として内容領域の専門家やその他のステークホルダーによって構成されるレビューパネル（検討委員会）によるチェックも行われる。レビューは主に以下の観点で行われる（例：Haladyna & Rodriguez, 2013）。

　①項目の内容は想定している構成概念（内容領域）を反映している（と見なせる）か。
　②テスト仕様や項目仕様から逸脱していないか。
　③内容に矛盾や誤り，事実に反する点はないか。
　④受検者に項目の内容が正確に伝わるか。
　⑤正解は一意に決まるか。
　⑥公平性を損なったり，偏見を与えたりするような不適切な設定や表現はないか。
　⑦文法や言い回しは適切か。
　⑧読みやすさ（readability）は十分か。

　問題があるとされた項目には必要な修正が加えられ，不備がなくなるまで繰り返しレビューが行われる。項目作成およびレビューにどれだけの人員と

手間をかけられるかは，テストの規模や重要度，予算に左右される部分も大きいが，必ず複数名のチェックを経ることが基本である。

2.5 ━━━━━━━━━━━━━━━━━━━━━━
予備テスト

　作成されたテスト項目については，その内容だけでなく，測定論的な性能の検証も必要である。そのために，レビューの済んだテスト項目に実際に回答してもらい，得られたデータの分析を行う。これを予備テスト（field testing）という。予備テストの目的は，収集したデータの統計的分析を通じて，①試作段階のテストやそれを構成する個々の項目の測定論的性質を検証し，②テストの得点を表示する尺度を構成すること（あるいは，既存の尺度への等化を行うこと：4章参照）である。

　予備テストの結果からは，本番でそのテストを使用したらどうなるかを的確に予測できなければならない。そのため，回答データの収集においては，①分析において各種指標の値を安定的に得られるように十分なサンプルサイズを確保すること，②受検者が，テストが対象とする受検者の母集団を十分に代表していること，③本番と同様の実施手続き・環境においてテストが実施されていること，が望ましい。

　サンプルサイズについては，使用する分析手法や分析にかける項目の数にもよるが，能力テスト開発の文脈においては，古典的テスト理論に基づく分析には少なくとも200〜500（Hambleton & Jones, 2003），項目反応理論（item response theory; IRT）に基づくパラメタ推定には数百〜1000以上（de Ayala, 2009），等化を行う場合には400〜1000以上（Kolen & Brennan, 2022）が必要であるとされる。また，妥当性を検討する目的で，当該テストへの回答だけでなく，受検者の属性や，必要ならば関連する特性を測定する他のテストの結果など，可能であればさまざまな情報を同時に収集する。

　予備テストに出題する項目の構成はテスト仕様に従っていることが望ましいが，後の分析において不適格と判断される項目が出てくることを見越して，項目数は構想している本番用のテスト版よりも多くしておくとよい。逆に，項目数が極端に少ないと，内容領域の網羅性が限定されるだけでなく，

測定論的な性質（例：次元性や信頼性）の評価が困難になる。経験的には，1つのテスト版に少なくとも 20〜30 程度の項目があることが望ましい。なお，テストの等化（4章）を最終目的とする予備テストにおいては，複数のテスト版や複数の受検者群を含むデータ収集計画を立てることになる。

　収集されたデータは，古典的テスト理論（3章）に基づく分析にかけられ，テストとしての基本的な性能チェックが行われる。まず，テスト得点（この段階では，個々の項目に与えられる得点を合計した素点が用いられることが多い）の分布を要約し，それが妥当な範囲に分布しているか，難易度が適切かどうかといったことを判断する。同時に，因子分析法を用いた次元性の確認や，信頼性や測定の標準誤差といった測定論的な性能の評価を行う。

　図 2.3 に，20 項目からなる語彙テストの得点の要約例を示した。500 人分の架空のデータであり，各項目は 4 枝選択式で，正解なら 1 点・不正解なら 0 点で採点し，それらを合計した素点を用いている。分布の形状がどのようになっているのがよいかは，テストの目的・用途によって異なる。例えば，対象とする受検者集団において，測定したい特性における個人差を的確に把握したい場合（達成度テストなど）には，低得点域から高得点域まで得点が幅広く分布していることが望ましい（仮に，同じ目的のもとでほとんどの得点が満点かそれに近いあたりに分布しているようなら，そのテストは

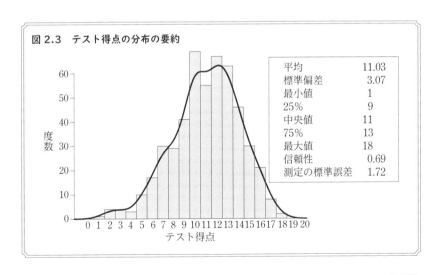

図 2.3　テスト得点の分布の要約

平均	11.03
標準偏差	3.07
最小値	1
25%	9
中央値	11
75%	13
最大値	18
信頼性	0.69
測定の標準誤差	1.72

簡単すぎて望ましい機能を果たしていないことになる）。図 2.3 の例では，そのような目的からすれば問題ない分布になっているといえる（ただし，複数のピークがみられる点については，異質な受検者集団が含まれていないかなど，やや注意する必要がある）。

　分布の形状に加えて，測定精度のチェックも行う。図 2.3 には，素点の信頼性 0.69，測定の標準誤差 1.72 という結果が示されている。これらの指標の詳細については 3 章で述べるが，得点の分布と同様に，測定精度に関しても絶対的な基準はなく，テストの目的・用途に照らして求められる精度が達成されているかどうかという観点での評価が重要である。

　テスト得点だけでなく，テストを構成する個々の項目についてもチェックが行われる。これを項目分析という。項目分析でチェックする主な指標は，項目得点（個々の項目への回答に対して与えられる得点）の平均あるいは正答率（項目困難度ともよばれる）や項目テスト相関（項目得点とテスト得点の間の相関係数：項目得点が 0 と 1 の二値の場合には，特に点双列相関係数とよばれる）である。また，トレースライン（項目特性図）による可視化も行われる。トレースラインは，テスト得点に基づいて受検者をいくつかの群に分け，その群ごとに項目得点の平均や正答率，各選択枝の選択率をプロットした図である。

　例として，図 2.4 にある項目（正答枝 ＝ 4，正答率 ＝ 0.732，項目テスト相関 ＝ 0.359）のトレースラインを示す。これは，素点に基づいて 500 人の受検者を 6 群に分け，群ごとに平均点を横軸にとり，4 つの選択枝の選択率を縦軸にプロットしてつなげたものである。

　一般的に，その項目がテスト全体で測定している特性をよく反映しているのであれば，テスト得点が高くなるほどその項目の正答率も高くなるのが望ましい。そこで，トレースラインではテスト得点（横軸）が高くなるほど正答率が高くなっている（正答枝のグラフが右上がりになっている）かどうかを確認する。これは同時に，項目テスト相関が正の方向に大きいことを意味する。また，正答枝のプロットの平均的な高さは受検者全体における正答率を表す。正答率が極端に高すぎたり低すぎたりしないか，あるいはもともと想定していた難易度から離れすぎていないかも，正答枝のトレースラインからチェックすることができる。誤答枝については，正答枝とは逆に得点が上

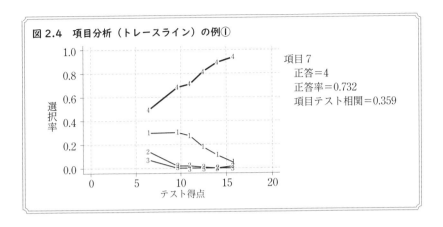

図2.4 項目分析（トレースライン）の例①

項目7
正答＝4
正答率＝0.732
項目テスト相関＝0.359

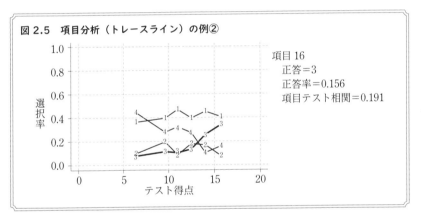

図2.5 項目分析（トレースライン）の例②

項目16
正答＝3
正答率＝0.156
項目テスト相関＝0.191

がるにつれて選択率が下がることが望ましいが，おかしな動き（例：得点が上がるほどより選ばれている）をするものがないかをチェックする。こうした観点からすると，図2.4の項目は，全体の正答率が0.732でやや簡単と思われるものの，正答枝のトレースラインはきれいに上昇している（項目テスト相関は0.359）。また，誤答枝の選択率も得点の上昇に伴って減少していることから，おおむね良好な性能を示しているといえる。

図2.5はまた別の項目（正答枝＝3，正答率＝0.156，項目テスト相関＝0.191）のトレースラインである。この項目は全体の正答率がかなり低く（0.156），最上位の群でも0.4に満たない難しい項目である。トレースライ

ンから上位層はある程度識別していることはわかるものの，項目テスト相関は低くなっている（0.191: 項目テスト相関の値の出方は測定する領域によって異なるので一律に基準を決めることは難しいが，筆者は経験的に 0.2 を切る項目には注意が必要であると考えている）。誤答枝の動きをみると，選択枝 1 がレベルに関係なく高い割合で選ばれており（選択枝 2 も割合は小さいが同様の傾向を示している），これが正答率や項目テスト相関を下げている要因の 1 つであると考えられる。内容が正答と紛らわしくないかといった観点で，これらの選択枝の内容を精査・修正することで性能が改善する可能性がある。

　このようにして，項目分析においては分析結果を実際の内容とも照らし合わせながら検討し，その項目を採択するか，除外するか（その場合，選択枝などを修正して再度予備テストにかけるか，廃棄するか）を判断することになる。なお，一連の分析結果や判断を項目作成者にフィードバックすることもたいへん重要である。なぜそのような結果になったのかを，項目の内容や構成要素をみながら繰り返し考察することで，テスト品質の安定化や向上につながる項目作成スキルの改善が期待できる。その際，項目の振る舞いを視覚化できるトレースラインは有効な手段となる。

　不適格と判断された項目を除外したのち，再度テスト得点の要約や項目分析を行って最終的なテストの性能を確認しておく。素点に基づくテストでは，その目的・用途に照らして望ましい難易度や測定精度が得られていれば，ここでいったんテスト（版）が確定することになる。さらに，妥当性検証の一環として，受検者の属性別の得点の分布の比較や他のテストの結果との関連の分析などが行われることもある。IRT に基づく尺度化（3 章）や，等化（4 章）を目的とする場合には，続いてこれらの作業が行われる。テストの得点を，素点・IRT ベースにかかわらず，結果の報告用により意味のあるわかりやすい尺度（尺度得点）に変換することも多い。一方で，望ましい結果が得られなかった場合には，項目を修正・追加するなどして再度予備テストを行わなければならない。開発の初期段階では，場合によってはテスト仕様や項目仕様，構成概念や内容領域の設定まで立ち戻った検証が必要になることもある。

2.6
テストの編集

　テストの編集とは，テスト仕様を満たすように項目を選び，本番で使用するテスト版を決定する手順であり，テスト構成（test assembly）ともよばれる。正答数などの素点に基づく項目固定型のテストでは，予備テストで出題した項目以外の項目を加えることはできない（新しい項目を追加して別途予備テストをしない限り，項目追加後のテストの性能を評価できない）ため，予備テストの分析結果に基づいて不適格な項目を除外していき，残った項目でテスト版を構成することが一般的である。そのため，2.5節の予備テストにおける分析の中で最終的なテスト版が確定してしまうこともある。一方，IRTに基づくテスト構成では，項目バンク（共通の尺度上にある多数の出題可能な項目の集まりのこと）から，条件に合う項目を柔軟に選んで組み合わせることができることから，テストの編集は予備テストとは独立した手順として扱われる。

　テスト構成時には，テスト仕様で定められた項目の内容や形式の配分（例：表2.2）に加えて，項目数やテスト時間，難易度，測定精度（例：信頼性や測定の標準誤差，テスト情報量）など，テスト版が満たすべき測定論的・数値的な条件が具体的に設定される。こうした種々の条件を満たすような項目の選定は，選定候補となる項目が多数ある場合（例：大規模な項目バンクからのテスト構成など）や，選定条件やそのための計算が複雑な場合（例：IRTに基づくテスト構成や，複数のテスト版の同時構成など），「手作業」による取捨選択はきわめて難しくなる。そのため，数値計算によって条件に合う最適な項目の組合せを求める自動テスト構成（automatic test assembly）の手法が提案・実用化されている（5章参照）。

2.7
テスト結果の報告，解釈基準やマニュアルの作成

　テスト結果の報告に際に記載する情報は，結果の利用者やその属性，テス

トの目的・用途などに応じて変わってくる。例えば，入学試験や資格試験では，受検者が受け取る結果は単なる合否だけであることが多いだろう。学習結果や学習状況の把握に資するためのテストでは，尺度得点に加えて，セクションごと，技能ごと（例：言語テストにおける「聞く」「読む」「話す」「書く」の4技能）など下位領域ごとの得点が提示されることもある。一方で，試験結果を利用して意思決定を行う側（例：学校や資格付与機関）には，テストの目的や実施状況などの説明や，意思決定の根拠となる尺度得点，受検者全体の尺度得点の分布，テストの性能（信頼性や測定誤差）などの実施結果の詳細な情報が必要であろう。プログラム評価のための調査では，個人単位では結果を出さず，一定数以上の規模の集団についてのみ，尺度得点の集計結果（集団平均の推定値やその誤差範囲など）を示すこともある（例：PISAなど）。

　尺度得点は，測定したい特性についての具体的な記述（解釈基準）と結び付けられて初めて有効な解釈が可能となる。テスト結果の評価の仕方には大きく分けて規準集団準拠（norm-referenced）と内容基準準拠（criterion-referenced）の2種類がある。前者は，規準となる受検者集団の分布に照らした相対評価（例：全国の中学3年生の中で上位10%に入る）を行うものである。このような基準あるいは報告用の得点の尺度を定める作業を標準化とよぶ。後者は，尺度得点を何らかの基準値に照らした絶対評価（例：これより高い得点をとっていれば，学習目標を十分に達成している）をさす。こうした基準値（および基準値によって分けられた各レベルの内容の説明）は，基準設定（standard setting: Cizek, 2015）とよばれる手続きによって，関連分野の専門家によって設定される。近年では，多くの教育テストにおいて習熟レベルなどの解釈基準（例：can-do表）が設けられ，尺度得点の解釈や利用価値を高める努力がなされている。例として，表2.3に，PISA 2018の数学的リテラシーテストの習熟レベルの一部を示す。これは，数学的リテラシーテストの尺度得点に基づいて尺度を6つのレベルに分け，それぞれのレベルに入る生徒がどのような数学的リテラシーを発揮できるかを記述したものである。

　テストの実施に際しては，テストのフレームワーク，実際の開発手順，性能評価に用いた手法やその結果（例：信頼性・妥当性に関するエビデンス）

表 2.3　PISA 2018 数学的リテラシーテストの習熟レベルの記述

レベル	できること
5	このレベルの生徒は，仮定や制約を特定しながら，複雑な状況に関するモデルを構築し扱うことができる。こうしたモデルに関する複雑な問題を扱うために，適切な問題解決方略を選択・比較・評価できる。広範で十分に身に付いた思考スキル，関連性の図示，記号／形式による特徴づけ，特定の状況に関する洞察力を発揮しながら戦略的に作業することができる。自身の作業について熟考し，自分の解釈や考えを定式化・伝達できる初期段階にある。
4	このレベルの生徒は，何らかの制約や仮定を要求する複雑かつ具体的な状況に関する明示的なモデルを効果的に扱うことができる。記号を含む様々な表象を選択・統合し，それらを現実の状況の諸側面に直接結びつけることができる。単純な文脈において，ある程度の洞察力を持って思考し，限られた範囲のスキルを使用することができる。自身の解釈，議論，アクションにもとづいて，説明や議論を構成・伝達できる。

（OECD, 2019, p. 92 より抜粋・筆者訳）

といった技術的情報，テストの実施条件や実施方法等を記載したマニュアルを文書化・公開することが望ましい（大規模なテストでは，フレームワーク，技術的情報を記したテクニカルマニュアル，実施マニュアルなどに分割して公開されていることもある）。こうしたマニュアル類は，テストが一定の条件下で実施され，使用者がテストの目的や用途を理解し，結果を適切に利用するための助けとなるほか，その他のテスト関係者やテストを評価する第三者に対してテストの性能に関する説明責任を果たすという意味でも，たいへん重要な資料となる。

　以上，本章では，テスト作成の一連の手順とポイントについて述べた。本章で説明した一連の手順は，ただ一通りなぞればテストが完成するといった単純なものではない。現実には，意図した機能を果たせるテストを作るために，さまざまな試行錯誤を繰り返しながら，ときには前の手順に立ち戻って改善を図るといった回り道も必要となる。また，テストは「作りっぱなし」ではなく，妥当性の観点（特に，表 2.1 の一般化・外的・結果的側面）からは，テストの使用が開始された後も引き続き検証を行っていく必要があ

る。こうした地道な努力によって，完成度の高いテストができあがっていく
のである。

引用文献

Cizek, G. J. (2015). Setting performance standards on tests. In S. Lane, M. R. Raymond, & T. M. Haladyna (Eds.), *Handbook of test development* (2nd ed., pp. 212-237). Routledge.

Crocker, L., & Algina, J. (1986). *Introduction to classical and modern test theory*. Harcourt Brace Jovanovich.

de Ayala, R. J. (2022). *The theory and practice of item response theory* (2nd ed.). Guilford Press.

Downing, S. M. (2006). Twelve steps for effective test development. In S. M. Downing & T. M. Haladyna (Eds.), *Handbook of test development* (pp. 3-25). Lawrence Erlbaum.（ダウニング，S. M.　池田央(訳)　(2008).　効果的なテスト作成に至る 12 のステップ．池田央（監訳）　テスト作成ハンドブック（pp. 20-44）．教育測定研究所.）

Haladyna, T. M., & Rodriguez, M. C. (2013). *Developing and validating test items*. Routledge.

Hambleton, R. K., & Jones, R. W. (1993). Comparison of classical test theory and item response theory and their applications to test development. *Educational Measurement: Issues and Practice*, **12**(3), 38-47.

Kolen, M. J., & Brennan, R. L. (2014). *Test equating, scaling, and linking* (3rd ed.). Springer.

Messick, S. (1995). Validity of psychological assessment: Validation of inferences from person's responses and performances as scientific inquiry into score meaning. *American Psychologist*, **50**, 741-749.

日本テスト学会(編)　(2007).　テスト・スタンダード．金子書房.

OECD. (2019). *PISA 2018 assessment and analytical framework*. OECD Publishing. https://doi.org/10.1787/b25efab8-en（2022 年 7 月 27 日閲覧）

Pellegrino, J. W., Chudowsky, N., & Glaser, R. (2001). *Knowing what students know: The science and design of educational assessment*. National Academy Press.

渡部洋(編著)　(1993).　心理検査法入門．福村出版.

3章
テスト得点の統計的分析

3.1
はじめに

　テスト得点を統計的に取り扱う理論は，大きく2つに分けられる。テストの得点の統計的性質を考える古典的テスト理論（classical test theory; CTT）と，テストを構成する各項目の性質を取り上げる項目反応理論（item response theory; IRT）である。本章では，まず CTT について説明し，最後に IRT を説明する。

　IRT は，各項目への反応（例：正誤，段階評価など）と，潜在特性（能力や学力など）との関連をモデル化し，データを分析する。この分析から得られる項目ごとの特性に関する知識は，最適なテスト構成や，最適化されたテストにおけるテストの受検者の性質の推論に使われる。

　IRT が時期的に後発であるため，テスト得点の統計的分析である CTT は古典的と称される。しかし，古典的という表記は古いという意味ではない。現代でも計量心理学的研究に解決を要求される問題は CTT で対処すべき性質をもつことが多い。

3.2
真の得点と推定

　測定対象の性質（しばしば構成概念）が変わらないのに，テストを受ける機会ごとに得られるテスト得点が変動するのは望ましくない。測定対象の性質を正直に表現する数値を真の得点とよぶことにすると，テスト得点は，真

の得点とそれ以外に分けられる。さらに，真の得点以外の部分を測定誤差と見なすことにすると，

　　　テスト得点 ＝ 真の得点 ＋ 測定誤差

となる。ただし，このような真の得点の定義では，テスト得点との関連が明確に定められていない。このため，真の得点を，「測定対象の特性が変化しないとき，同じテストを何回も繰り返すことによって得られる平均」として定義する。この真の得点は操作的な定義であり，本来測定の目的とした「真の得点」とは異なることに留意する必要がある（この点は重要であり，3.4節の妥当性のところでさらに考察する）。なお，真の得点について，統計的に母集団を仮定し，その分布を想定すると，上記の平均は分布の理論上の平均に対応する。分布の理論上の平均を期待値とよぶため，真の得点は期待値であるといってもよい。

3.3

信頼性係数の推定

　真の得点がこのように定義されるとして，信頼性とは，テスト得点の分散のうち，真の得点の分散の占める割合として定義できる。すなわち，

$$
信頼性 ＝ \frac{真の得点の分散}{テスト得点の分散}
$$

である（図 3.1 参照）。

　伝統的に，信頼性の値を信頼性係数という。

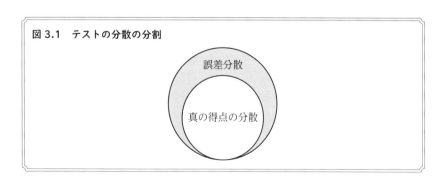

図 3.1　テストの分散の分割

誤差分散

真の得点の分散

3.3.1　再テスト法

　信頼性係数を推定するには，繰り返しが必要である。ここでいう繰り返しとは，測定対象の性質が変化しないときに，測定を複数回繰り返すことである。例えば，体温計を考える。体温が変化しない程度の短時間のうちに測定を2回繰り返すとき，2つの測定値の間の相関が高ければ高いほど，誤差は少ないといえる。この相関係数が信頼性係数であり，この値が高い体温計ほど信頼性の高い測定器具である。テストでは，同じテストを繰り返し，その得点間の相関係数を計算することによって信頼性係数を推定する方法を再テスト法という。

3.3.2　平行テスト法

　多くのテストにおいて，測定対象の性質が2つの異なる時点で変化しないとしても，2回目のテスト得点が変化することがある。例えば，学力テストや認知機能テストの場合，1回目と2回目のテストが同じ項目であれば，2回目のテストで正答する確率が高くなり，結果的にテスト得点が高くなる。テストの受検者全員が同じように高く変化すれば，信頼性係数を推定するうえでは問題ないが，通常，その変化は各受検者によって異なる。繰り返しの測定を避けるため，真の得点が同じになるようなテストをあらかじめ2つ作成しておき，その間の相関係数を計算することによって，信頼性係数を推定することがある。真の得点が同じであり，かつ，測定誤差の分散が同じ（つまり，テスト得点の分散も同じ）であるテストを平行テストとよぶので，この方法による信頼性係数の推定方法を平行テスト法という。

3.3.3　折半法

　平行テストを新たに作ることはかなりの労力を要する。平行テストを新たに作成することなく，テストを半分ずつに分け，折半された2つのテストが平行テストであると想定して分析を進めることがある。例えば，分数の計算テストとして，100項目のテストを作り，奇数番号の項目からなるテストと偶数番号からなるテストに折半した場合，これら2つのテストの平均と分散は等しいと考えてよいだろう。しかし，折半された2つのテスト間の

相関係数は，折半されたテストの信頼性係数の推定値であり，本来のテストの信頼性係数ではない。本来のテストの信頼性係数を ρ^2（2 乗が付く理由については付録 C.5 参照），折半されたテスト間の相関係数を ρ_h とすると，

$$\rho^2 = \frac{2\rho_h}{1+\rho_h}$$

となる。折半されたテストから信頼性係数を推定する方法は折半法とよばれる。例えば，折半されたテスト間の相関係数が 0.6 の場合，本来のテストの信頼性係数 ρ^2 は，$(2 \times 0.6)/(1+0.6) = 0.75$ となる。

　テストをいくつかに分けて平行テストを作る方法は，折半するだけではない。例えば，テストによっては 3 つに分けたほうが，それぞれの平均と分散が等しい下位テスト（部分テストともよばれる）になる場合もあろう。それらの下位テストがお互いに平行テストであれば，それらの間の相関係数は等しくなり，下位テストのそれぞれの信頼性係数であるといえる。本来のテストの信頼性係数 ρ^2 は，下位テスト間の相関係数を ρ_s とし，下位テストの数を m とすると，

$$\rho^2 = \frac{m\rho_s}{1+(m-1)\rho_s}$$

となる。

　この式はスピアマン - ブラウンの公式とよばれる。例えば，折半法の場合と同様に，下位テスト間の相関係数を 0.6 とし，下位テストの数を 3 とすると，信頼性係数 ρ^2 は約 0.82 となる。本来のテストは項目の数が多く，下位テスト間の相関係数より大きい数字になり，テストが多くの項目をもつほど信頼性係数が高くなることを示している。なお，実際のデータでは下位テスト間の相関係数が厳密に一致することはないが，これらの平均を上記の公式の ρ_s に適用することができる（付録 C.7 参照）。

3.3.4　クロンバックの α 係数

　信頼性係数を推定する方法として最もよく使われる方法として，クロンバックの α 係数がある。テストが m 個の項目をもつとき，α 係数は

$$\alpha = \frac{m}{m-1}\left(1 - \frac{\text{各項目の分散の和}}{\text{テストの分散}}\right)$$

で計算される。

　それぞれの項目が平行テストの条件を満たすとは考えられず，折半された2つのテストが平行テストである保証はない。したがって，α 係数は信頼性係数の推定値にはならず，信頼性係数の下界を示すものである。下界であるとは，信頼性係数が α 係数よりも大きい値であることを示している。似たような言葉に下限がある。数学的には，下界と下限は区別されていて，信頼性係数の下限とは，信頼性係数の下界の値のうち，その最大の値である。α 係数で問題とされるのは，その値が高いことが信頼性の高さを保証するものではなく，また，テストの1次元性を示すものではないことである（付録C.8 参照）。

　ここまでの説明で，信頼性係数を推定するには，基本的に同じ真の得点をもつ2つ以上のテストを作る必要があることがわかるだろう。同じ条件で測定値を複数得ること，すなわち，真の得点が変わらない状況で複数の測定値を得ることを統計学の用語では繰り返しとよぶが，信頼性係数の推定には測定の繰り返しが必要である。この状況を適切に統計モデルとして表現し，解析することについては，付録 C.6 を参照されたい。

3.4
妥当性の考え方

　3.2 節において，真の得点の意味に対して疑問を呈した。信頼性の文脈では，真の得点は測定の繰り返し，すなわち同じ条件のもとでテストを複数回実施した際の期待値であった。信頼性とは，測定値の正確さの指標であり，それが何を測定しているかどうかは問われていない。ここであらためて，真の得点について，テストが目指す測定対象の性質を正直に表現する数値とするという冒頭の定義に戻る。テストが目的とする測定対象の性質とは，適性・知能・不安といった構成概念など潜在的な性質の場合もあり，政党への支持，大学で退学しない傾向といったより具体的で将来的には観測できる場合もある。この意味での真の得点が，テスト得点の平均や期待値と完全に一致することは期待できない。しかし，真の得点に誤差が含まれているとも考

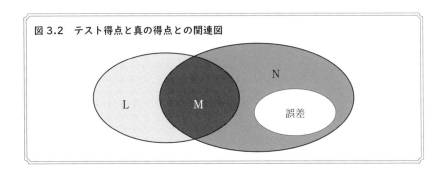

図3.2 テスト得点と真の得点との関連図

えられない。本来の真の得点には，誤差は含まれず，3.2節で定義した，平均値としての真の得点の一部に含まれている。ただし，本来の真の得点のすべての個人差のばらつきが，テストの平均の中に含まれていると考えるのも楽観的に過ぎる。テスト得点と，本来テストが目的とする性質を反映する意味での「真の得点」をテスト得点がどれくらい表現しているかの程度を妥当性という。これ以降，本節で真の得点とは本来の測定対象という意味での真の得点である。

　このように想定するとき，テスト得点と真の得点との間の関係をベン図で示すと，図3.2のようになる。

　ここで，Lはテストによって測定できない真の得点の部分，Mはテストによって測定される部分，Nはテスト得点のうち真の得点に関係のない部分である。このベン図から，信頼性が高いことは妥当性が高いことの必要条件であること，しかし，信頼性が高くても，妥当性が高いことを必ずしも意味しないことなどがわかる。

　信頼性と妥当性を考えるうえでその対比を明らかにするために次の例題を考えてほしい。

　　【例題】　知能の測定値として，①頭の周りの長さ（頭囲），②脳の容積，
　　　③単純な刺激に対する反応時間，④知能テスト，という4つの方法の
　　　信頼性と妥当性を評価せよ。

　　【解答の試み】　①頭囲の信頼性は，通常の心理テストと比べれば明らかに
　　　高い。しかし，頭囲の大きい子どもを見て，「頭が良くなるね」という
　　　のは俗説である。知能と関連のありそうな学力などとは関連がなく，妥

当性は低い。②脳の容積は MRI によって正確な値を測定できるようになり，知能と大脳容積の間の相関係数を算出する研究も多い。この相関を扱う 88 の研究をまとめたメタ分析（Pietschnig et al., 2015）によれば，相関係数の代表値は 0.24 であり，統計的に有意な結果を生じなかったために出版されなかった研究の数を考慮しても，これらの研究の総体は，知能と脳の容積の間に意味のある相関があることを示しているとまとめている。③知能検査は比較的単純な刺激に対する反応時間として定義しようという考えから始まった。しかし，これまで積み上げられた研究結果は学力などの基準との相関に正の値や負の値を示す研究が入り混じり，まちまちである。最近の総覧研究（Khodadadi et al., 2014）でも，結論は出ていない。妥当性はないと考えてよいであろう。④知能テスト（知能という用語を避ける向きもあり，認知能力などいろいろな呼称がある）は，心理学で最も影響力の強いテストである。信頼性はある程度保証されている。その使い方の妥当性については，その利用の目的次第であると考える。

これまでの説明からわかるように，妥当性の指標をどのように推定するかという問題は，信頼性係数の問題よりも難しい。真の得点が与えられていれば，妥当性の推定は楽になるが，真の得点が直接与えられるのは，研究対象の現象の真の統計モデルを探すことと同様，現実にはほぼ不可能である。

しかしながら，真の得点に近い値を示す変数を妥当性の基準として利用できる場合もある。例えば，認知機能テストの基準として学力テストの成績をあげることもできるし，非行傾向テストの基準として現実の非行の回数をあげることもできる。1.2.1 項で例として示した PCR 検査の基準は，専門医による最終的な結論である。

本章では，妥当性を基準関連妥当性（3.5 節），因子的妥当性（3.6 節），構成概念的妥当性（3.7 節），結果的妥当性（3.8 節）という 4 つの観点から考えていく。

3.5

基準関連妥当性

　基準が与えられたとすると，心理測定の専門家がやるべきことは，テスト得点とその基準の相関の程度を表現する良い指標を探すことになる。どのような指標が良いかは，測定値の数値の性質によるので，測定値の性質を理解することが必要である。心理学では，スティーヴンスの分類が便利である（1.1.1 項参照）。この分類では，測定値は，名義尺度，順序尺度，間隔尺度，比尺度に分けられる。テスト得点も基準も間隔尺度や比尺度で得られている場合には，通常のピアソン相関係数が適している。どちらかが順位尺度の場合には順位相関が，また基準がカテゴリの場合もその尺度に応じた相関係数がある。

　妥当性を相関係数によって推定する場合，当然，相関係数という統計量のもつ問題点については，その対策を立てておく必要がある。特に，望まれない他の変数の影響を受ける問題と，データ収集においてみられる欠損値の問題，および測定誤差に対処する必要がある。

3.5.1　相関係数に影響する変数の問題

　測定対象（構成概念など）とテスト得点の間の関連を評価しなければならないのに，本来想定していない変数の影響を受けることがある。例えば，手のひらの長さと語彙量に関連があるとして，ある小学校で全学年の児童からデータを収集すると，かなり高い値の相関係数が得られる。しかし，手のひらが大きいほど語彙量が多い，と因果的に結論する人は少ないであろう。これは，年齢という共変数が大きな影響を与えているのであり，共変数の影響を取り除く工夫（例：偏相関係数を推定する）などを行えば，この見かけの相関は消えるであろう。なお，この例での語彙量のテストは，全学年の児童の数値が同じ尺度上に乗っていると仮定している。異なる集団の目盛りを同一の尺度上で表現する問題は等化とよばれており，本書の 4 章で論じられる。知能テストは規準集団や月齢別に標準化されている。

　また，知能テストにおける IQ スコアは年齢の影響を除いた得点になって

おり，この例における見かけの相関は通常みられないであろう。

テスト得点と基準との相関に影響を与える共変数がカテゴリの場合がある。例えば，男性と女性とで，それぞれの集団では，無視できる程度の相関しかないのに，男女合わせた全体の集団では相関がみられるような場合である。もう１つ例をあげる。多くの国で２つの変数の相関がまちまちで一貫した傾向がないのに，諸国のデータを集めるとある程度の相関がみられるデータがある。この場合には特に注意しなくてはいけない。全体を合わせた場合の相関係数を高くする変数が見つかれば，その影響を取り除くことが考えられる。例えば，国内総生産（GDP）が影響を与えているかもしれない。

3.5.2　欠損値の問題

データ収集の結果，欠損値が出るのは当たり前のことである。データ分析において，欠損値をどのように処理するかは常に大きな問題であるが，妥当性係数の定義においても重要問題である。心理学でよく使われている３つの方法を考えてみる。

① **完全データだけを用いる方法**　　この方法では，欠損値をもつ受検者をデータから除き，完全データだけを用いる。完全データだけを用いて妥当性係数を計算すると，欠損が生じる受検者の属性によって，推定される妥当性係数が高く，あるいは逆に低くなるバイアスが生じる。

② **ウエイト法**　　欠損値が生じることによって，対象とする受検者の属性の割合が，本来想定した割合と異なることがある。このとき，この割合を本来推論の対象と想定している母集団に合わせるように，ウエイトをかけて補正する。

③ **代入法**　　欠損値の代わりに，受検者の属性などを考慮した値を代入する方法である。例えば，ある受検者の欠損値を他の属性から回帰分析によって推定し，代入することなどが考えられる。この方法は，一般に，関与する変数の分散を低める傾向にあり，妥当性係数を高くする傾向がある。

よく行われる３つの方法をあげたが，実際に妥当性検証において得られるデータにおける欠損値が生起する状況に適切な方法であるとは限らない。例えば，大学入試における選抜資料の妥当性を確かめる目的の研究を考えて

みよう。基準として，大学における成績を取り上げる。このとき，明らかに，受験生全体についてのデータを得ることはできず，合格した者についてのみ，基準データは得られる。また，合格者の決まり方は大学によって一様ではない。一部の大学については，選抜資料を一元化し，その特定の値以上が入学者であるとしているが，一般にはそれほど単純ではない。合格者の決まり方，逆にいえば欠損値が出るメカニズムをモデル分布として示す必要がある。統計的に最も優れている方法は，完全なデータに対するモデルと，欠損の生じるメカニズムを統合する方法である。この方法の概略について，付録 C.10 に説明しておく。

3.5.3 テスト得点や基準の数値に含まれる誤差の取り扱い

　ここまで議論したように，テスト得点には誤差が含まれる。同様に，基準の測定値にも多かれ少なかれ誤差が含まれる。誤差は何ものとも相関しないので，テスト得点と基準との相関はその分だけ小さくなる。これを補正するには，計算された相関係数の値を，テストの信頼性係数と基準の信頼性係数の積の平方根で割ればよい。ただし，この補正による相関係数は，テストや基準における測定値の期待値間の相関に対する推定値であり，妥当性係数として利用するときにはこのことを考慮すべきである。

3.6
因子的妥当性

　問題とするテストおよび候補となる基準などを数多く集め，因子分析を適用する。因子分析で得られる因子の解釈が理論的に正当化でき，かつ個々のテストの位置（因子負荷量による）が明快に説明できる場合，この因子分析の結果は，これらのテストの妥当性を支持する 1 つの証拠である。

　因子的妥当性の 1 つの形として，収束的妥当性と識別的妥当性をあげることができる。収束的妥当性とは，同じ特性を測っているテストは同様の相関パタンをもつということを確かめる場合に認められる妥当性である。一方，識別的妥当性とは，異なる特性を測っているテストは，異なる相関パタンをもつということを確かめるものである。収束的妥当性も識別的妥当性

も，相関係数行列から吟味することもできるが，因子分析の結果に基づく因子パタンをチェックすることによって因子空間における相互の位置関係から確かめるほうが容易であろう。同じ特性を測っているテストは因子空間において近い位置にあり，異なる特性を測っているテストは相互に遠い位置にあるはずである。

因子的妥当性は，テストがいくつかの尺度に分けられているときに，それらの尺度の構成の仕方が妥当であるかどうかにも用いることができる。Shigemasu et al.（2020）は WISC の日本版に関して，現在の尺度構成と，CHC（Cattel, Horn, Carroll）理論による尺度構成の比較をしている。

3.7
構成概念的妥当性

ここまでは，測定の対象を，受検者の性質としている。測定の対象として取り上げるサンプルは，人とは限らず，動物であるかもしれないし，あるいは組織であるかもしれない。しかし，本章では受検者で統一する。この節では，測定の対象は，受検者の構成概念だとする。物理学では，長さ・体積・重さなど，測定用具と外界の性質との間に一対一対応を直観的に理解できる測定値が多い。一方，心理学の場合，知能・パーソナリティ特性・不安・動機づけなど，外界に実在するというよりも，心理学理論の中で人間行動を因果関係として説明するために導入された概念である場合が多い。これを構成概念という。心理学的測定の多くは構成概念の測定を目的としている。

それでは，テスト得点が理論上の構成概念を測定しているかどうかをどのように確かめればよいだろうか。テスト理論を離れて，より一般的に述べるならば，得られた測定値のメカニズムが構成概念を測定していることを，当該の構成概念を含む理論によって適切に説明することである。天文物理学において，重力波はアインシュタインによってその存在が予言された構成概念であったが，2015 年に初めて重力波の測定に成功している。専門家はこの測定のメカニズムを認め，この測定値が重力波を測定していることに納得しているようである。一方，テスト得点は，測定値に至るプロセスの内的メカニズムの正当化だけで，その妥当性を決めることは難しい。

例外的に,「内容的妥当性」とよばれる考え方は,テストの内容をチェックすることによって妥当性を検証するものである。例えば,心理学の学力をテストするとしよう。その学力を細分化し,いくつかの領域に分ける。必要に応じて,その領域をさらに区分する。また,これらの問題に回答するために必要とされる認知機能(例:ブルームの分類によって,知識,理解,応用,分析,統合,評価に分類)を設定する。テストしたい領域の分類と認知機能という2つの分類による2元配置によって,構成されるそれぞれの升<ruby>升<rt>ます</rt></ruby>(セルとよばれる)に適当な数のテスト項目が用意されているかどうかを確かめるのが内容的妥当性の検証の1つである。

　一般には,構成概念を含む理論に依拠する予測がテスト得点によって裏づけされているとき,そのテストは構成概念妥当性をもつといえる。例えば,不安という構成概念を測定するテストは,不安の影響による唾液分泌量の理論的分布による予測にテスト得点がよく合致していれば,構成概念妥当性をもつということができる。

　構成概念妥当性は,因果関係を導く理論の成否に依存している。すなわち,仮に立脚する理論が正しくなければ,妥当性の証拠として採用された相関は別の理由によってたまたま得られた結果かもしれない。一方で,心理学の研究者が一致して認めるような理論的予測とテスト得点の間に関連が認められるならば,その理論的予測を基準とした場合の,基準関連妥当性との区別がつきにくい。構成概念妥当性と基準関連妥当性の境界は曖昧である。

3.8
結果的妥当性

　テスト得点をどのような状況でどのように利用したかについて,その結果を総合的に評価する考え方が結果的妥当性(outcome validity, consequential validity)である。この考え方は実践上重要な考え方であるといえるが,標準的なテキストブックに取り上げられることは少ない。なお,米国心理学会の *APA Handbook of Testing and Assessment in Psychology*(Geisinger, 2013)では,Validity Evidence based on Consequences of Testing(テストの結果に基づく妥当性の証拠)としている。

教育評価について，「教育評価とは教育プログラムについて決定を下すための情報の収集と利用である」という定義がある（東，1979）。教育評価をテストと読み替えることも可能である。構成概念妥当性のときに議論したようなように，理論検証のためのテストという場合もあることに留意しつつ，テストは直面する意思決定をよりよくするための手段であると割り切ることにより，テストの効用と限界をはっきりさせるための方向性が与えられると考える。

　繁桝（1988）は，決定理論に基づいて教育評価を論じている。この論文の中の教育評価はテスト得点と読み替えることができる。この論文では，進路の決定と教授法の最適化という場面をあげて，テスト得点の妥当性は，テストを使った場合の意思決定の効用と，テストを使わなかった場合の意思決定の効用との差として評価できるとしている。公式的には，意思決定理論によって，テストを利用した場合の最適な決定の期待効用と，テストを利用しない場合の最適な決定の期待効用の差として，テストのよさを評価することができる。実践的には，限られた数のテストを当面する意思決定問題，すなわち有限の数の代替案のいずれを選択するべきかという状況において，利用できるテストのうち，いずれを利用するか，あるいは，利用しないかという問いに答える指標であると考えるならば，この考え方は妥当性の指標として最も適切である。この指標は，ベイズ統計学では，統計的情報価値（expected value for sample information; EVSI）とよばれる指標である（付録 C.11 参照）。

3.9
項目反応理論（IRT）

　ここまでは，テスト得点が与えられたものとして統計的分析を説明してきた。テスト得点は，正答した項目の数である場合や，それぞれの正答に適当な配点を与え，正答した項目の配点を合計する場合などがある。本節では，テストの各項目への反応をデータとして分析する IRT を説明する。

　テスト項目 j に対する受検者 i の反応を x_{ij} とする。この反応とテストが測定しようとする構成概念（例：学力，知能，コンピテンスなど）θ_i との関

係をモデル化し，このモデルに基づいて，テスト項目に対する反応を分析する方法論を IRT という。IRT は，学力などの認知的側面だけではなく，態度やパーソナリティのテストのモデルとしても活用できる。ただし，本節においては，潜在変数 θ は学力であり，テスト得点 x は学力テスト得点であると想定して説明する。

3.9.1 ロジスティックモデル

まず，項目に対する反応が正答（$x_{ij} = 1$）か，誤答（$x_{ij} = 0$）であるとして，正答する確率 $P(x_{ij} = 1)$ のモデルを

$$P(x_{ij} = 1) = \frac{1}{1 + \exp\{-1.7a_j(\theta_i - b_j)\}} \tag{3.1}$$

のように表現する。これは，統計学でよく使われるロジスティック回帰モデルの一種である。この曲線を図示したものが，図 3.3 である。すべての曲線は，θ が大きくなるほど（すなわち学力などが高くなるほど）正答する確率は高くなるが，正答する確率が 1 に近くなるほど，正答する確率の伸びは小さくなる。図 3.3 では，b の値は 0.5 刻みで 9 種類あるが，b の値が大きいほど同じ学力の人が正答する確率は小さくなっている。すなわち，b の値は，テスト項目の難易度を示している。一方，a の値は，図 3.3 では 0.5,1.0, 1.5 の 3 種類が与えられている。a の値が大きいほど曲線の傾きが急に

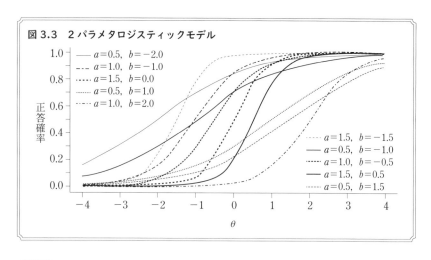

図 3.3　2 パラメタロジスティックモデル

なっている。これは，a の値が大きいほど，比較的小さい値の変化によって正答率が大きく変わることを意味しており，その項目が学力などの差異をより敏感に反映しているかどうかという識別度を示している。このモデルは，a と b という 2 つのパラメタをもつので，2 パラメタロジスティックモデルとよばれる。

　現実には項目パラメタや潜在変数の真の値が知られているわけではなく，データから推定する必要がある。統計学では，当該モデルに照らして，得られたデータを最もよく説明する値を推定値とする最大尤度法（付録 C.3 参照）がよく用いられる。図 3.4 は，真の値 θ を平均 0，分散 1 の正規分布から乱数で発生させ，図 3.3 で示した 10 個の項目からなるテストによって，乱数発生された θ を最大尤度法で推定した結果の相関図である。推定値は乱数で発生される真の値から，ある程度の散らばりがあることを理解しておくことの必要性を図 3.4 は示している。

　ところで，潜在変数（学力・能力・特性などの真の値）と正答をつなげるモデルは多様である。

　図 3.3 においては，θ が負の方向に非常に大きい値をとるとき，正答する確率は 0 に近くなることを示している。しかし，多枝選択式テストにおいては，テスト項目に正答する学力がなくても，偶然に正答する確率を無視できない。このことを考慮して考えられたモデルが，

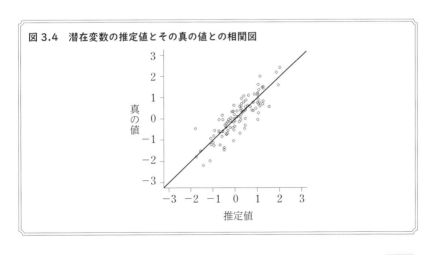

図 3.4　潜在変数の推定値とその真の値との相関図

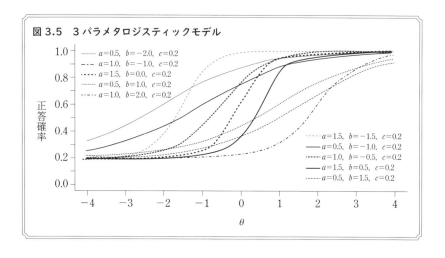

図3.5　3パラメタロジスティックモデル

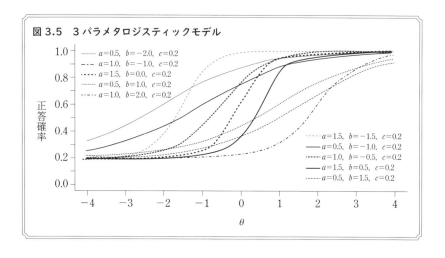

凡例（上段）:
$a=0.5, b=-2.0, c=0.2$
$a=1.0, b=-1.0, c=0.2$
$a=1.5, b=0.0, c=0.2$
$a=0.5, b=1.0, c=0.2$
$a=1.0, b=2.0, c=0.2$

凡例（下段）:
$a=1.5, b=-1.5, c=0.2$
$a=0.5, b=-1.0, c=0.2$
$a=1.0, b=-0.5, c=0.2$
$a=1.5, b=0.5, c=0.2$
$a=0.5, b=1.5, c=0.2$

$$P(x_{ij} = 1) = c_j + \frac{1 - c_j}{1 + \exp\{-1.7a_j(\theta_i - b_j)\}} \tag{3.2}$$

である。パラメタが3つあるので，3パラメタロジスティックモデルとよばれる（図3.5参照）。新たに加えられたパラメタ c_j は，偶然に正答する確率を示すパラメタである。ここでは，選択枝が5つある場合を想定して，$c_j = 0.2$ としている。ただし，現実のテストにおいては，その項目に正答するための知識がほとんどない場合にも，いくつかの選択枝については正答の可能性がないとして排除できる場合があり，実際の c_j の値は5枝選択であれば0.2より大きい場合が多い。

　なお，すべての項目について $a_j = 1$ とおくモデル，すなわち1パラメタロジスティックモデルは，ラッシュモデル（Rasch Model）とよばれる。

3.9.2　多次元項目反応理論（IRT）

　ここまでのモデルは，正答か誤答かを説明する潜在変数の数は1つであった。しかし，潜在変数が複数あると想定する場合もあるだろう。複数の潜在変数が正答するかどうかに影響するモデルの1つは，2パラメタロジスティックモデルにおける θ を，複数の因子の線形式で表現する。すなわち，因子数を m として，

$$P(x_{ij}=1) = \frac{1}{1 + \exp\left\{-1.7\left(\sum_{k}^{m} a_{jk}\,\theta_{ik} - b_j\right)\right\}}$$

とするモデルが考えられる。例えば，小学校算数の文章題で，問題の意図を
理解できる力と，その問題が必要とする分数計算の技量がともに影響する場
合，算数という1つの力 θ_i ではなく，読解力 θ_{i1} と分数計算の力 θ_{i2} がとも
に影響するとして，複数のテスト項目の分析を行うためのモデルである。こ
れは，因子的妥当性を検証するための因子分析と同じ系統の多変量解析であ
る。多次元 IRT がカテゴリカルデータを分析するのに対し，通常の因子分
析は量的尺度を分析の対象とする点で異なる。

　複数の潜在変数の間に，その関連性をより強く特定できる場合もある。例
えば，その項目を正答するために複数の知識が必須である場合がある。ある
いは，複数の知識のうちいずれかを獲得していれば，その問題を解くことが
できる場合もある。前者は複数の知識が論理積（AND）のように機能して
おり，後者は論理和（OR）のように機能している。テスト理論では，前者
を非補償型，後者を補償型という。補償型の場合，2つの知識のいずれかが
あればもう1つの知識をカバーできるので補償型というが，非補償型では
どちらの知識が欠けていても正答できない。図 3.6 は補償型のモデルの正
答確率を図示している。

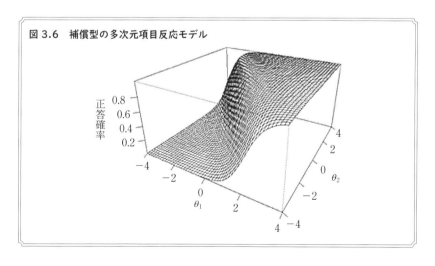

図 3.6　補償型の多次元項目反応モデル

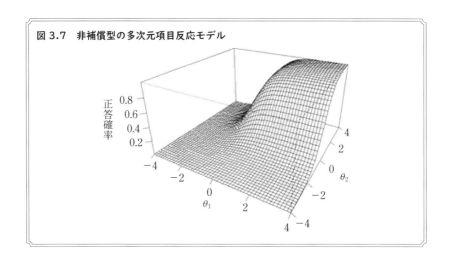

図 3.7　非補償型の多次元項目反応モデル

　例えば，帯分数の掛け算計算問題では，帯分数に関する知識と分数の掛け算の知識が両方不可欠である。2 つの知識は代替できない。また，鶴亀算の問題では，鶴亀算のやり方を知っていればいちおう解けるし，鶴亀算のやり方を知らなくても方程式の解き方を知っていれば解を得る。これらの知識 1 つだけでも正答を得ることができる。図 3.7 は非補償型のモデルを図示したものである。図 3.6 と比べれば，正答確率を示す曲面において，フラットな部分が少ないことがわかる。

　より複雑で難しい問題の場合には，その問題を解くために複数の経路（パス）が存在する場合がある。補償型の経路と非補償型の経路を組み合わせ統合した複雑なネットワークを作り，回答に至る経路を推測することも理論的には可能である。大学入試程度の問題の攻略の手段などをコーチする場合には，問題解決ネットワークの正答に至る，あるいは誤答に至るプロセスが解明されることが役に立つこともあるかもしれない。このように複雑なモデルを作り，モデルに含まれるパラメタについて推論するには，現代のコンピュータや統計理論，数値解析の技術の発展が不可欠である。このようなテストの現代的発展については，5 章と 6 章を読んでいただきたい。

3.9.3　回答が多値の場合のモデル

　ここまで説明したモデルは，正答か誤答かのような2つの値をとるデータについてのモデルである。この種のデータを2値データとよぶ（正答か誤答か以外でも，賛成か反対か，好きか嫌いかなども同じ2値である）。多枝選択式テストの場合，どの選択枝に反応したかということが，2値データより豊富な情報をもっている可能性がある。次の例題を考えてみよう。

【例題】　オーストラリアの首都はどこか。

　　　①キャンベラ

　　　②メルボルン

　　　③シドニー

　　　④オタワ

　　　⑤ワシントン

　この問いの正答は①のキャンベラであるが，メルボルンやシドニーと回答する受検者は少なくともオーストラリアに関する知識を部分的にもっており，オタワやワシントンと回答する人よりは，より高い θ をもっていると考えられる。さらに，メルボルンと回答する受検者はシドニーよりも知識が深いこと，また，ワシントンよりはオタワと答えるほうが少なくともワシントンがアメリカの首都であることは知っていることを意味しているとして，①，②，③，④，⑤の回答の順に，θ が高い可能性があるという制約を入れたモデルを作ることができる。

　まず，①に回答する，すなわち，正答する確率 $P(x_i = 1)$ を示すモデルを作る（先述の式(3.1)や式(3.2)）。

　次に，①か②に回答する確率 $P(x_i = 1 \text{ or } 2)$ を示すモデルを作る。明らかに，$P(x_i = 2) = P(x_i = 1 \text{ or } 2) - P(x_i = 1)$ である。

　同じような考え方で，

$$P(x_i = 3) = P(x_i = 1 \text{ or } 2 \text{ or } 3) - P(x_i = 1 \text{ or } 2)$$

$$P(x_i = 4) = P(x_i = 1 \text{ or } 2 \text{ or } 3 \text{ or } 4) - P(x_i = 1 \text{ or } 2 \text{ or } 3)$$

となる。回答が，①～⑤のいずれかである確率は1である（欠損値は存在しないとする）ことに留意すると，

$$P(x_i = 5) = P(x_i = 1 \text{ or } 2 \text{ or } 3 \text{ or } 4 \text{ or } 5) - P(x_i = 1 \text{ or } 2 \text{ or } 3 \text{ or } 4)$$

$$= 1 - P(x_i = 1 \text{ or } 2 \text{ or } 3 \text{ or } 4)$$

となる。このような順序性の制約を排除したい場合には，これらの回答に関する前提知識を仮定せず，これらの回答を独立なカテゴリへの反応と見なすほうが適切である場合もある。多値データのモデルについては，付録 C.14 で説明を追加してある。

3.9.4　モデルの選択

　テスト項目への反応についてのいろいろなモデルを紹介したが，たくさん紹介したようでも，これらのモデルは現在までに提案されたモデルの一部である。このように多くのモデルがあるとすると，テストの実践家にとっては，どのモデルを使うのか，さらにいえば，どのような方法でデータを解析すべきか迷うことになる。

　この問題はモデル選択の問題であるが，最適なモデルを選ぶのは統計学的にも重要で難しい問題である。統計学的によく用いられるのは，次のような方法である。

　図 3.4 は，真の値とその推定値との相関図であるが，真の値とその推定値との差の 2 乗（2 乗誤差）を各受検者について求め，その総和をとると，推定がどの程度うまくいったかどうかの評価値となる。しかし，これは，モデルが与えられていて，そのモデルを真としたシミュレーションデータであり，異なるモデルを相互に比較することはできない。実際に，2 乗誤差の考えを適用できるのは，個々のモデルによるデータの再現と実データとの 2 乗誤差を相互に比較することである。この値は小さいほうが良いと考えることができる。

　IRT の場合，正答か誤答かを確率で予測するのが統計的推定の成果である。実際にデータが正答であった場合，正答である確率を 0.8 と予測するモデルや推定法は，正答である確率を 0.6 と予測するモデルや推定法よりも価値が高い。個々の受検者の項目への正誤反応（すなわち，$x_{ij} = 1$ か $x_{ij} = 0$）と，それを予測する確率との差の 2 乗は，モデルの良さを示している。しかし，2 乗誤差のような考え方の場合，良いモデルは得られたデータに最もよく適合するかどうかのみを評価することになり，このデータのみがもつ特徴に適合するほうが指標の値が良くなる。このデータのみの特化した特徴にも合わせるためには，パラメタは多いほうが有利であるが，この有利さはこ

れから得られるデータ全体に対して有利であるとは限らず，かえって不利になることがある。また，真のモデルが，比較したい複数のモデルの中に含まれているとは限らない。真のモデルが比較対象のモデルの中にもないという一般的な状況を念頭に最適なモデルを選択できるように考えられているのが，AIC，BIC，WAIC などの情報量規準である。しかし，これらの規準の数値の差をどのように評価するかについてコンセンサスが得られているわけでもなく，この情報量規準だけで，最も適切なモデルを決めることは難しい。

　結論的にいえば，得られたデータを前にして（あるいはより理想的にどのようなデータを得るべきかテスト実施の計画を立てる場合に），得られたデータの性質と何のためにテスト得点を用いるのかについて深く考え，そのうえで，モデル選択のための複数の指標を算出し，それぞれの指標の意味を理解したうえで，テストを用いる目的のために最適なモデルを選択すべきである（統計的説明は，付録 C.15 参照）。

3.10
まとめ

　本章は，信頼性と妥当性という 2 つの観点で，得られるテスト得点を評価する試みを基本に戻ってまとめた。信頼性は誤差の程度を示す指標であり，妥当性はテストの測定が目指す基準とどれほど相関しているか，目標としている構成概念を十分に表現しているかどうか，あるいはこのテストを利用することによってどれほど効用が増加するかなどによって評価する指標である。

　良いテストの指標はこれだけではないだろうが，統計的データ分析によってテストの評価に役立てる貢献は，信頼性と妥当性の良い指標を提供することであると考える。

引用文献

東洋 （1979）. 子供の能力と教育評価. 東京大学出版会.

Geisinger, K. F.（Ed.）.（2013）. *APA handbook of testing and assessment in psychology*（3 vols.）. American Psychological Association.

Khodadadi, M., Ahmadi, K., Sahraei, H., Azadmarzabadi, E., & Yadollahi, S.（2014）. Relationship between intelligence and reaction time: A review study. *International Journal of Medical Reviews*, **1**(2), 63-69.

Pietschnig, J., Penke, L., Wicherts, J. M., Zeiler, M., & Voracek, M.（2015）. Meta-analysis of associations between human brain volume and intelligence differences: How strong are they and what do they mean? *Neuroscience and Biobehavioral Reviews*, **57**, 411-432.

繁桝算男 （1976）. ベイズ統計学の心理学的データへの適用. 心理学評論, **10**(2), 95-115.

繁桝算男 （1988）. 決定理論の枠組みから見た教育評価. 日本教育工学雑誌, **12**(3), 77-89.

Shigemasu, K., Kono, M., & Ueno, K.（2020）. Bayesian confirmatory factor analysis of Wechsler Intelligence Scale for children data. *Behaviormetrika*, **47**, 451-467.

van der Linden, W. J.（Eds.）.（2016）. *Handbook of item response theory: Vol. 1. Models*. CRC Press.

4章
等化とリンキング
——複数のテスト尺度を共通化するために

4.1
複数の尺度を共通の尺度にまとめる意義

　多くのテストにおいて，テストが年に複数回実施され，それらのどの実施回を受検しても尺度得点の意味が同じであるという仕組みが実用化されている。実施回ごとに項目[*1]の内容が異なり，受検者に提示される項目の難易度レベルが異なるにもかかわらず，受検者に返される尺度得点の意味は，例えば「○○テストで730点以上なら△△という能力がある」というように，一定である。

　各実施回で出題される項目群について，その難易度をそろえることができれば，このようなテストを実現することが可能である。しかし，項目作成時に難易度を想定したとしても，必ずしもその想定が正しいとは限らない。そのため，難易度を指標化するための予備テストを本試験実施前に行い，見いだされた難易度の値を手がかりに，複数の実施回の尺度得点を共通した尺度上で表すことを考える。

　同じ構成概念を測定するテスト版[*2]が複数個用意され，しかもそれらが相互に比較可能な尺度の上で尺度得点が表示される仕組みを実現するためには，複数のテスト版における尺度得点を，共通な尺度上に変換する手順を踏まなければならない。このような手順を「共通尺度化」とよぶ。テストで測定される構成概念が，複数の実施回で用いられるテスト版の間で同一である

---

*1　本章では受検者に提示される問題を「項目」と表記する。
*2　受検者に提示するための項目群を1冊の冊子に集めたもの。コンピュータを利用したテストの場合は必ずしも冊子体とはならないが，便宜上「テスト版」とよぶことにする。

ことを前提とした共通尺度化は「等化」とよばれ（日本テスト学会, 2007, p. 220），必ずしも同一の構成概念を測定していることを前提としない共通尺度化は「リンキング」とよばれる（日本テスト学会, 2007, p. 224）。

　同じ構成概念を測定するテストとして，中学生向けのテストと，高校生向けの2種類のテストを用意し，それぞれの学年の生徒に出題し，高校生の学力が中学生の学力とどのような関係にあるのかを調べたいという場合がある。この場合，中学生向けのテスト版と高校生向けのテスト版において項目反応理論（item response theory; IRT）による尺度化を個別に行うことで，それぞれのテスト版の中において尺度化ができる。すなわち，中学生向けのテスト版を受検した中学生どうしでの比較や，高校生向けのテスト版を受検した高校生どうしでの比較をするような尺度を得ることができるが，このままでは両者を共通尺度化することはできない。そこで共通尺度化の手がかりとして，両者のテスト版で共通に出題される項目を一定数入れ，これを手がかりにして共通尺度化を図る。共通尺度化のためには，テストを行う前にどの項目（あるいはテスト版）を誰（あるいはどの受検者集団）に提示するかについて計画（デザイン）しておくことが重要である。

　適切なテストデザインを組むためには，集団ごとの能力分布や，その背後にある集団の特徴を的確にとらえ，能力の分布に適合した難易度をもつテスト版を用いてテストを行うという考え方が重要となる。先の例では，中学生向けに難易度レベルの高い項目ばかりを提示してしまうと，正答がほとんど得られなくなり，受検者の能力を判断する手がかりとしてふさわしいとはいえなくなってしまう。また，受検者群ごとに異なる能力分布を想定すべき場合に，IRTモデル上で仮定される能力分布も適切に設定される必要がある。先の例でいうと，「中学生向けと高校生向けテスト版を受検した者の能力分布は異なる」ということを，IRTモデル上で表現する必要がある。集団の間に能力分布の違いを仮定するか否かという点は，テストを実施する前の段階で検討されるべきであり，適切なテストデザインの構築に必要なことである。

4.2

等化デザインと等化の目的

4.2.1 尺度の不定性と尺度変換の必要性

IRTにおける尺度化によって，受検者の能力分布から独立に項目困難度（項目パラメタ）を推定することが可能となる。すなわち，標本依存性（sample dependence）のない形で困難度指標を表すことが可能ということである。同時に，項目困難度から独立に受検者の能力指標を推定することが可能であることをも意味しており，項目依存性（item dependence）のない形で尺度得点を表示できるということである。したがって，IRTを適用することにより，図4.1上のように，受検者の能力値と項目の困難度を同じ尺度上で表現できるということを意味する。ただし，標本依存性や項目依存性のないパラメタを推定するための前提として，尺度の一次元性が満たされていることが必要である。

ところで，図4.1に示すように，IRTにおいては能力値尺度と困難度尺度が同一と見なせるが，この尺度は原点や単位を任意に定めることができ

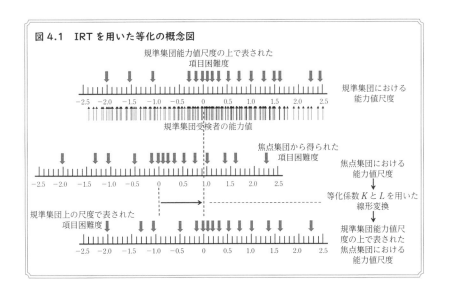

図 4.1　IRT を用いた等化の概念図

る。この性質を「尺度の不定性」とよぶ。このことにより，受検した集団や出題した項目の難易度レベルとは独立に，能力値や困難度値を解釈することができる。例えば高校生向けに作成されたテスト版において，IRT による分析を行って項目パラメタを推定し，能力値を求めた場合，高校生の平均的能力が，原点（多くの IRT 分析の場合，0 とおかれる）に位置すると解釈される。中学生向けのテスト版であれば，推定された能力値の平均（＝0）は，中学生の平均的能力であると解釈されるが，この平均値 0 は高校生向けテストにおける平均値 0 と意味が異なることに注意が必要である。

　複数のテストの能力値尺度を 1 つの尺度上で表すうえでは，尺度に不定性があることが利用される。あるテスト，例えば高校生レベルのテストを受検した集団を基準として，中学生レベルのテストを受検した集団の尺度得点を，高校生レベルの受検者集団の尺度上で表示しようとした場合，高校生レベルのテスト受検者集団を「規準集団（reference group）」と考え，規準集団上の尺度で中学生レベルのテスト受検者集団の能力値を表示する。中学生レベルのテストにおける能力値尺度の原点や単位を任意に定められるということは，中学生レベルの尺度を高校生レベル向けテストの尺度に変換することが許され，統一された尺度で双方のテストスコアが表示可能であるということである。このとき，規準集団に調整される対象となる集団を「焦点集団（focal group）」とよぶ。

　図 4.1 のように，焦点集団の能力値尺度を調整して規準集団の尺度上の数値に変換する操作を行うことによって，規準集団上の尺度上で表された焦点集団の能力値尺度を得ることができる。これが「規準集団上の尺度に等化された尺度」である。この操作によって，焦点集団において得られた項目パラメタ（図 4.1 では困難度のみ示した）もまた，規準集団の尺度上に変換されることとなる。したがって，等化の操作によって能力値のみならず，項目パラメタもまた値が変換されることとなる。この変換においては等化係数とよばれる値を用いるが，詳細は 4.2.4 項で述べる。

　以上の例は高校生レベルと中学生レベルの 2 種類のテスト版において難易度レベルが異なる場合であったが，年に複数回行われるテストにおいて，出題されたテスト版の難易度レベルが異なるか否かが不明な場合であっても，それらの難易度レベルが異なるという仮定をおいたうえで，同様の等化

を行うことができる。この場合は，規準集団の能力値平均を 0 とおいたうえで，焦点集団における等化後の能力値平均がプラスになれば規準集団を上回る能力値平均であり，マイナスになれば規準集団を下回る能力値平均であると解釈する。

4.2.2　等化のためのデザイン

ところで，複数のテスト版の間で等化を行うためには，以下のいずれかのように，テスト版や受検者の間に共通な要素が含まれてなければならない。

①複数のテスト版に共通して出題されている項目（共通項目）が存在する

②複数のテスト版に含まれる項目を，共通して受検している受検者集団（共通受検者）が存在する

上記の条件のうち，いずれかが満たされていなければならない。等化を行うテストを実施するに先立ち，上記のいずれかの条件を満たすようにテストの出題方針を定めた内容を「等化デザイン」や「等化計画」とよぶ。等化デザインの検討には，4.2.4 項で説明する等化のための方法を選択することも含まれる。

(a) 共通項目デザインによる等化

4.2.1 項で例示したように，高校生レベルのテスト版の能力値尺度を基準として，中学生レベルのテスト版の能力値尺度を等化するといったような場合，2 種類のテスト版の間に共通して出題される項目を含ませることで，等化をすることができる（図 4.2 左上）。複数のテスト版をまたいで共通に出題されている項目を「共通項目」や「アンカー項目」とよぶ。

このデザインの場合，複数のテスト版に共通して出題された項目については，高校生レベルのテスト版受検者から正誤データが得られると同時に，中学生レベルのテスト版受検者からも正誤データが得られることとなる。前者の正誤データを IRT により分析することで，高校生における能力値の平均が 0 となるような尺度上で困難度が推定されることとなり，後者の正誤データを分析した結果からは，中学生における能力値の平均が 0 となるような尺度上で困難度が推定されることとなる。高校生を規準集団と考え，中学生の尺度を高校生の尺度に乗せる場合，中学生尺度の困難度を高校生尺度の困

難度に変換すればよいことになる。その手がかりを得るために共通項目を設け，同じ項目について中学生と高校生の集団から求めた困難度の値を等化に用いる。

（b）共通受検者デザインによる等化

テストの仕様によっては，共通項目を含むことが許されない場合がある。例えば事前‐事後テストデザインのように，同一の受検者に対して処置を与える前と後の能力値の変化を検討しようとする場合，事前テストと事後テストで同じ項目を出題することは，受検者が事前テストで目にした項目の一部が事後テストでも出題されることを意味しており，適切ではない。そのような場合に行われるのが「共通受検者デザイン」による等化である。

共通受検者デザインでは図 4.2 右のように，規準集団に対して出題されるテスト版と，等化対象の集団（集団 B）に対して出題されるテスト版の間

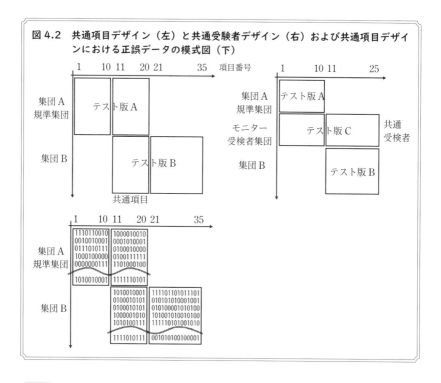

図4.2　共通項目デザイン（左）と共通受験者デザイン（右）および共通項目デザインにおける正誤データの模式図（下）

に，共通項目は存在しない。その代わり，両者のテスト版を両方回答する集団を設ける。この集団は，あくまで2種類のテスト版の間で等化を行うために設けられるものであり，テスト本来の目的である「能力の測定」とは直接関係しない「受検者」である。このような受検者集団を「モニター受検者」とよぶ。また能力の測定以外の目的で行われるテストを「予備テスト」「試行テスト」「プレテスト」「フィールドテスト」などとよぶ[*3]。

　モニター受検者は，規準集団に提示された項目と，等化対象の集団に提示された項目を回答する。これにより同一の受検者において，2種類のテスト版の項目パラメタが推定されることとなる。モニター受検者の能力値尺度を基準にして等化対象の集団の能力値尺度を等化し，次に規準集団の能力値尺度を基準としてモニター受検者の能力値尺度を等化すれば，最終的に規準集団と等化対象の集団の能力値尺度が，モニター受検者の尺度を介して等化されることとなる。

4.2.3　等化の目的——垂直尺度化と水平等化

　どのような目的を達成するために等化が行われるのかによって，等化は大きく2つに分けられる。1つは，あらかじめ能力の分布に違いがあることがわかっている複数の集団に対して，それぞれの集団の能力に応じた難易度レベルをもつ複数のテスト版を用いてテストを行い，それらのテスト版を共通尺度化する場面であり，これは「垂直尺度化」とよばれる。もう1つは，能力の分布の違いがあるか不明である場合において，同じような難易度レベルをもつ複数のテスト版を用いてテストを行う共通尺度化であり，これは「水平等化」とよばれる。共通の尺度を得るという点においては同一であるが，等化対象となるテスト版が互いに異なる困難度をもっていることを仮定するか，困難度が同等であると見なすかの違いによって，両者は特に区別される。

　垂直尺度化を行う場面は，4.1節で取り上げたような，複数の異なる学年に対してそれぞれの学年に応じた難易度レベルのテスト版を用意するテスト

[*3]　本章では以下「予備テスト」と表記する。予備テストの目的には，項目パラメタの推定以外に，出題された項目の質（信頼性や妥当性）を検討することや，規準集団上の尺度で項目パラメタが推定された項目を用意すること，などがある（2章も参照）。

があげられる。垂直尺度化により，学年間の難易度レベルの違いがIRTにおける困難度の違いにより項目単位で示されることとなり，平均的な項目困難度の違いを検討することにより，学年間の能力差が間隔尺度の形で尺度化できる。通常，ある学年を規準集団として設定し，他の学年の受検者における能力値尺度を規準集団上に等化する場合が多い。

　一方，水平等化が必要な場面としては，項目パラメタが推定された項目を大量に用意する場合があげられる。例えば，時差を含む複数の国・地域でテストを行いたい場合，それらのテスト版で同一の項目を用いるわけにはいかない。同一の項目を含むテスト版を用いた場合，テストの開始時刻を各国の現地時間によってそろえた場合であっても，先にテストが実施された国の受検者がSNS上に正答を公開してしまえば，後からテストが実施される国の受検者が不正に正答を知ることになってしまい，公平なテストとはならなくなってしまう。このような事態を避けるために，時差をまたいで行われるテストでは，共通項目を含まない平行テストを複数準備しておくことが行われるが，そのためには予備テストを実施して大量の「項目パラメタがわかっている項目」を用意し，あらかじめ難易度レベルが等しいとわかっている複数のテスト版を準備することが求められる。

　これらの平行テストは，時差をまたいで行われるテストにおいて，複数の時間帯で異なるテスト版を出題するのに役立つ。また事前－事後テストを行うためには，複数種類のテスト版から事前テストと事後テストを選抜すればよい。例えば200項目の「項目パラメタ既知項目」があったとすると，そこから困難度や識別力の値が互いに似た5項目を40セット抽出し，それぞれの項目を別々のテスト版に振り分けることで，困難度や識別力の値の分布が互いに似通った40問からなるテスト版を5セット作ることができる。

　ただし受検者の精神的疲労を考えると，200項目を一度のテストで一人の受検者に回答させることが難しい場合がほとんどであろう（1問回答するのに1分を要するとしても3時間以上のテストとなってしまう）。そこで，200項目を，部分的に共通項目を含むような複数のテスト版に分冊し，モニター受検者も複数の集団に分割して，それぞれに対して別のテスト版を出題する。これらのテスト版の間で等化を行うことで，複数の分冊をまたいで共通の尺度上で困難度を表示することができる。この場合の等化は，水平等化

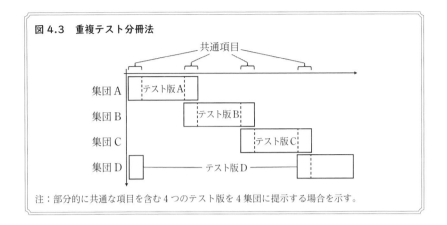

図4.3　重複テスト分冊法

共通項目

集団A　テスト版A

集団B　テスト版B

集団C　テスト版C

集団D　テスト版D

注：部分的に共通な項目を含む4つのテスト版を4集団に提示する場合を示す。

にあたる。

　多数の項目を複数のテスト版に分冊し，多数の項目のパラメタを推定する手続きを「重複テスト分冊法」とよぶ（コンピュータによる等質な複数テストの構成法については5章参照）。図4.3に重複テスト分冊法の例を示したが，この例では共通項目を介して4つのテスト版が連鎖的につながっている。共通項目の重複のさせ方はこれ以外にも，釣合い型不完備ブロックデザイン（balanced incomplete block design; BIB デザイン）による方法がある（柴山，2013，pp. 9-17; 川端，2014，pp. 262-263）。BIB デザインを用いることで，一部の項目が一部の受検者集団に偏って出題されるということがなくなり，偏りのない項目パラメタ推定のためには都合がよい。

　水平等化を行う場合，ある特定のモニター受検者集団だけが規準集団と見なされるのではなく，モニター受検者集団全体（図4.3の例では4集団を併合した受検者全体）において能力値平均が0となるように能力値尺度が定義される。これにより，予備テスト受検者全体が規準集団と定義されることとなる。

4.2.4　等化の方法

　等化デザインの検討に際しては，等化のための具体的な手続きについても考えなければならない。IRT に基づくテストにおいて，項目パラメタを等化するための手続き（等化のための手法）には，「個別推定」「同時推定」

「固定項目パラメタ法」が提案されている。

図4.2左上のように，共通項目を含む2種類のテスト版を共通項目デザインにより等化する場合を例に，それぞれの手法について説明する。テスト版Aを受検した集団が規準集団であり，テスト版Bを受検した集団が焦点集団である。

(a) 個別推定

2種類のテスト版について，まずテスト版ごとに項目パラメタを推定する。これらの項目パラメタは，それぞれのテストを受検した集団における正誤データに基づき，個別に推定した結果であるが，そのままでは互いに比較可能な形で共通な尺度上の数値ではない。そこでまず，テスト版Aに含まれる共通項目の項目パラメタを取り出し，同じ項目内容をもつテスト版Bの項目パラメタと比較してみる。

いま必要なことは，テスト版Aの尺度上で，テスト版Bの項目パラメタを表すことである。そのためには，テスト版Bの項目パラメタを変換し，「テスト版Aの尺度上で表現された，テスト版Bの項目パラメタ」を求めればよい。以下，変換されたテスト版Bの項目パラメタを「変換後のテスト版Bの項目パラメタ」と表現する。この変換は，共通項目全体において共通した変換のための係数KおよびLを用いて，以下の式によって行われる。

$$変換後のテスト版Bの識別力 = \frac{変換前のテスト版Bの識別力}{K}$$

$$変換後のテスト版Bの困難度 = K \times 変換前のテスト版Bの困難度 + L$$

このようにして変換されたテスト版Bの項目パラメタは，テスト版Aの尺度上で表現される。後述する複数種類の手法のいずれかにより，変換のための係数$\hat{K}$と$\hat{L}$を推定すれば，テスト版Bのみに含まれる項目についても，$K=\hat{K}$，$L=\hat{L}$として上記の式を適用することで，テスト版Aの尺度上で項目パラメタを表現することが可能となる。このような等化手法を「個別推定（separate calibration）」とよび，KとLを「等化係数」とよぶ。

テスト版Bの項目パラメタをテスト版Aに等化した後，変換後のテスト版Bの項目パラメタを用いて，テスト版B受検者の能力値を推定すると，

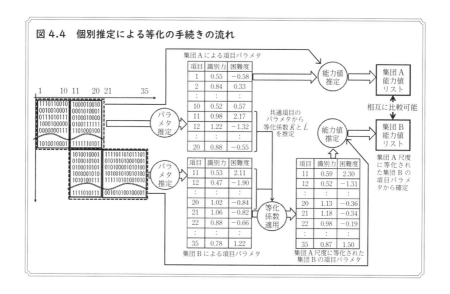

図 4.4　個別推定による等化の手続きの流れ

その能力値はテスト版 A 受検者集団上の尺度上で表示されることとなる。これにより，焦点集団の能力値尺度を，規準集団上の能力値尺度で表示することが実現できる。例えば 4.1 節で示した中学生向けと高校生向けのテストにおいて，規準集団が高校生で，焦点集団が中学生であった場合，項目パラメタの等化の操作により，中学生向けのテスト版 B の項目パラメタが高校生向けのテスト版 A の能力値尺度上で示され，次に能力値推定の操作により，「テスト版 A の能力値尺度上で表示されたテスト版 B の項目パラメタ」を用いて焦点集団の能力値が推定される。この値は，規準集団の能力値尺度上で表示され，規準集団の受検者の能力値と相互に比較が可能となっている。個別推定による等化の手続きの具体的な流れを図 4.4 に示した。

　個別推定は，それぞれのテスト版において個別に推定された項目パラメタの推定値を出発点とし，共通項目の項目パラメタを手がかりに等化を行う。そのため，それぞれのテスト版における個別の項目パラメタ推定が，ある程度多くの受検者により安定して行われることが前提となる。また，等化係数を推定する方法は表 4.1 で示すようにいくつか提案されており，いずれの手法を用いるかを比較検討することが求められる。例えば Mean-Sigma 法においては，規準集団と焦点集団から得られた同一項目における困難度の推

表 4.1　個別推定のための等化係数推定手法

等化係数推定手法	特徴
困難度等化法 　Mean-Sigma 法 　（Marco, 1977） 　Mean-Mean 法 　（Loyd & Hoover, 1980）	共通項目の困難度平均と困難度標準偏差を用いて K と L を推定する。 　共通項目の困難度平均と識別力平均を用いて K と L を推定する。
特性曲線変換法 　Haebara 法 　（Haebara, 1980） 　Stocking-Lord 法 　（Stocking & Lord, 1983）	共通項目における項目特性曲線の差が最小となるような K と L を求める。 　共通項目におけるテスト特性曲線の差が最小となるような K と L を求める。

（村木（2011，pp. 110–113）を参考にした）

定結果を用いて，

$$\hat{K} = \frac{規準集団における困難度の標準偏差}{焦点集団における困難度の標準偏差}$$

$$\hat{L} = 規準集団における困難度の平均 - \hat{K} \times 焦点集団における困難度の平均$$

という式で，$\hat{K}$ と $\hat{L}$ が推定される。

（b）同時推定

　個別推定は等化係数を用いて等化を行うが，等化係数を用いることなく等化を行う手法として「同時推定（concurrent calibration）」が知られている。

　例えば中学生テストの尺度を高校生テストの尺度に共通項目デザインにより等化する場合，両者のテスト版への正誤データを図 4.2 下のようにまとめる。すなわち，同じ項目に対する正誤の情報が同じ列に並ぶように，受検者ごとの正誤を 1 人 1 行に並べる。図 4.2 下の例ではテスト版 A に 20 項目，テスト版 B に 25 項目あり，そのうち共通項目が 10 項目の場合であるが，この場合，共通項目の重複を除くと 2 種類のテストの項目数は 35 となるため，受検者数の数だけ行があり，35 列からなる正誤データ行列を用意する。

次にこの正誤データ行列に対して IRT による分析を適用する。その際，受検者に提示されていない項目の正誤（中学生に出題したテスト版に対する高校生の正誤データと，高校生に出題したテスト版に対する中学生の正誤データ，ただし共通項目を除く）は「欠測」と見なして分析する。同時推定は個別推定とは異なり，IRT による分析手続きは，テスト版の数にかかわらず一度だけ行われる。

この IRT 分析の際，複数の集団が受検しているという状況をモデル化するため，IRT 分析のモデルとして「多母集団 IRT モデル」を用いる。通常の IRT 分析では，受検者の能力値分布として「平均 0，標準偏差 1 の正規分布」を仮定するが，多母集団 IRT モデルでは，正誤データが複数の能力値分布をもつ異なる複数の集団によって観測されていると見なし，平均や標準偏差が異なる複数の能力値分布を仮定する。この例では規準集団が高校生であるため，高校生テストを受検した集団の能力値分布を平均 0，標準偏差 1 と固定し，中学生テスト受検者における能力値分布の平均と標準偏差を推定する[*4]。

多母集団 IRT モデルを用いた分析の結果は，能力値分布の平均や標準偏差だけではなく，複数の集団をまたいで共通の項目パラメタが推定される。この例では 35 項目に対する項目パラメタが推定されることとなるが，これらは複数の能力値分布の存在を仮定した値である。したがって，多母集団 IRT モデルによる項目パラメタは，集団をまたいで相互に比較可能な値と解釈され，等化が行われたと見なせる。

個別推定はテスト版ごとに IRT 分析が必要である一方で，同時推定は一度の分析操作で等化を行うことができる。一部のテスト版に十分な人数がない場合であっても，個別推定のように分析に支障が出る可能性は低い。しかし，複数のテスト版の間に多くの共通項目を含む場合，図 4.2 下で示すような形に正誤データをまとめる作業が煩雑となる。また，等化対象となるテスト版の数が増えると，大きなサイズの正誤データを分析することとなり，計算のための負荷が増す。

[*4] どのような等化の方法をとるにせよ，この例の場合，高校生よりも中学生のほうが能力値分布の平均が小さいことが一般的であるため，分析の結果として，推定される中学生の能力値分布の平均がマイナスになることが予想される。

(c) 固定項目パラメタ法

　IRTの分析においては，通常，正誤データに含まれるすべての項目に対する項目パラメタを推定するが，一部の項目のパラメタを特定の値に固定したうえで，それ以外の項目パラメタを推定するということも可能である。すなわち，テスト版のうち一部の項目のパラメタ値が決まった値であるという制約を入れたIRTモデルを考え，尤度が最大となる項目パラメタを推定するということである。値を固定した項目については，項目パラメタは推定されない。

　この手法を応用した等化方法が「固定項目パラメタ法（fixed common item parameters method）」である。まず，規準集団に対するテスト版の項目パラメタを，個別推定と同様の手法により推定し，記録しておく。次に，焦点集団に出題したテスト版の項目パラメタ推定を行う際，共通項目の項目パラメタを先の規準集団における項目パラメタに固定したうえで，それ以外の項目のパラメタ推定を行う。この手法により，焦点集団向けのテスト版のみに出題された項目におけるパラメタ推定値は，規準集団上の尺度で表現されていると解釈でき，等化が行われたこととなる。

　この手法を用いるにあたっては，値に制約を入れた項目パラメタ推定を行うことが求められるが，多くのIRT分析ソフトウェアはそのような制約つき項目パラメタ推定機能を有している。

4.2.5　等化の前提

　これまで説明してきた等化の手続きを行うことで，どんなテスト版に対しても共通尺度化が行えるかといえば，必ずしもそうではない。等化はあくまで，それぞれのテスト版が同じ構成概念を測定していることを前提としている。このことを確認せずに等化のプロセスを行った場合は，共通尺度の妥当性が保証されず，適切ではない結果となってしまう。

　このように，等化を行うためには前提条件があることが指摘されている（Lord, 1980）。それらは以下の5点に集約される（川端，2014，pp. 257-258; 光永，2017，p. 164）。

　①複数の分冊が，同じ構成概念を測定している。

②テスト版Aで算出された尺度得点をテスト版Bの尺度に変換した結果と，テスト版Bで算出された尺度得点をテスト版Aの尺度に変換した結果は，同じでなければならない（等化の対称性）。

③複数の分冊は，信頼性が等しい。

④能力値の推定値が同じ人をそれぞれの尺度から取り出したときに，測定誤差が等しい。

⑤等化の結果が，集団によらず不変である。テスト版Aとテスト版Bを異なる集団が受検している場合，集団ごとに等化を行った結果（等化係数）が，全体をひとまとめにして等化した結果に一致しなければならない。

これらのうち②や⑤については，等化の手法を吟味することにより，前提を満たすことができる。しかし①や③といった要素については，テスト版で測ろうとしている能力尺度の信頼性や妥当性に関わる問題であり，等化を伴うテストを実施する前に十分な検討が必要な事項であるといえる。

等化を伴うテストを受検する側からすれば，「等化後のテスト版では，尺度得点の意味が同一と見なせる」ことから，どのテスト版を受検したかを気にすることは無用であり，いずれのテスト版を受検しても公平である。等化の前提のうち③や④は，等化の対象となるどのテスト版を受験しても，公平なテストとなるために必要な前提（Lord, 1980）である。もし等化対象のテスト版のうち1つの信頼性が低い場合，そのテスト版を受検した者の尺度得点の誤差分散が大きくなる。そのため，能力の低い受検者からすれば，信頼性の低いテスト版を受検することで，真の得点に比べてより高い得点を偶然得る可能性が（わずかかもしれないが）期待でき，受検者からすれば自分の受検したテスト版の信頼性を気にすることにつながってしまう。このような状況で等化を行ったとしても，公平性が損なわれることに変わりはない。また公平なテストであるためには，④のように，どの能力値レベルをもつ受検者にとっても測定誤差がなるべく等しくなるようなテスト版の使用が望ましい。

4.2.6　複数のテスト版によるテストの年複数回実施——等化の応用

IRTを用いた等化は，テストの応用範囲を広げ，教育のために資する重

要な手がかりをもたらす可能性がある。ここでは，等化の手法を盛り込んだテストの活用事例を紹介する。このほか，大規模な共通入試の実施に応用する手法については光永（2022）を参照のこと。

（a）年に複数回実施されるテストにおける項目バンク

大学入試に代表されるように，これまで多くのテストが，年1回のみの受検機会しか設けられてこなかった。また年に複数回実施されるテストであったとしても，それらのテスト版の間で困難度が検証されていない場合，たまたま平均的困難度が低かったテスト版の受検者が有利になるおそれがあり，テストの公平性が阻害されることとなってしまう。

重複テスト分冊法により，大量の項目に対して困難度や識別力をあらかじめ推定しておき，それらを用いて困難度や識別力が同等に散らばっていると想定される平行テストをいくつか用意し，年に複数回行われるテストで出題する仕組みを用意すれば，平均的困難度が同一と見なせるテスト版がどの回でも用いられることとなり，公平なテストの実施に寄与することとなる。テスト版に含まれる項目すべてについて，項目の内容や出題履歴，推定された項目パラメタの値などを記録するデータベースを「項目バンク」とよぶが，年に複数回実施されるテストでは項目バンクの用意が必須である。

ただし，項目バンクにパラメタを記録するためには，年に複数回行われる本試験の実施よりも前に，予備テストを実施し，項目パラメタを推定しておくことが必要である。本試験の受検者の能力値尺度は，すべて予備テストのモニター受検者における能力値尺度に等化される。したがって，モニター受検者を規準集団と考え，テストデザインを組み立てていく必要がある。

（b）項目の使い回しと項目バンクの維持管理

公平なテスト実施のためには，項目の内容が外部に漏洩することは許されない。一方で，予備テストにより項目パラメタを推定しておくことが，テスト版を作成するための必須要件となっており，本試験の受検者以外の第三者に対して，一時的にせよ項目内容が開示されることを意味している。予備テスト実施の際，モニター受検者は提示された項目の内容を漏洩しないように指示され，テスト版もすべて回収される。そうしなければ，テスト版の内容

がモニター受検者を介して漏洩し，その後行われる本試験の受検者の手に渡る可能性が排除できなくなる。

また，長期間にわたるテスト実施のためには，内容が古くなった項目を新作項目と入れ替える必要がある。そのためには，新作項目に対してどのようにパラメタを推定し，等化するかを検討しておく必要がある。項目パラメタ推定の手がかりとしては，モニター受検者を用いた予備テストによる方法以外に，本試験実施の際に，実受検者に対して新作項目を提示し，受検者に対してはどれが新作項目かわからない状態で回答を求めるという方法がある。これらの方法を用いて，新作項目と等化済みの項目を組み合わせる手法を，長期的な視野に立って検討しなければならない。

（c）年複数回実施されるテストの具体的手順

以上をまとめると，年に複数回実施されるテストの仕組みとしては，以下の流れに従ってテストが行われることとなる。

①予備テストを行い，多数の項目（たとえば200項目）のパラメタを推定する。予備テストを受検したモニター受検者を規準集団と定め，この能力尺度上に，②以降で行われる本試験の能力値尺度が等化されていく。ここで推定された項目パラメタを，項目バンクに記録する。

②本試験を年に複数回行う。その際，一定数の新作項目と①で項目パラメタを推定した項目を混ぜて出題する。テストを実施し，正誤データが得られた後に，共通項目デザインを用いて新作項目の項目パラメタを規準集団上の尺度上に等化する。等化した項目パラメタを用いて本試験受検者の能力値を推定すれば，規準集団の尺度上で本試験受検者の能力値が表示され，各回の本試験の尺度が，規準集団上の尺度を介してつながる。

より具体的な例として，ある大学における英語プレースメントテストの開発事例を取り上げる。この大学では，新入生全員にすべての学部共通の英語プレースメントテストを課し，大学1年次の4月時点での英語読解能力に応じたクラス分けを経て，習熟度別の英語授業を展開している。また翌年2月に同じ仕様の英語読解能力確認テストを課し，同一学生の尺度得点の変動

を観測することで，授業の質の改善につなげることを目指している。

このテストは，以下の①から④の手順で行われる。

① X 年の秋に，大学 1～2 年次の学生をモニター受検者として大量に募り，重複テスト分冊法を用いて 200 項目を出題し，項目パラメタを推定し，項目バンクに記録する。これが予備テストに相当する。規準集団として「大学 1～2 年次程度の英語読解能力」を仮定すれば，今後行われるプレースメントテストや確認テストの能力値の意味を適切に解釈できるようになる。

② X＋1 年 4 月に，新 1 年次対象のプレースメントテストを実施する。その際，項目バンクから 25 項目を抽出し，新作項目の 25 項目とともに出題する。項目バンクから抽出された項目を共通項目と考え，共通項目デザインによる等化を行い，新作項目 25 項目の項目パラメタ推定値を規準集団上の尺度で表す。ここで推定された新作項目のパラメタも，項目バンクに記録しておく。また能力値を推定して，学生のクラス分けの参考資料とする。

③ X＋2 年 2 月に，同一学生に英語読解能力確認テストを実施する[*5]。プレースメントテストと同様，項目バンクから 25 項目を抽出し，新作項目の 25 項目とともに出題する。ただし，同一学生に同じ項目を 2 度提示することを防ぐため，プレースメントテストで用いた項目とは異なる項目を抽出する。②と同様の手続きにより項目パラメタを推定し，規準集団の尺度上に等化し，項目バンクに記録する。また能力値を推定し，学生の英語読解能力の「伸び」を検討する根拠資料とする。

④ X＋3 年 4 月以降についても，同様の流れでプレースメントテストおよ

[*5]　英語読解能力確認テストの受検者は，プレースメントテスト受検者と同一であるが，英語読解能力の分布には違いがある（確認テスト受検者のほうがより能力が高い）と考えるのが自然であろう。そのため，これらは別々の能力値分布をもつことを仮定して分析する。受検者が同一かどうかではなく，能力値の分布に違いを仮定するかどうかによって，受検者の集団を分けて考えるのである。一般に，受検者の能力分布が互いに同等であると見なせる複数の集団は「ランダム等価グループ（random equivalent group）」とよぶ。この例に限らず，共通尺度化を行うテストにおいては，各回の受検者の能力値分布は互いに異なると仮定して行われることがほとんどである。

び英語読解能力確認テストを実施する。

このテストの仕組みにより，年度内に行われる2回のテストだけではなく，年度をまたいだ英語読解能力の比較も可能となる。このことは，年度ごとの英語能力の違いが可視化されることを意味し，高等教育機関としての大学学部組織において大きな意義をもつものとなるであろう。

以上の流れに沿ったテストを実施するためには，最初に200項目，それ以降は年に50項目を新作項目として用意する必要がある。英語の読解能力を測定する項目で，妥当性が高い項目を1年の間に大量に用意することは難しいが，1年あたり50項目というように，分散して新作項目を用意すれば，項目作成上の労力は軽減されることが期待される。

現実に行われる大学の英語の授業は，常に同じ内容で行われるわけではないため，時代に応じたカリキュラムの見直しが必須であろう。その必要性が認められるなら，また予備テストの実施に戻って，あらためて新しいカリキュラムのもとで項目を作り直し，新しいテストを立ち上げることとなろう。

4.3
リンキング

4.3.1　等化とリンキングの違い

4.2.5項で述べたように，等化による共通尺度化は，複数のテスト版で同一の構成概念を測定していることや，複数のテスト版の信頼性が等しいといった前提が満たされていることが必要である。しかし，現実にはこれらの前提が満たされていない場合に，共通尺度化を行いたい場合がある。

例として，大学入試における科目間の尺度得点の扱いがあげられる。ある大学入試で，英語・国語・地理歴史という教科のテストを課し，それらの尺度得点を用いて選抜が行われるとする。多くの入試において，地理歴史という教科のもとに「日本史」「世界史」「地理」などの複数の科目が設けられ，その中から1科目を選んで受検するケースが一般的であろう。これらの科目の尺度得点はすべて「地理歴史」という教科の得点と見なせるだろうが，一方でそれぞれの科目のテストは，測定される構成概念が同一であるとはい

えないことから，尺度得点の意味が厳密な意味で共通尺度上の数値になると
は限らない。

　この例のように，等化の前提を厳密に満たさない場合における共通尺度化
を「リンキング」とよび，等化とは区別して考える。リンキングの出発点と
なるのは，必ずしも IRT に基づく能力値の推定値とは限らない。受検者が
何項目正答したかを数えて「素点」と考え，日本史と世界史の双方の素点を
リンキングにより共通尺度化するといったことが行われる。また，項目ごと
に「配点」があり，配点で重みづけした「重みつき得点」を用いた場合にお
いても，リンキングの手法を適用できる。

4.3.2　リンキングの方法——等パーセンタイル法

　リンキングの手法は数種類あるが，ここでは最も一般的な手法として「等
パーセンタイル法」を紹介する。以下，日本史のスコアと世界史のスコアを
リンキングする例を取り上げるが，本項で述べる「スコア」は，素点や重み
つき得点，あるいは IRT による能力値のいずれでもよい。

　等パーセンタイル法では，共通尺度化の手がかりとして，パーセンタイル
とよばれる値を用いる。スコアを小さい順に並べ替えたとき，あるスコアの
値が小さいほうからみて何パーセントの位置にあるかを表すものが，パーセ
ンタイルである。以下，100 点満点の日本史のテストにおいて 1000 名から
スコアが得られた場合を考える。これらのスコアを小さい順に並べ替え，小
さいほうから 300 番目，すなわち全体の 30 パーセントとなるスコアの値が
25 点であったとしたら，日本史スコアの 30 パーセンタイルは 25 点である，
というように表現する。50 パーセンタイル，すなわち小さいほうから 50
パーセントとなるスコアの値は，全体の中央に位置する値ということで，中
央値とよばれる。

　パーセンタイルとスコアの対応関係をわかりやすく示すために，図 4.5
に示すように，縦軸にパーセンタイルをとり，横軸にパーセンタイルに対応
するスコアをとってプロットする。このグラフを用いると，あるスコアを
とった受検者が，全体のどの位置にいるのかを知ることができる。このよう
なグラフは「等パーセンタイル曲線」とよばれる。

　いま，日本史とは別の 1000 名の集団から得られた世界史のスコア（100

点満点）について，同様に等パーセンタイル曲線を描いたとしよう。縦軸の
パーセンタイルの尺度がテストをまたいで共通であると考えれば，この2
つのテストについて共通尺度化ができることとなる。図4.5のⒶおよびⒷ
のようにグラフをたどると，世界史で50点をとった受検者はおよそ65パー
センタイルであることがわかり，さらにⒸからⒹのようにたどると，65パー
センタイルは日本史においておよそ62点に相当することがわかる。すなわ
ち，世界史の50点と日本史の62点が対応していることになる。世界史の
さまざまなスコアに対して同様に日本史スコアの変換後のスコアを求め，日
本史と世界史のスコアを対応づけることで，日本史と世界史のスコアの「対
応表」を作成することができる。

　日本史と世界史のスコアは，必ずしも同一人物から観測されている必要は
なく，同一程度の能力分布であると見なされるならば，異なる受検者から得
られたスコア同士をリンキングすることもできる。またリンキングの対象は
2種類のテスト版に限られず，別のテスト版（例：「地理」）のスコアが加
わった場合であっても，いずれか1つのテスト版（この例では世界史）を
基準としてリンキングの操作が可能である。

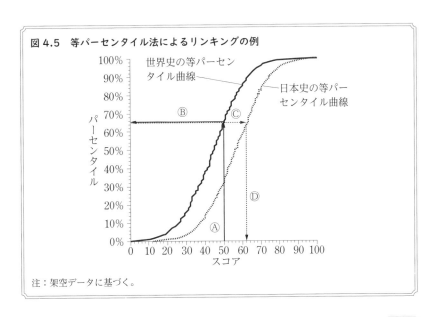

図4.5　等パーセンタイル法によるリンキングの例

注：架空データに基づく。

一方で，100点満点のテストであっても，配点の都合で重みつき尺度得点の値が飛び飛びの値しかとらない場合もある。この場合，等パーセンタイル曲線が連続的に変化せず，スムーズな変換にならない（図4.5の場合でも，滑らかな曲線になっていない）。そこで，等パーセンタイル曲線を平滑化して対処する。一般的に平滑化の方法としては，高次関数のあてはめや移動平均を用いた方法があるが，複数の方法の結果を比較検討することが望ましい。

4.3.4　リンキングの実践
リンキングは等化とは異なり，尺度の間で構成概念の厳密な同一性を仮定していない。大学入試の場合においてリンキングが行われる例を2つあげる。

（a）大学入試の教科・科目再編
大学入試においては，学習指導要領の改訂があった場合においても，改訂前後の受検者の間で公平性のある選抜が求められる。テストを持続的に行っていくうえで必要なのは，カリキュラムが変わったり，教科や科目の名称が変わったりするなどして，測るべき構成概念に大幅な修正が必要となった場合，その前後で尺度得点の意味に連続性をもたせた形で対応づけることである。そこで，旧課程と新課程との間で異なるテストが行われたとき，尺度得点の対応表を作成する目的でリンキングが行われる。

（b）科目間の得点調整
大学入学共通テストにおいては，その前身の大学入試センター試験の時代から，得点調整の手続きにより，平均点の小さな科目の得点を引き上げることが行われてきた。大学入学共通テストは科目の選択が受検者の意思に任されており，ある教科（例：地理歴史）の中でたまたま難しい科目（例：日本史，世界史など）を受検した者が不利になることは，避けなければならない。そこで，テスト版全体の難易度の差に起因する得点の差が生じた場合に，得点調整が行われる。この調整にあたっては，分位点差縮小法とよばれる方法を用いて，調整後の得点が調整前の得点を下回らないようにしているが，平均点の差を0にするのではなく，調整後の平均点差が，通常起こりうる範囲に収まるような調整が行われる。したがって，完全に共通の尺度に

乗るような変換の方法ではないことに注意が必要である。手法の背景や詳細については前川（1999，pp. 105-108）を参照のこと。

4.4
まとめと課題

　現在，多くの語学テストでは年に複数回の実施が一般的となり，受検者は任意の受検回を選んで受検できるテストが広く普及している。この仕組みを支えているのが等化やリンキングといった共通尺度化の技法である。

　等化やリンキングによって，複数のテストを共通尺度化することで，同一項目を用いることなく事前－事後テストを実施することや，より受検者にとって受検がしやすく，公平性の高い選抜目的のテストの実施につながり，ひいてはより確からしい根拠による教育評価指標の開発につながることが期待される。これまで，年間受検者数が数万人規模の語学テストの分野で年に複数回実施される事例が多くみられ，長期間にわたって安定した等化が行われ続けるためのノウハウも，この分野において多く蓄積されているとみられる。しかし，公平なテストを実施するためという理由により，その等化デザインの詳細が公開されることはほとんどない。そのため，2, 3 カ所の学校を対象とするような比較的小規模の研究場面においては，心理学研究の一環として等化を行ううえでの実践的ノウハウを会得することが難しい状況であるといわざるをえない。

　日本において学力テストの等化を行った事例としては，小中学校の児童生徒を対象とした学力調査において，学年ごとに別々の種類のテスト版を作成し，これらの間に共通項目を含むようにし，共通尺度を得るというものがある（山口ら，2019）。この例のように，小学校から中学校までの幅広い学力に対応した学力テストを設計する際，共通尺度化，特に等化の手法は欠かすことができないといえよう。なぜなら，幅広い学力をもつさまざまな児童生徒をすべてカバーする項目群を作成するためには，さまざまな学年の児童生徒の能力レベルに適合した難易度の項目をもつテスト版を用意する必要があるためである。それらの正誤データを統一的に分析し，その結果を適切に表示するためには，共通尺度化の手続きが必要となる。また，学力調査で測定

される構成概念は，学年ごとに共通性があることが予想されるため，構成概念の同一性を前提とした等化の手法を用いることで，より一般性をもった結果を得ることが期待できる。

　心理学研究においても，共通尺度化により複数の集団間で尺度得点を比較する研究デザインが役立つ場合があるだろう。特に共通受検者デザインによる等化は，項目が互いに異なる複数のテスト版を用いた能力分布の比較に役立つ。共通尺度化の手法を応用した研究は，等化手法の計量心理学的研究と合わせて，今後さらなる研究の発展が期待されている。

引用文献

Haebara, T. (1980). Equating logistic ability scales by a weighted least squares method. *Japanese Psychological Research*, **22**(3), 144-149.

川端一光　(2014)．等化．加藤健太郎・山田剛史・川端一光（著）　Rによる項目反応理論　(pp. 243-281)．オーム社．

Lord, F. M. (1980). *Applications of item response theory to practical testing problems*. Lawrence Erlbaum Associates.

Loyd, B. H., & Hoover, H. D. (1980). Vertical equating using the Rasch model. *Journal of Educational Measurement*, **17**(3), 179-193.

前川眞一　(1999)．得点調整の方法について．柳井晴夫・前川眞一（編）　大学入試データの解析——理論と応用　(pp. 88-109)．現代数学社．

Marco, G. L. (1977). Item characteristic curve solutions to three intractable testing problems. *Journal of Educational Measurement*, **14**(2), 139-160.

光永悠彦　(2017)．テストは何を測るのか——項目反応理論の考え方．ナカニシヤ出版．

光永悠彦　(2022)．IRTを用いた標準化テストを入試で活用する．光永悠彦（編）　テストは何のためにあるのか——項目反応理論から入試制度を考える　(pp. 153-226)．ナカニシヤ出版．

村木英治　(2011)．項目反応理論（シリーズ〈行動計量の科学〉8）．朝倉書店．

日本テスト学会（編）　(2007)．テスト・スタンダード——日本のテストの将来に向けて．金子書房．

柴山直　(2013)．釣合い型不完備ブロックデザインの導入．柴山直（編）　全国規模の学力調査におけるマトリックス・サンプリングにもとづく集団統計量の推定について．平成24年度文部科学省委託研究「学力調査を活用した専門的な課題分析に関する調査研究」研究成果報告書．国立大学法人東北大学．

Stocking, M. L., & Lord, F. M. (1983). Developing a common metric in item response theory. *Applied Psychological Measurement*, **7**(2), 201-210.

山口一大・敷島千鶴・星野崇宏・繁桝算男・赤林英夫　(2019)．小学1年生から中学3年生を対象とした学力テストの垂直尺度化．心理学研究，**90**(4), 408-418.

5章
テストのコンピュータ利用
——eテスティング

5.1
はじめに

テストをコンピュータ上で実施する CBT（computer based testing）が普及している。CBT は，単にペーパーテストをコンピュータに置き換えただけのものではなく，ペーパーテストでは実現できないさまざまな活用ができる。例えば，CBT の利点として，以下があげられる（植野・永岡, 2009）。

①ペーパーテストに比較し，テストの印刷，運搬のコストが減少する。

②大量のペーパーテストの束を管理することに比較し，電子ファイル上のテストは管理が容易でセキュリティも高い。

③テスト実施に際して，テストの配布，回答の回収が自動的に行える。

④テスト採点が，自動化もしくは半自動化される。最新の人工知能技術を用いれば，小論文方式のテストでさえ，自動採点できる。さらに即時的にテスト結果をフィードバックできる。

⑤マルチメディア技術を用いることにより，これまで測定することのできなかった能力を測定できるテスト項目を構築，実施できる。

⑥回答所要時間や回答変容回数，回答見直し回数などペーパーテストでは測定することができなかったデータを得ることができるようになり，テスト項目評価の多様性をもたらし，補助的に用いることにより測定精度を向上させることができる。

⑦障害をもつ受検者への対策が容易に行える。例えば，字を大きくしたり，ヘッドホンをつけさせて音を大きくしたり，特別な入力装置（手以

外で入力できる入力装置），出力装置（点字など）を用いることにより
障害者の受検を可能にすることができる。

⑧複数のカメラを用いた不正を監視するセキュリティーシステムにより，
遠隔地にいる受検者の評価を行うことができる。セキュリティーシステ
ムを用いれば自宅での受検も理論的には可能となる。

⑨遠隔地に分散するテスト作成者が，共同で項目バンク（項目のデータ
ベース）を構築し，テスト構成を行うことができる。

　さらに CBT を発展させて，信頼性の高いテストを実現する手法として e
テスティング（植野，2009a, b; Ueno, 2021; Ueno et al., 2021）が知られて
いる。e テスティングとは，異なる項目で構成されるテストが，同一精度の
測定を実現できるコンピュータテストのことである。e テスティングを用い
ることで，同一能力の受検者が異なるテストを受検しても，ある誤差の範囲
で同一得点となる保証がある。これにより，受検者がほぼ同一精度の等質な
テストを複数回受検することが可能となる。このようなテストの概念はテス
ト理論では古くからあり，Lord & Novick（1968）が「同じ真の得点を測定
する 2 つのテスト」を平行テスト（parallel test）と定義したことから始ま
る（3 章参照）。

　しかし，平行テストは古典的テスト理論における理論的な仮定であり，こ
の実現は不可能である。そのため，Samejima らは項目反応理論（item re-
sponse theory; IRT）とよばれる数理モデルを用いて，平行テストの概念を
拡張した（Samejima, 1977）。具体的には，IRT を用いて異なるテスト版の
受検者のスコアを予測し，各版の得点分布が等価になるように構成する，平
行テストよりも条件を緩めた弱平行テストを提案している（以降，弱平行テ
ストも含めて平行テストとよぶ）。しかし，この当時，平行テストを構成す
るためのコンピュータ上での技術が十分でなく，具体的で実用性のある手法
は提案されていなかった。1990 年代以降，コンピュータが世の中に普及し，
テスト理論研究者の大家である van der Linden らをはじめとして，平行テ
ストを実現するためのさまざまな手法が開発されてきた。その後，平行テス
トは，コンピュータサイエンスや機械学習の発達とともに高度化し実用化さ
れ，2000 年代には，e ラーニングの爆発的な普及および標準化とともに，
世界標準として「e アセスメント」の 1 つである「e テスティング」として

知られるようになったのである（IMS Global Learning Consortium, 2020）。

　本章では，eテスティングの近年の発展と問題について，以下の構成で解説する。5.2節では，CBTやeテスティングで不可欠な項目バンク（項目データベース）の設計について解説する。5.3節では，項目バンクを用いたeテスティング・システムの構成について述べる。5.4節では，人工知能技術を用いた平行テスト自動構成の概要について述べる。平行テスト構成手法では，ある項目がテスト構成全体で出題される回数（露出数）に偏りが生じる問題がある。最も深刻な問題は，露出数が大きい項目は受検者間で共有されやすく，その項目のみについてあらかじめ受検対策をされてしまい，その項目の信頼性低下につながることである。5.5節では，項目露出の偏りを緩和しながらテスト構成する手法について紹介する。

　受検者の能力値を逐次的に推定し，その能力値に応じて情報量が最大の項目を出題する適応型テスト（computerized adaptive testing; CAT）とよばれるテスト出題方式が知られている。これにより，測定精度を減少させずに，テストの長さや受検時間を短縮できる。そのために項目の露出数を減じることができる。しかし，同一の受検者が複数回受検した場合には，同一の項目群が出題される傾向がある。また，同一の受検者が複数回受検しないとしても，受検者全体に能力をよく識別できる良問が項目バンクから多く出題される傾向があり，項目露出の偏りを増長させてしまう。5.6節では，項目露出の分布を可能な限り一様にしながら適応型テストを実現する等質適応型テストを紹介する。現在，最も注目されている技術であり，将来のeテスティングの高度化に最も貢献する可能性が高い技術として知られている。ここでは，シミュレーション・データ，実データに適用した実験を紹介し，等質適応型テストが項目の平均露出数，露出分布の偏りを減じさせたうえで，項目測定精度を向上させることを示す。

5.2
項目バンク

　CBTやeテスティングでは，前述のようにあらかじめ構築された項目バンク（項目データベース）を構築する必要性がある。

項目バンクでは，コンピュータ・データベース上に細分化された教育目標と各目標に対応した項目，それに関するテスト実施後の統計データなどが格納される。項目バンクは，あらかじめテスト領域を満遍なくカバーできるような大量の項目を用意し，IRTなどの統計処理によりテスト出題の品質保証をするための問題データベースである。原則として項目バンク中の項目は非公開で，受検者も項目内容について口外しないことを誓約してから受検する。項目内容が外部に漏れることで，受検対策に用いられる危険性があり，本来，測定したい能力にバイアスがかかってしまい，結果として測定精度の意味で項目劣化を導いてしまうからである（4章も参照）。

　項目バンクを利用することにより，各テスト版が異なる項目にもかかわらず等質となるように項目の組合せを自動的に抽出し，テスト構成を行う。

　項目バンクの利点として，項目のアクセス性，共有性，再利用性があげられる。アクセス性は，コンピュータで項目を管理することにより，簡単に必要なテスト項目を検索できる利点を示し，共有性は複数のテスト開発者によってテスト項目を共有することが非常に容易になることを示す（植野・永岡，2009）。これらの利点を実現するために，QTI（Question and Test Interoperability）規格（IMS Global Learning Consortium, 2020）とよばれるeテスティングの標準規格に従って項目を作成することが一般的である。QTIが扱う出題形式は膨大ですべてを紹介することはできないが，例えば，表5.1に示すような基本的な出題形式だけでなく，より複雑な処理を可能にする形式ももつ。

　QTIでは出題形式のみが定義されているが，項目バンクでは，項目内容に関わるより詳細な項目属性も格納する。表5.2に項目バンクの属性例を示した（ソンムァン・植野，2008）。項目IDは，項目を識別するために割り当てられる数字やアルファベットによって構成される文字列であり，一般に教科番号，領域番号，目標タイプ番号，出題形式番号，出題メディア番号などを組み合わせて設定されることが多い。また，項目バンクでは，教科名，領域名，目標タイプを記述する。表5.2ではBloomの細目表（Bloom et al., 1971）を簡易化して目標タイプを記述している。さらに，項目出題形式（多枝選択式項目，真偽式項目，単答式項目，論述式項目）とマルチメディア・テストにも対応した項目が用いているメディア（文章，図，音声，

表 5.1　項目の出題形式の一部

	名称	説明
単純型	choiceInteraction	多枝選択
	orderInteraction	並べ替え
	associateInteraction	一群の選択枝から関連するものを選択
	matchInteraction	二群の選択枝から関連するものを選択
	gapMatchInteraction	選択枝による穴埋め
テキスト型	inlineChoiceInteraction	プルダウン型の選択枝の選択
	textEntryInteraction	自由記述の穴埋め
	extendedTextInteraction	自由記述
	hottextInteraction	テキスト内の選択枝の選択
グラフィック型	hotspotInteraction	図の中の位置の選択．選択枝表示あり
	selectPointInteraction	図の中の位置の選択．選択枝表示なし
	graphicOrderInteraction	図の中の位置の順序づけ
	graphicAssociateInteraction	図の中の位置同士の対応づけ
	graphicGapMatchInteraction	図の中の位置と選択枝の対応づけ
	positionObjectInteraction	位置指定オブジェクトによる位置の選択
その他	sliderInteraction	スライダーによる数値の指定
	mediaInteraction	音声・動画などの再生位置の指定
	drawingInteraction	描画ツールによる画像などの入力
	uploadInteraction	ファイルのアップロード
	customInteraction	拡張用
	endAttemptInteraction	受検者によるテストの終了

表 5.2　項目バンクの項目属性例

- ☐ 項目 ID
- ☐ 教科名
- ☐ 領域目標名
- ☐ 目標タイプ（知識，理解，応用，分析，結合，評価）
- ☐ 項目出題形式
- ☐ 項目メディア（文章，図，音声，ビデオ）
- ☐ 正答もしくは正答例
- ☐ 関係する URL
- ☐ 下位項目 ID
- ☐ 項目正答率
- ☐ 項目正答率の標準誤差
- ☐ 項目平均所要時間
- ☐ 項目所要時間標準誤差
- ☐ 項目反応理論におけるパラメタ a
- ☐ 項目反応理論におけるパラメタ b

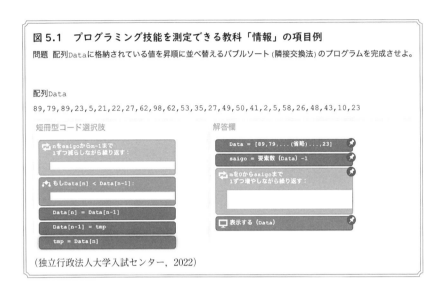

図5.1 プログラミング技能を測定できる教科「情報」の項目例

問題 配列Dataに格納されている値を昇順に並べ替えるバブルソート(隣接交換法)のプログラムを完成させよ。

配列Data

89,79,89,23,5,21,22,27,62,98,62,53,35,27,49,50,41,2,5,58,26,48,43,10,23

短冊型コード選択肢

```
nをsaigoからm-1まで
1ずつ減らしながら繰り返す:

もしData[n] < Data[n-1]:

Data[n] = Data[n-1]

Data[n-1] = tmp

tmp = Data[n]
```

解答欄

```
Data = [89,79,...(省略)...,23]

saigo = 要素数(Data) -1

mを0からsaigoまで
1ずつ増やしながら繰り返す:


表示する(Data)
```

(独立行政法人大学入試センター, 2022)

ビデオ)を記述する。最も重要な項目内容と正答(正答例)の記述は当然として,項目の解説になるようなURLを記述しておくとフィードバックが容易になる。また,項目の下位項目(その項目に正答しなければ対象項目に正答できない項目で,対象項目に隣接したもの)を記述している。図5.1はQTIに準拠した仕様の教科「情報」におけるプログラミングについての項目例(大学入試センター,2022)である。この項目では,画面左に用意されたプログラムコードを並べ替えて必要なプログラムを右に構成することが求められる。これらの項目では,プログラムを実際に実行しながら解くことができ,プログラムの実行と回答の書き直しなどの回答プロセスも保存される。従来のペーパーテストでは測定できないような知識や能力を評価できることがわかる。

テスト実施後に得られる項目に関する統計情報も項目改善のための分析材料としてだけでなく,構成されたテストの予測得点や予測時間を計算してテスト構成を支援できる。IRTのパラメタは,eテスティングにおける自動テスト構成や受検者の能力を逐次推定しながら最も適応した項目を自動出題する適応型テストに用いられる。

5.3

e テスティング・システムの構成

e テスティングは，一般的に図 5.2 の構造をもつ。作問者は項目作成支援システムにより項目を作問し，項目バンクに格納する。この時点では IRT のパラメタなどの統計情報がないので受検者のスコアには反映されないダミー項目として格納されている。ダミー項目は，テストには組み込まれて出題されるが，ただ反応データ（正誤データなど）を取得するためだけに用いられ，受検者はどの項目がダミー項目かは知らない。これらのダミー項目も十分に大きな反応データを得ることができれば，IRT のパラメタの推定精度も向上する。

テスト構成支援システムによって，ダミー項目を含めて項目バンク中の項目からテストが構成される。e テスティングのテスト自動構成機能を用いて，希望する条件を入力すれば，その条件を満たす平行テストをできる限り多く構成できる。構成された平行テストは，テスト・データベースに格納され，テスト実施システムを通じて受検者に提示される。受検者の反応データは，テスト・データベースに返され，項目バンクのデータと統合して，データ分析システムにより，ダミー項目の IRT のパラメタ値など統計属性が計算されて項目バンクに格納される。

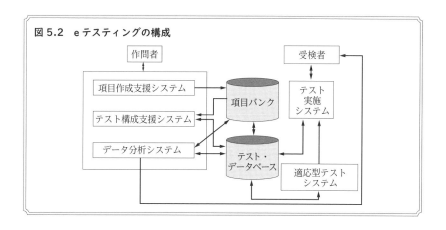

図 5.2　e テスティングの構成

また，項目バンクとテスト・データベースのデータを用いて，受検者に適応的な項目を出題する適応型テストを実施することも可能である。適応型テストも，各受検者に等質なテストを実施できるように，テスト・データベースの等質テストの情報を用いて等質な項目の出題が行われる。

5.4

テスト自動構成

　e テスティングとは，古典的テストにおける平行テストの概念を具現化し，異なる項目で構成されるが，同一精度の測定を実現できる CBT のことである。e テスティングを用いることで，同一能力の受検者が異なるテストを受検しても得点がほぼ等しいという保証がある。そのために，受検者は同一精度のテストを複数回受検することや，受検者の居住区に合わせて，実施日時と場所を分けて実施することも可能となる。これまで，平行テストの自動構成法が数多く提案されている（Songmuang & Ueno, 2010; Sun et al., 2008; van der Linden, 2005; van der Linden & Adema, 1998）。それぞれの提案手法では，平行テストの具体的手法として「シャドーテスト」「等質テスト」「ユニフォームテスト」などの命名がされている。

　図 5.3 は平行テスト自動構成手法の概念図である。平行テストを実現するためのテストの自動構成は，数理最適化問題として解かれる。van der Linden & Adema（1998）と van der Linden（2005）では，構成されるテストと項目バンクに残る項目集合全体の性質が同じなるように逐次的にテスト構成するシャドーテストが提案されている。この後もさまざまなシャドー

図 5.3　平行テスト自動構成手法

テストが提案されているが（van der Linden & Ueno, 2022），逐次的に最適化する貪欲アルゴリズム（greedy algorithm）を用いており，テスト構成をするごとに精度が劣化していく問題がある。

　シャドーテストのような貪欲アルゴリズムとは対照的に，テストの等質性を条件として最大数のテストを構成する人工知能アプローチがeテスティング分野で注目されている。このアプローチでは，構成されるテストの等質性が保証されたままテスト構成数を最大化できる。例えば，Songmuang & Ueno（2010）は最適化問題の解探索手法の1つであるBees Algorithmを用いてテスト構成を提案した。この手法は情報処理技術者試験をはじめとして，日本の国家試験で実際に使用されている。Ishii et al.（2014）はグラフ上で定義される最大クリーク問題に帰着してテスト構成を行う手法を提案した。具体的には与えられた項目バンクからテスト構成条件を満たすテストを頂点，2つのテスト（頂点）が等質条件を満たす場合に辺を引いたグラフ構造からすべての2頂点間に辺があるような頂点集合の中で最大のものを探すこと（＝最大クリーク探索）で平行テストを構成する。図5.4は最大クリーク探索の概要を示している。まず，テスト項目数条件や情報量の条件を満たすテストを構成し，各テストを図5.4の左図における頂点とする。各2つのテストを比較し，2つのテストが等質条件を満たせば，対応する頂点間に辺を引く。こうすることにより，（実際にはより大規模であるが）図5.4の左図のグラフが生成できる。このグラフですべての頂点間に辺が引かれている最大の部分グラフ（グラフ理論で「最大クリーク」とよばれる）は，最大の等質なテスト集合，すなわち最大の平行テストであることがわかる。コンピュータサイエンス分野では，グラフから高速に最大クリークを求めるア

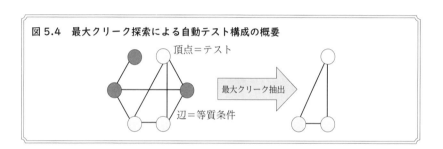

図5.4　最大クリーク探索による自動テスト構成の概要

頂点＝テスト

最大クリーク抽出

辺＝等質条件

ルゴリズムが数多く研究されており，それらを利用することにより大規模な平行テストを構成することができる。この手法は理論的に最大のテスト構成を保証するが，項目バンクの項目数に対して構成可能な頂点（テスト）数が組合せ爆発的に増加するため，最大クリーク探索が困難である。そこでIshiii et al.（2014）はグラフからランダムに部分グラフを選択し，最大クリーク探索を繰り返すことによりグラフ全体の最大クリークを近似的に探索する等質テスト構成手法（RndMCP法）を提案した。RndMCP法により，当時の既存研究よりも $10 \sim 100$ 倍以上も多くのテストを構成できた。最大クリーク探索はグラフの頂点集合を V とすると，最先端のクリーク探索手法を用いても膨大な空間計算量を必要とするため，最大で10万程度のテスト構成が限界であるという問題があった。RndMCP法の空間計算量を緩和するために，Ishii & Ueno（2017）は第1段階でRndMCP法を用いてメモリ限界まで大きな最大クリークを探索した後，第2段階目では第1段階目で求めたクリークの全頂点と隣接する頂点を整数計画法により逐次的に探索することで必要な計算量を大幅に削減させる手法を提案した。これにより10万を超える平行テストを構成することが可能になった。しかし，Ishii & Ueno（2017）の手法の第2段階目は時間計算量が膨大で改善は限定的であった。この問題を解決するために淵本ら（Fuchimoto et al., 2022; 淵本・植野，2020）は，時間計算量の大きい整数計画法での最適化を並列化できるようにし，計算コストを大幅に削減させた。この結果，40万を超える平行テストの構成に成功している。Ishii & Ueno（2017），淵本・植野（2020），Fuchimoto et al.（2022）の手法は医療系大学共用試験のCBT用平行テスト構成に用いられている。

　さらに，渕本ら（2022）は，Zero-suppressed Binary Decision Diagramsを用いて，従来手法が1カ月を要しても構成できなかった50万以上の平行テストを24時間以内に構成している。

5.5

項目露出と項目劣化

5.4節で紹介した平行テストの自動テスト構成手法では，ある項目がテスト構成全体で出題される回数（以降，露出数とよぶ）に偏りが生じる問題がある。図5.5は，平行テストで出題された項目の露出数のヒストグラムである。1回も使われていない項目もある反面，100回を超えて出題されている項目もある。このような露出数の偏りはさまざまな弊害をもたらす。最も深刻な問題は，露出数が大きい項目は受検者間で共有されてあらかじめ受検対策をされてしまい，その項目の信頼性低下につながることである。露出数の偏りを軽減させるために，Ishii & Ueno（2015）ではRndMCP法と整数計画法を用いてテスト構成を行い，その中から最も露出率（＝露出数の最大値/テスト構成数）が小さいテスト構成を選択する手法を提案した。具体的には，探索したすべてのクリークを等質テストの候補として保存しておき，最後にその候補で最も露出率が小さい等質テストを出力する。これによって，従来手法よりも露出率を軽減させることができた。Ishii & Ueno（2015）はRndMCP法および整数計画法で項目バンクの全項目から頂点を

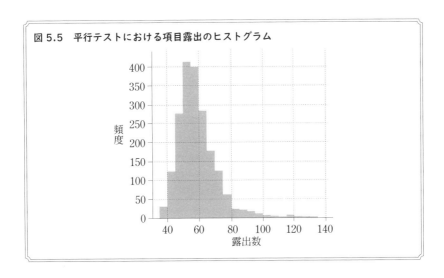

図5.5 平行テストにおける項目露出のヒストグラム

表 5.3　従来手法と提案手法の露出率の比較

項目バンク サイズ (n)	OC	RndMCP			提案手法		
		テスト 構成数	最大 露出数	露出率	テスト 構成数	最大 露出数	露出率
500	0	10	1	10.0%	11	1	9.1%
	5	4371	378	8.6%	5015	375	7.5%
	10	99981	13006	13.0%	99970	5370	5.4%
1000	0	17	1	5.9%	18	1	5.6%
	5	46190	3374	7.3%	50779	1616	3.2%
	10	100000	8767	8.8%	99998	2847	2.8%
2000	0	32	1	3.1%	32	1	3.1%
	5	96773	3833	4.0%	97320	1397	1.4%
	10	100000	4044	4.0%	100000	1418	1.4%
978 (実データ)	0	18	1	5.6%	19	1	5.3%
	5	45790	5177	11.3%	54800	1683	3.1%
	10	100000	16310	16.3%	100000	2754	2.8%

注：OC は Overlapping Constraint の略で「項目重複上限数」である。

生成しているため，露出率の大きい項目を含む頂点を生成するという問題があった。植野ら（2021，2022）は RndMCP 法の部分グラフの頂点選択の際に，整数計画法を用いてグラフの頂点に含まれる回数が最大の項目以外から項目を選択して頂点を生成することで，クリーク探索後のテスト構成の露出率を RndMCP 法よりも抑える手法を提案している。また，上記の手法で露出率を抑えることで，RndMCP 法よりも密な部分グラフを得ることができ，その結果より大きなクリークを見つけることができた。さらに，第2段階目の整数計画法でも最大露出数の項目以外から項目を選択し，この整数計画法を逐次的に解くことで，項目露出を抑えつつテストを構成できる。表 5.3 は提案手法と RndMCP との比較を行った結果である。提案手法がテスト構成数を増加させる，もしくは大きく減少させずに露出率を減少させていることがわかる。

5.6

等質適応型テスト

　e テスティングや CBT の技術として適応型テスト（CAT）とよばれるテスト出題方式が知られている。適応型テストは，受検者の能力値を逐次的に推定し，その能力値に応じて情報量が最大の項目を出題する。これにより，測定精度を減少させずに，テストの長さや受検時間を短縮できる。そのために項目の露出数を減じることができる。しかし，同一の受検者が複数回受検した場合には，同一の項目群が出題される傾向があり，企業などの採用試験で用いられる適性検査「SPI3」（リクルートマネジメントソリューションズ）やスコア型英語4技能テスト「GTEC」（ベネッセコーポレーション）の重要な問題になっている。さらに，特定の項目群が頻繁に露出してしまう傾向があるため，項目内容の露出につながり，テストの信頼性の低下要因となりうる（Wainer, 2000; Way, 1998）。適応型テストの運用には，項目の難易度や識別力を事前に推定し，5.2 節で紹介した項目バンクを構築する必要がある。ハイステークステストでは，項目の作成に膨大な経済的・時間的コストを要するため，項目の一様な活用が望ましい。これらの問題を解決するため，露出制御を用いた適応型テストが提案されている（Miyazawa & Ueno, 2020; 宮澤ら, 2018; Ueno & Miyazawa, 2019）。例えば，Miyazawa & Ueno（2020）は，整数計画問題を用いて情報量を制約条件として露出数が最小の項目集合を構成し，その中から逐次的に項目選択する手法を提案している。しかし，これらの手法では，露出数の一様性は担保されるが，情報量を制約しているために測定精度が減少してしまう問題点がある。すなわち，露出数の減少と測定精度の向上には，トレードオフの関係がある。この問題を解決するために，このトレードオフを制御する等質適応型テストが提案されている（宮澤ら, 2018; Ueno & Miyazawa, 2019）。具体的には，5.4 節で紹介した平行テスト構成技術を用いて測定精度が等質な項目集合に項目バンクを分割することで露出数と測定精度を制御する。等質適応型テストでは，2019 年当時，最大数の平行テストを構成できる Ishii et al.（2014）の手法を用いて項目バンクを多数の項目集合に分割し，受検者ごとに異なる項目集

合を割り当て，その項目集合から情報量が最大の項目を選択している。これにより，露出数と測定精度（試験時間）のトレードオフを制御できた。さらに，Ueno & Miyazawa（2019）では，等質適応型テストが過学習を避け，テストの長さを短縮できたことを報告している。しかし，一般的にテストの長さが短縮すると能力推定値の誤差が大きくなることが多い。宮澤ら（2018）と Ueno & Miyazawa（2019）では，従来の適応型テストの収束基準に従い，受検者の能力推定値が収束することでテストを終了させ，漸近誤差を評価しているが，シミュレーション実験において真値と推定値との実際の推定誤差の評価は行っていない。シミュレーション実験において真値と推定値との実際の推定誤差について分析した結果，等質適応型テストでは，項目バンクを分割することで項目候補が少なくなり，見かけ上能力推定値が収束しており，能力真値と能力推定値が大きく乖離していることがわかった。この問題を解決するため，2段階等質適応型テストが提案されている（宮澤・植野，2021a，2001b; Ueno & Miyazawa, 2022）。2段階等質適応型テストは，平行テスト構成技術を用いて事前に項目バンクを分割して測定精度が等質な項目集合を複数構成する。次に，テスト前半の第1段階に項目集合から項目選択し，受検者の能力推定値が収束し始めるテスト後半の第2段階に項目バンク全体から項目選択する。第1段階では以下のアルゴリズムに従って項目選択する。

①平行テスト構成技術を用いて分割された項目集合をランダムに割り当てる。

②能力推定値を初期化する。

③受検者の能力推定値を所与として項目集合から情報量が最大となる項目を選択して出題する。

④項目への反応データとそれまでの回答履歴から能力推定値を求める。

⑤手順③と④は，能力推定値の更新幅が閾値以下になるまで繰り返す。

次に，第2段階では以下のように出題方略が変更される。

①能力推定値を所与として項目バンクすべての項目集合から情報量が最も高い項目を選択する。さらに，このステップに露出数の上限値を制約として組み込むことができる。

②項目への反応データとそれまでの回答履歴から能力推定値を求める。

③手順①と②は，テストの終了条件まで繰り返す。

　項目集合の項目難易度分布は疎ではあるが，第1段階では過学習を避け，より高速に推定値が真の能力値近傍まで到達することが期待できる。第2段階では項目バンクの項目集合全体を用いるが，能力推定値は収束し始めており，露出分布の偏りは大きくはならないと考えられる。項目バンクの分割には，多数の平行テスト構成を可能にする石井ら（2017）を用いる。石井ら（2017）では，整数計画問題を用いて逐次的に最大クリークを探索し，効率的に平行テストを構成できる。

　2段階等質適応型テストでは，項目集合サイズと2段階目への切り替えの条件を事前に設定する必要がある。2段階等質適応型テストは，これらのパラメタを適切に決定することで，露出数の減少と測定精度の向上のトレードオフを制御する。項目集合サイズ（項目数）と2段階目への切り替えの条件を決定するため，事前にシミュレーション実験を実施する。図5.6は，横軸を項目集合サイズとし，縦軸には能力推定値の真値との誤差であるRMSE（root mean squared error）と露出数の平均値を示した。項目集合サイズは，図5.6のとおり，RMSEと露出数に関してトレードオフの関係であることがわかる。しかし，RMSEは，項目数の増加とともに減少幅が小さくなっていることがわかる。そこで，RMSEの減少の幅が閾値以下のときの項目数を採用する。図5.7は，横軸が2段階目への切り替え時の能力推定値の更新幅（以下，切り替え時更新幅とよぶ）であり，縦軸にRMSEと露出数の平均値を示した。切り替え時更新幅については，項目集合サイズと同様に，RMSEと露出数に関してトレードオフの関係があり，かつ露出数は単調増加し，RMSEは収束していることがわかる。このため，RMSEの減少の幅が閾値以下のときの切替時更新幅を採用する。

　ここでは，2段階等質適応型テストの有効性を確認するため，シミュレーション実験により2段階等質適応型テストと従来の適応型テストの性能を比較した結果を示す。このシミュレーション実験では，①一般的な適応型テスト（CAT），② Miyazawa & Ueno（2020）の情報量の制約を用いた適応型テスト（MU），③2段階等質適応型テスト（提案手法）を比較する。

　項目バンクのパラメタを乱数から生成し，適応型テストのシミュレーション結果を表5.4に示す。露出数の平均値と未出題の項目数は，すべての条

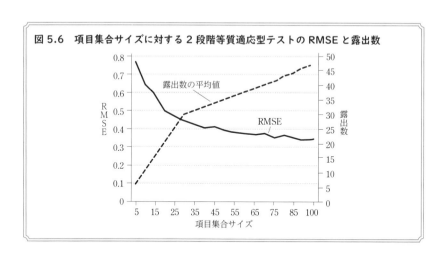

図 5.6　項目集合サイズに対する 2 段階等質適応型テストの RMSE と露出数

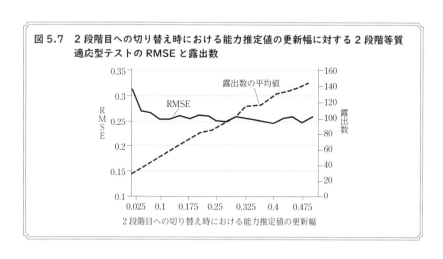

図 5.7　2 段階目への切り替え時における能力推定値の更新幅に対する 2 段階等質適応型テストの RMSE と露出数

表5.4　適応型テストの比較実験結果

項目の識別力	テストの長さ	手法	露出数の平均値	露出数の最大値	未出題の項目数	RMSE
高	30	CAT	193.55	1000	845	0.25
		MU	30.00	34	0	0.40
		提案手法	74.62	652	598	0.24
	50	CAT	216.45	1000	769	0.20
		MU	50.00	53	0	0.31
		提案手法	91.58	669	454	0.20
低	30	CAT	238.10	1000	874	0.33
		MU	30.00	33	0	0.47
		提案手法	74.81	812	599	0.31
	50	CAT	248.76	1000	799	0.26
		MU	50.00	53	0	0.37
		提案手法	90.25	875	446	0.25

件で MU の値が小さかった。MU は，テスト情報量の制約内で露出数が最小の項目を選択するため，露出数と未出題項目数を最も減少できる。しかし，MU の RMSE の値は大きく，能力真値と能力推定値が大きく乖離している。2段階等質適応型テストは，MU の次に露出数と未出題項目数が小さかった。2段階等質適応型テストでは，項目集合が異なる項目から構成されているために受検者ごとに出題される項目が異なり，できる限り項目を一様に活用できた。テストの長さについては，その値が大きくなったとき，露出数が増加している。2段階等質適応型テストは，露出数の減少と測定精度の向上のトレードオフを制御し，与えられた項目バンクやテストの長さで効果的なテストを実現できている。

RMSE については，2段階等質適応型テストと CAT の値が最も小さい。CAT は，項目バンクから最も情報量の高い項目を選択しているためにテストの長さが最も短くなる。しかし，露出数の値が高く，特定の項目群が過度に露出されている。また，項目の未出題項目についても，CAT の値が最も高く，項目バンクを十分に活用できていない。2段階等質適応型テストは，実験条件の一部で CAT よりも RMSE の値が小さい。2段階等質適応型テストでは，第1段階で過学習を避け，より高速に推定値が真の能力値近傍ま

で到達し，第2段階では項目バンク全体から項目を選択することで高精度なテストが実現されている。項目バンクの識別力については，その値が小さいとき，どの条件でもRMSEの値が大きかった。CATは，他の手法と比較してRMSEの増加が小さかった。しかし，露出数の平均値が高く，特定の項目群が過度に露出している。2段階等質適応型テストは，項目バンクの特性に応じて項目集合サイズや切替更新幅によって適切に制御されることによって，露出数の減少と測定精度の向上のトレードオフを制御できることがわかる。

　露出数の最大値については，MUの値が最も小さかった。しかし，MUはRMSEの値が高く，実際の推定誤差が大きい。2段階等質適応型テストは，露出数の最大値を直接制御でき，RMSEの値をさらに減少できる。露出数の最大値を制約とした実験の結果を表5.5に示す。露出数については，すべての手法で露出数の平均値が減少している。一方，情報量が高い項目が出題されにくくなるのでRMSEの値が増加している。2段階等質適応型テストは，RMSEの値が最も小さかった。さらに，露出数の平均値が小さい。2段階等質適応型テストは，最大露出数を制御しながら高精度なテストを実現できる。

　ここではさらに，リクルートマネジメントソリューションズで開発されたSPI3で運用されている項目バンクを用いて2段階等質適応型テストの有効性を評価する。結果を表5.6に示す。露出数の平均値と未出題項目数については，2段階等質適応型テストはMUの次に値が小さかった。しかし，MUは，前述のとおり，真の能力値と能力推定値が大きく乖離している。2段階等質適応型テストは，他の手法と比較して未出題項目数を小さくできた。項目バンクの困難度は，SDが1.57であり，受検者の能力値上で最適な項目が広く分布している。CATは，異質な項目特性をもつ項目がまったく出題されなかったと考えられる。2段階等質適応型テストは，項目集合から受検者の能力値に応じて選択し，項目をできる限り一様に活用できた。RMSEについては，2段階等質適応型テストとCATの値が最も小さい。しかし，CATは，露出数の値が高く，特定の項目群が過度に露出している。実データの項目バンクでは，シミュレーションから構成された項目バンクと同様に，露出数とRMSEについてトレードオフの関係が確認された。2段

表 5.5　最大露出数の制約を用いた適応型テストの実験結果

項目の識別力	テストの長さ	手法	露出数の平均値	露出数の最大値	未出題の項目数	RMSE
高	30	CAT	76.53	100	608	0.29
		MU	30.00	34	0	0.38
		提案手法	57.80	100	481	0.28
	50	CAT	79.74	100	373	0.25
		MU	50.00	53	0	0.37
		提案手法	63.81	100	217	0.24
低	30	CAT	79.79	100	624	0.36
		MU	30.00	33	0	0.43
		提案手法	68.64	100	563	0.34
	50	CAT	83.75	100	403	0.30
		MU	50.00	53	0	0.36
		提案手法	66.14	100	244	0.29

表 5.6　実データの項目バンクを用いた適応型テストの実験結果

最大露出数の制約	テストの長さ	手法	露出数の平均値	露出数の最大値	未出題の項目数	RMSE
なし	30	CAT	227.27	1000	846	0.24
		MU	30.67	42	0	0.48
		提案手法	80.21	748	604	0.24
	50	CAT	243.90	1000	773	0.20
		MU	51.12	72	0	0.37
		提案手法	69.83	788	284	0.20
あり	30	CAT	81.08	100	608	0.33
		MU	30.67	43	0	0.45
		提案手法	64.10	100	510	0.30
	50	CAT	82.78	100	374	0.28
		MU	51.12	72	0	0.36
		提案手法	62.11	100	173	0.28

階等質適応型テストは，トレードオフを制御し，実データの項目バンクででき
きる限り一様に項目を活用しながら高精度なテストを実現している。

5.7
まとめ

　本章では，コンピュータを利用したテスティングの最新技術であるeテ
スティングについて紹介した。具体的には，近年のeテスティングの最新
技術として，①人工知能技術を用いた平行テストの自動構成，②項目露出分
布を一様にするテスト自動構成，③等質適応型テスト，について紹介した。
eテスティングは，単にペーパーテストをコンピュータに置き換えたもので
はなく，高精度で信頼性の高い試験を実施できることがわかる。今後も小論
文自動採点など人工知能技術や機械学習技術を用いた技術研究が期待でき
る。

引用文献

Bloom, B. S., Hastings, J. T., & Madaus, G. F. (1971). *Handbook on formative and summative evaluation of student learning.* McGraw-Hill.（ブルーム，B. S.・ヘスティングス，J. T.・マドゥス，G. F. 梶田叡一・渋谷憲一・藤田恵璽(訳)（1973）. 教育評価法ハンドブック──教科学習の形成的評価と総括的評価. 第一法規出版.）

大学入試センター （2022）. CBTでの「情報I」の出題に関する調査研究について. https://www.dnc.ac.jp/research/cbt/cbt_houkoku.html（2022年7月27日閲覧）

Fuchimoto, K., Ishii, T., & Ueno, M. (2022). Hybrid Maximum Clique Algorithm Using Parallel Integer Programming for Uniform Test Assembly. *IEEE Transactions on Learning Technologies*, **15**(2), 252–264.

渕本壱真・植野真臣 （2020）. 等質テスト構成における整数計画法を用いた最大クリーク探索の並列化. 電子情報通信学会論文誌, **J103-D**(12), 881–893.

渕本壱真・湊真一・植野真臣 （2022）. Zero-suppressed Binary Decision Diagrams を用いた自動テスト構成. 人工知能学会論文誌, **37**(5), A-M23_1–11.

IMS Global Learning Consortium. (2020). *IMS Question and Test Interoperability Version 3.0 Public Draft.*

石井隆稔・赤倉貴子・植野真臣 （2018）. 複数等質テスト構成における整数計画問題を用いた最大クリーク探索の近似法. 電子情報通信学会論文誌 D, **J101-D**(1), 725–728.

Ishii, T., Songmuang, P., & Ueno, M. (2014). Maximum clique algorithm and its approximation for uniform test form assembly. *IEEE Transactions on Learning Technologies*, **7**(1),

83-95.

Ishii, T., & Ueno, M.(2015). Clique algorithm to minimize item exposure for uniform test forms assembly. In C. Conati, N. Heffernan, A. Mitrovic, & M. F. Verdejo (Eds.), *Artificial Intelligence in Education 17th International Conference Proceeding* (pp. 638-641). Springer.

Ishii, T., & Ueno, M.(2017). Algorithm for uniform test assembly using a maximum clique problem and integer programming. In E. André, R. Baker, X. Hu, Ma. M. T. Rodrigo, & B. du Boulay (Eds.), *Artificial Intelligence in Education 18th International Conference Proceeding* (pp. 102-112). Springer.

Lord, F. M., & Novick, M. R. (1968). *Statistical theories of mental test scores.* IAP.

Miyazawa, Y., & Ueno, M.(2020) Computerized adaptive testing method using integer programming to minimize item exposure. *Advances in Artificial Intelligence: Selected Papers from the Annual Conference of Japanese Society of Artificial Intelligence* (JSAI 2019, pp. 105-113). Springer.

宮澤芳光・植野真臣 （2021a）．項目暴露を軽減する二段階等質適応型テストの提案．日本行動計量学会第49回大会付録集，pp. 118-121.

宮澤芳光・植野真臣 （2021b）．最大暴露数を制約に用いた二段階等質適応型テスト．日本テスト学会第19回大会発表論文抄録集，pp. 138-141.

宮澤芳光・宇都雅輝・石井隆稔・植野真臣 （2018）．測定精度の偏り軽減のための等質適応型テストの提案．電子情報通信学会論文誌 D，**J101-D**(6)，909-920.

Samejima, F. (1977). Weakly parallel tests in latent trait theory with some criticisms of classical test theory. *Psychometrika*, **42**(2), 193-198.

ソンムァン ポクポン・植野真臣 （2008）．統合型eテスティングの開発と実践．日本テスト学会誌，**4**(1)，54-64.

Songmuang, P., & Ueno, M.(2010). Bees algorithm for construction of multiple test forms in e-testing. *IEEE Transactions on Learning Technologies*, **4**(3), 209-221.

Sun, K. T., Chen, Y. J., Tsai, S. Y., & Cheng, C, F. (2008). Creating IRT-based parallel test forms using the genetic algorithm method. *Applied measurement in education*, **21**(2), 141-161.

植野晶・渕本壱真・植野真臣 （2021）．項目露出を考慮した整数計画法による等質テスト構成．科学研究費基盤研究（S）19H05663（研究代表者 植野真臣）報告論文集，18-38. http://www.ai.lab.uec.ac.jp/symposium21/symposium21.pdf

植野晶・渕本壱真・植野真臣 （2022）．項目露出を考慮した整数計画法による等質テスト構成．電子情報通信学会誌 D，**J105-D**，485-498.

植野真臣 （2009a）．eテスティング――最先端テスト技術．電子情報通信学会誌，**92**(12)，1017-1021.

植野真臣 （2009b）．eテスティング――先端理論と技術．教育システム情報学会，**26**(2)，204-217.

Ueno, M. (2021). AI based e-Testing as a common yardstick for measuring human abilities. *18th IEEE International Joint Conference on Computer Science and Software Engineering* (JCSSE), 1-5. doi: 10.1109/JCSSE53117.2021.9493810.

Ueno, M., Fuchimoto, K., & Tsutsumi, E. (2021). e-testing from artificial intelligence approach. *Behaviormetrika*, **48**(2), 409-424.

Ueno, M., & Miyazawa, Y. (2019). Uniform adaptive testing using maximum clique algorithm. *20th International Conference, AIED 2019*, 482-493.

Ueno, M., & Miyazawa, Y. (2022). Two-Stage Uniform Adaptive Testing to balance measurement accuracy and item exposure. *23rd International Conference, AIED 2022*, 626-632.

植野真臣・永岡慶三(編) (2009). e テスティング. 培風館.

van der Linden, W. J. (2005). *Linear models for optimal test design*. Springer.

van der Linden, W. J., & Adema, J. J. (1998). Simultaneous assembly of multiple test forms. *Journal of educational measurement*, **35**(3), 185-198.

van der Linden, W. J., & Ueno, M. (2022). Shadow-test approach to adaptive testing. *Behaviormetrika*, **49**(2), 165-167.

Wainer, H. (2000). CATs: Whither and whence. *Psicológica*, **21**(1), 121-133.

Way, W. D. (1998). Protecting the integrity of computerized testing item pools. *Educational Measurement: Issues and Practice*, **17**(4), 17-27.

6章
パフォーマンステストと
自動採点 AI

6.1

はじめに

　近年，さまざまなテスト場面において，論理的思考力や表現力といった実践的な能力を測定するニーズが高まっており，そのような能力を測定する手法の１つとしてパフォーマンステストの活用が注目されている。パフォーマンステストは，実践的な課題を受検者に与え，その作業過程や成果物（以降ではパフォーマンスとよぶ）を評定者が採点することで，受検者の知識や技能を直接的に評価しようとするテストであり，記述・論述式テストやスピーキングテスト，実技テスト，面接，プレゼンテーション，グループディスカッションなどのさまざまな形式で活用されている。

　真偽式項目や多枝選択式項目などで構成される客観式テストでは，受検者の回答の正誤を機械的に判定できる。これに対し，パフォーマンステストでは，人間の評定者による採点作業が必要になる点が特徴の１つである。この特徴により，パフォーマンステストではいくつかの問題が生じる場合がある。代表的な問題点としては，①評定者の主観採点を伴うことにより，採点結果に評定者間の特性差に由来するバイアスがかかってしまい，本来測りたい能力を正確に測定できない点，②採点にかかる時間的・経済的なコストが高く，大規模なテストの実施が難しい点，などが古くから指摘されてきたことである。

　上記の問題①を解決する方法の１つとして，評定者の特性（厳しさや一貫性など）をデータから統計的に推定し，その特性差の影響を考慮して受検者の能力を推定できる項目反応理論（item response theory; IRT）が提案

されている。このような IRT は，国内外のさまざまなパフォーマンステストで広く活用されてきた。

　上記の問題②を解決する方法としては，自動採点技術が注目されている。自動採点の代表的な対象には，記述・論述式テストやレポート課題などで得られる文章データや，語学テストにおけるスピーキングテストなどで得られる音声データがあげられる。自動採点の研究は古くからなされてきたが，近年では，人工知能（artificial intelligence; AI）技術の目覚ましい発展を受け，さらに活発に研究がなされている。

　以上の背景を踏まえ，本章では，パフォーマンステストのための IRT と，記述・論述式テストを対象とする自動採点 AI について紹介する。

6.2
パフォーマンステストにおけるバイアス

　一般にパフォーマンステストは，複数の実践的な課題を提示し，それらに対する各受検者のパフォーマンスを数名の評定者が採点する形式で実施される。しかし，このような場合，採点結果が評定者や課題の特性に強く依存することが知られている（例：Eckes, 2011; Myford & Wolfe, 2003）。

　バイアス要因となりうる代表的な評定者特性は以下のとおりである[*1]。

①**甘さ/厳しさ**（leniency/severity）　全体的に一貫して高い/低い得点を与える傾向の程度を意味する。

②**一貫性**（consistency）　評定者内または評定者間で評価基準が一貫している程度を表す。類似したパフォーマンスに対して得点がばらつく，あるいは，同じ受検者を採点した他の評定者の多くと採点結果が大きく異なるような評定者は一貫性が低いと見なせる。一貫性が低い評定者の得点は，測りたい能力を適切に反映していない可能性が高いと考えられる。

[*1] ここであげた以外にもハロー効果や系列効果などさまざまな評定者バイアスが知られている。それらのバイアスについては Myford & Wolfe（2003）が詳しい。また，評定者特性が時間的に変化する評定者ドリフト（rater drift）や受検者の属性・特徴に応じて評定者の基準が変動する特異評定者機能（differential rater functioning）といった複雑な特性も知られている（例：Wolfe et al., 2001）。

③**中心化傾向/極端化傾向**（central tendency/extreme response style）
段階得点の中心付近あるいは両極端な得点ばかりを使用する傾向を表す。例えば，1〜5の5段階得点において3点と4点ばかりを使用したり，1点と5点を過度に使用したりする傾向である。この傾向が強い評定者は，受検者の能力差を大まかにしか区別していないと解釈できる。

④**尺度範囲の制限**（restriction of range）　特定の得点カテゴリを過度に使用する傾向を表す。中心化傾向や極端化傾向は，この特性の特殊ケースと解釈できる。

また，バイアス要因となりうる代表的な課題特性は以下のとおりである。

①**困難度**（difficulty）　得られる得点が全体として低く/高くなる傾向の程度を表す。

②**識別力**（discrimination）　関心のある能力がパフォーマンスに反映される度合いを表す。識別力の高い課題の場合，測定対象能力が高い受検者は一貫して高いパフォーマンスを，能力が低い受検者は低いパフォーマンスを示すため，そのような課題は対象能力の測定に適していると見なせる。

　高精度な能力測定のためには，以上のような特性差に由来するバイアスの影響をできる限り小さくするようにテストを設計する必要がある。具体的には，①十分な数の評定者と課題を用意する，②評定者間で解釈に違いが生じにくい明確な評価基準を，測定対象の能力が適切に定義されるように作成する，③事前に評定者のトレーニングを十分に行う，④測定対象の能力がパフォーマンスによく反映されるような課題を用意する，などが重要である。

　しかし，このような条件を十分に満足したテストを設計・運営することは難しい場合も多い。例えば，総括的評定のように各パフォーマンスに単一の総合評定のみを付与するような評定形態の場合，測定対象とする複合的な能力を網羅的かつ適切に表現した評価基準が必要となるが，そのような評価基準の設計は一般に難しい作業となる。また，そのような評価基準は，評定者間で解釈の差異が生じやすくなる可能性もある。このような場合，評定者のトレーニングを十分に行って，評価基準の理解を統一することが必要となるが，これには膨大な労力がかかることに加え，トレーニングのみでは評定者の特性差を完全には除去できない場合もありうる。さらに，パフォーマンス

テストでは，客観式テストと比べて，1つひとつの課題への回答に長い時間がかかることが多く，出題する課題数を十分に増やせない場合も多い。

　このように，現実のパフォーマンステストでは，評定者や課題の特性差によるバイアスの影響を無視できない状況がしばしば生じ，特にハイステークステストにおいては大きな問題となりうる。このような問題を解決する手法の1つとして，評定者や課題の特性を考慮して受検者の能力を推定できるIRTが知られている。

6.2.1　パフォーマンステストのための項目反応理論（IRT）

　IRTは，コンピュータ・テスティングの普及とともに，近年さまざまなテストで実用化が進められている数理モデルを用いたテスト理論の1つである。IRTは，真偽式項目や多枝選択式項目などの客観式テストに適用されることが一般的であり，回答データとしては2値型の反応データ（テスト項目に対する受検者の正誤データ）を一般に想定する。このような2値型のデータに適用できる代表的なIRTモデルとしては，ラッシュモデル（Rasch model）や2パラメタロジスティックモデル（two-parameter logistic model）などが知られている（3章参照）。また，多枝選択式項目において誤った選択枝を選ぶ傾向を分析したい場合や，複数選択の多枝選択式項目で部分一致の回答に対して部分点を与える場合などには，正誤の2値データではなく多値のカテゴリデータを扱う場合もある。そのような多値データに適用できる代表的なIRTモデルとしては，名義尺度データの場合には名義反応モデル（nominal response model），段階反応データの場合には段階反応モデル（graded response model）や部分採点モデル（partial credit model），一般化部分採点モデル（generalized partial credit model）が知られている。

　このようなIRTモデルの特徴は，個々の観測データ（正誤データなどの反応データ）の生起確率を，受検者の真の能力と，項目の難易度や識別力といった特性の2つの要因に分離して定義している点にある。モデル内のこれらのパラメタ（受検者の能力値や項目の特性値）は観測データから統計的に推定することで求められる。これにより，各項目の難易度や識別力などの特性を数値的に把握できるとともに，それらの特性の影響を考慮した受検者の能力推定値を得ることができる。このように，IRTでは個々の項目の特

性差を考慮した能力推定がなされるため，平均点などの単純な方法よりも高精度な能力測定が期待できる。さらに，異なる項目に回答した受検者の能力推定値を同一尺度上で比較できるといった利点もある。

　一方で，上述した一般的な IRT モデルで扱うデータは，テスト項目に対する受検者の正誤などのデータであり，データ構造は受検者×項目の2相構造となる。一方で，本章で想定しているパフォーマンステストのデータは，課題に対する受検者のパフォーマンスに評定者が与える得点で構成される段階反応データの集合であり，データ構造は受検者×評定者×課題の3相構造で定義される[*2]。このような3相データに従来の IRT モデルは直接には適用できない。この問題を解決するために，評定者と課題の特性を考慮できる IRT モデルが提案されてきた。

　最も有名なモデルは，Linacre（1989）が提案した多相ラッシュモデル（many facet Rasch model）である。先に説明したように，従来の IRT モデルでは，データの生起確率を受検者の能力と項目の特性の2要因で定義するが，多相ラッシュモデルでは，その確率を受検者の能力と評定者の特性，課題の特性の3つの要因で定義する。前述の IRT 同様に，これらのパラメタ値（受検者の能力値と評定者・課題の特性値）は得られたデータ（評定者が与えた得点の集合）から推定できる。これにより，各評定者と各課題の特性値が得られるとともに，それらの特性に由来するバイアスの影響を取り除いた受検者の能力推定が可能になる。また，得られた評定者や課題の特性値は，テストの品質の分析や改善を検討するための有益な情報になる。

　多相ラッシュモデルは，評定者と課題の特性を考慮した IRT モデルとして古くから広く利用されているが，非常にシンプルなモデルであり，限られた種類の評定者特性と課題特性しか表現できない。多相ラッシュモデルにはいくつかのバリエーションが知られているが，最もよく知られているモデル化では評定者の厳しさと課題の困難度しか考慮できない。一般に単純な IRT モデルほど安定的なパラメタ推定に必要なデータ数は少なくなるため，多相ラッシュモデルには少数データからパラメタ推定値が安定的に得らやすいと

[*2] 分析的評定のように複数評価観点に基づいた採点を行う場合，受検者×評定者×課題×評価観点の4相データになる。このようなデータに対する IRT モデルについても 6.2.3 項で紹介する。

いう利点がある。しかし一方で，そのモデルの単純さゆえに，バイアス要因の表現力は限定的であり，評定者間・課題間で特性差が大きい場合にはバイアスの影響を十分に取り除くことができない。この問題を解決するために，近年では，多相ラッシュモデルを拡張したモデルが数多く提案されている[*3]。そのうちの1つである一般化多相ラッシュモデル（generalized many facet Rasch model: Uto & Ueno, 2020）は，6.2節で列挙した代表的な評定者特性（甘さ/厳しさ，一貫性，中心化/極端化傾向，尺度範囲の制限）と課題特性（困難度，識別力）をすべて表現できる。そのため，このモデルでは，評定者間・課題間でこれらの特性に差異がある場合に，多相ラッシュモデルよりも高精度な能力測定が期待できる。参考として一般化多相ラッシュモデルの数式を章末の補足に記載した。

　データからIRTモデルのパラメタを推定する手法としては，EMアルゴリズムを用いた周辺最尤推定法（marginal maximum likelihood; MML）やニュートンラフソン法による最大事後確率推定法（maximum a posteriori; MAP）などが広く利用されてきた。一方で，一般化多相ラッシュモデルのような複雑なIRTモデルの場合には，マルコフ連鎖モンテカルロ法（Markov chain Monte Carlo; MCMC）とよばれるアルゴリズムを用いた期待事後確率推定法（expected a posteriori; EAP）を採用すると高精度なパラメタ推定が期待できる。IRTにおけるMCMCアルゴリズムとしてはメトロポリスヘイスティングスとギブスサンプリングというアルゴリズムが利用されてきたが，近年では，より効率のよいアルゴリズムとしてハミルトニアンモンテカルロやそれを発展させたNo-U-Turn Sampler（Hoffman & Gelman, 2014）というアルゴリズムが知られている。特にNo-U-Turn Samplerは，Stanとよばれるライブラリの整備によってさまざまな数理モデルに容易に適用できるようになり，近年ではIRTを含むさまざまな統計・機械学習モデルの推定に広く利用されている[*4]。

[*3]　評定者と課題の特性を考慮したIRTモデルは，多相ラッシュモデルとその直接的な拡張モデルのほかに，階層評定者モデル（hierarchical rater model: Patz et al., 2002）や段階反応モデルを拡張したモデルなども提案されている。これらのレビューはUto & Ueno（2018）が詳しい。

[*4]　一般化多相ラッシュモデルのパラメタ推定のためのStanコードはUto & Ueno（2020）の付録で公開されている。

以降では，評定者と課題の特性を考慮した IRT に関連する応用的・発展的なトピックをいくつか紹介する。

6.2.2　パフォーマンステストのリンキング

資格検定試験のように定期的に繰り返し実施するテストでは，実施回ごとに異なる課題を出題することが一般的である。また，採点を担当する評定者集団も実施回ごと，あるいは，試験会場ごとなどで変動する場合がある。一方で，このような条件下でも，実施回や試験会場によらず，受検者の能力値を共通尺度上で比較したい場合がある。このように評定者や課題が異なる複数のテスト結果を比較可能にするためには，各テストのデータから推定される IRT パラメタを同一尺度上に対応づけるリンキングとよばれる手続きが必要となる（4 章参照）。

一般に，パフォーマンステストのリンキングを行うためには，図 6.1 のように，テスト間で評定者と課題の一部が共通するようなテスト設計が必要になる。例えば，実施回や試験会場が異なるテストでは，両テストに共通して含まれる課題と両テストを共通して採点する評定者が必要になる。また，単一のテストの採点の際にも，各受検者に数名の評定者を割り当てる場合には注意が必要である。表 6.1 のように，受検者に割り当てる評定者の組合せが固定化していると一般にリンキングできないため，表 6.2 のようにさまざまな評定者の組合せで採点が行われるような設計が望ましい。

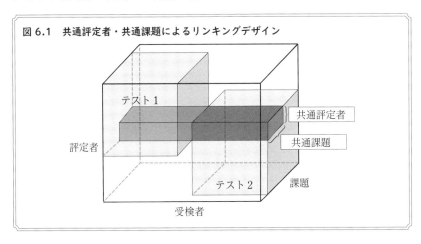

図 6.1　共通評定者・共通課題によるリンキングデザイン

表 6.1　リンキング不可なデータ例

	課題 1				課題 2			
	評定者 1	評定者 2	評定者 3	評定者 4	評定者 1	評定者 2	評定者 3	評定者 4
受検者 1	3	2			3	1		
受検者 2	5	4			3	3		
受検者 3	5	5			4	4		
受検者 4			2	3			1	3
受検者 5			2	3			1	3

表 6.2　リンキング可能なデータ例

	課題 1				課題 2			
	評定者 1	評定者 2	評定者 3	評定者 4	評定者 1	評定者 2	評定者 3	評定者 4
受検者 1	3	2					1	2
受検者 2	5		2		3	3		
受検者 3	5			3	4		2	
受検者 4		3	2		3			3
受検者 5		4		3		2	1	

　なお，このようなデータ収集デザインの工夫は，IRT 利用の有無にかかわらず，異なるパフォーマンステストの結果を何らかの形で比較可能にするためには一般的に必要となる。パフォーマンステストのリンキングに関する詳細は Eckes（2011）や Uto（2021a）などを参照されたい。

6.2.3　複数評価観点での採点

　パフォーマンステストでは，ルーブリックとよばれる評価基準表を用いて採点を行うことが一般的である。総括的評定を目的とするテストでは，総合評定のための単一の観点が定義されたルーブリックを使用するが，分析的評定を目的とするテストでは，複数の評価観点をもつルーブリックが使用される。

　複数の評価観点をもつルーブリックに基づいて採点された場合，得られる得点は評定者と課題だけでなく，評価観点の特性にも依存する可能性がある。しかし，これまでに紹介してきた評定者と課題の特性を考慮した IRT モデルでは，評価観点の特性は考慮できない。この問題を解決するために，

評定者と課題の特性に加えて，評価観点の特性も同時に考慮できる IRT モデルが提案されている（例：宇都・植野，2020）。

　また，ルーブリックを構成する複数の評価観点の背後には，複数の能力次元が想定される場合がある。例えば，ライティング能力を測定するルーブリックは，論理構成力や表現力，独創性といった複数の下位能力の測定を意図した評価観点で構成されることがある。しかし，6.2.1 項で紹介した評定者と課題の特性を考慮した IRT モデルの多くは，測定対象の能力が単一であることを意味する能力の一次元性を仮定しており，多次元での能力測定を行うことはできない。この問題を解決するために，多次元型の IRT モデルを，評定者や課題，評価観点の特性を考慮できるように拡張したモデルも提案されている（例：Uto, 2021b）。

6.2.4　評定者選択最適化への応用

　6.2.1 項では，評定者の特性を考慮した IRT を利用することで，受検者の能力と評定者の特性をそれぞれ推定できることを説明した。この性質を利用すると，各受検者に適切な評定者を割り当てて，より効率のよい能力測定を実現できる可能性がある。

　ここで 1 つの例を考えてみる。いま，厳しい評定者と甘い評定者が 1 名ずつおり，この 2 名の評定者で能力の低い受検者集団と能力の高い受検者集団を分担して採点する場合を想定する。なお，各評定者の特性値は事前にわかっているとし，甘さ/厳しさ以外の特性は 2 名の評定者で同じとする。この場合，どのように評定者を割り当てると効果的であろうか。

　1 つの有望な答えは，能力の高い受検者集団に厳しい評定者を割り当て，能力の低い受検者集団に甘い評定者を割り当てるという方策である[*5]。これは，厳しい評定者は能力が低い受検者に対しては高確率で最低点を与えるため，そのような受検者集団の能力差を区別するには不向きだが，能力が高い受検者集団に対しては能力差を細かく区別できる可能性があるためである。

　評定者特性を考慮した IRT では，各受検者の能力をそれぞれの評定者がどの程度適切に判断できそうかという概念をフィッシャー情報量という統計

[*5]　事前に評定者特性値が得られていない場合には，リンキング可能性も考慮した割り当てデザインを検討する必要があることに注意してほしい。

量で推定できる。フィッシャー情報量は，その平方根の逆数の2乗が能力測定の標準誤差の推定値となるため，能力測定の精度を表す指標として解釈できる[*6]。フィッシャー情報量を利用することで，多数の評定者が分担して採点を行うような大規模テストにおいて，最適な評定者の割り当てを検討することが可能となる。実際，この考え方に基づいて，学習者同士で行う相互評価のための最適な学習者グループを構成する手法が提案されている（Uto, Thien, & Ueno, 2020）。

6.3

自動採点AI──記述・論述式テストの自動採点

　6.2節では評定者や課題の特性差によるバイアスの影響を取り除く技術を紹介した。6.3節では，主に記述・論述式テストなどの文章を対象として，人間の評定を代替する自動採点の技術について紹介する。

　記述・論述式テストで採点対象とするような文章を自動採点する技術は，自然言語処理の応用タスクの1つとして広く研究されてきた。自然言語とは，プログラミング言語のように人工的に開発された言語ではなく，日本語や英語のように日常生活の中で人間が利用している言語をさす。文章の自動採点技術では，このような自然言語をコンピュータによって解析し，文章の質を自動で判定することを目指す。

　コンピュータで文章を解析するためには，文章をどのようにコンピュータに入力するかという点から考える必要がある。伝統的な入力方式は，文章の特徴を表す統計量（一般に特徴量とよばれる）を計算して，その数値列を利用する方法である。代表的な特徴量としては文章中の単語数や文法エラー数などがあげられる。この方法では，どのような特徴量を使用するかを事前に人間が考える必要がある。高性能な得点予測のためには，文章の質に関係する特徴量を網羅的に検討し，それらを文章から計算する方法も合わせて設計する必要がある。

　他方で，このような人手での特徴量設計を回避する方法として，機械学習

[*6] 参考として，一般化多相ラッシュモデルの情報量関数を章末の補足の式(6.2)に記載した。

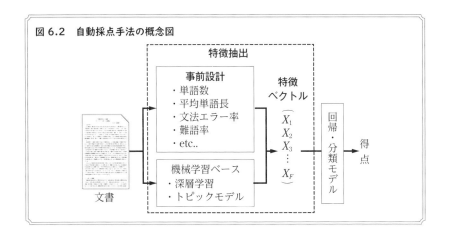

図 6.2 自動採点手法の概念図

特徴抽出

事前設計
・単語数
・平均単語長
・文法エラー率
・難語率
・etc..

機械学習ベース
・深層学習
・トピックモデル

文書

特徴ベクトル
$$\begin{pmatrix} X_1 \\ X_2 \\ X_3 \\ \vdots \\ X_F \end{pmatrix}$$

回帰・分類モデル

得点

を利用する方法が提案されている。この方法では，文章中の単語列をそのまま入力として扱い，それを機械学習モデルで解析することで，得点予測に有効な潜在的な特徴量をデータから自動的に獲得する。この手法は，深層学習技術の発展とともに近年急速に普及している。

　いずれのアプローチでも，最終的には，特徴量のベクトルを入力とする回帰モデルや分類モデルに基づいて予測得点が計算される。図 6.2 に自動採点手法の概念図を示した。以降では，人手で設計した特徴量を使用する伝統的な自動採点手法と，深層学習を利用した自動採点手法について説明する。

6.3.1　人手で設計した特徴量を用いた自動採点手法

　事前に定義された特徴量を用いる代表的なモデルとしては，Educational Testing Service（ETS[7]）が開発した e-rater があげられる。2016 年に公開された e-rater ver.2.0（Attali & Burstein, 2004）は，特徴量として，総語数や平均単語長，文法エラー率，語彙の豊富さ/困難さなどの 12 個を利用し，得点予測には重回帰モデルを利用している。

　また，日本語の自動採点モデルとしては，大学入試センターが開発した JESS（Ishioka & Kameda, 2004）が知られている。その他にも，Project

---

＊7　TOEIC（Test of English for International Communication），TOEFL（Test of English as a Foreign Language），GRE（Graduate Record Examinations）などを運営。

Essay Grade（PEG）や Intelligent Essay Assessor（IEA）などが伝統的な特徴量ベースのモデルとして知られている[8]。また最近では，自動採点の国際コンペティションで入賞した Enhanced AI Scoring Engine（EASE）とよばれるモデルが高性能を達成している（Phandi et al., 2015）。

　人手で設計した特徴量を利用する自動採点手法で高精度を達成するためには，自動採点の対象となる課題ごとに得点予測に有効と想定される特徴量の選択や新たな特徴量の設計・追加などが一般に必要となる。次に紹介する機械学習ベースの手法では，このような特徴量の事前検討を行わずに自動採点モデルを構築することが可能である。

6.3.2　機械学習を利用した自動採点手法

　機械学習を用いた手法では，潜在意味解析（latent semantic analysis; LSA）や潜在ディリクレ配分法（latent Dirichlet allocation; LDA）などのトピックモデル[9]や深層学習が一般に利用される。特に近年では，深層学習を用いたモデルが高い性能を達成しており，活発に研究がなされている。

　深層学習を用いた自動採点モデルとしては，さまざまなモデルが提案されており，現在でも新たなモデルが次々に提案されている。ここでは，代表的な深層学習自動採点モデルを紹介する。

（a）再帰的ニューラルネットワークに基づくモデル

　1つめに紹介するモデルは，再帰的ニューラルネットワーク（recurrent neural networks）を中心としたモデル（Taghipour & Ng, 2016）である。このモデルは，初期の深層学習自動採点モデルの1つであり，近年のさまざまな深層学習自動採点モデルの基礎になっている。このモデルの概念図を図 6.3 に示した。このモデルは，文章中の単語列を入力（図中の w は文章中の各単語を表す），得点を出力とする深層学習モデルであり，大きく5つ

---

*8　これらのモデルについては Mark & Shermis（2002）などで詳しく紹介されている。
*9　自然言語処理技術の1つ。トピックモデルは，各文章が複数の潜在的な話題（トピック）を含んでおり，それらの潜在トピックごとに使われやすい語彙が異なることを仮定し，大量の文章データから各文章のトピック分布と各トピックの語彙分布を推定することを目指す。トピックモデルの説明は岩田（2015）が詳しい。

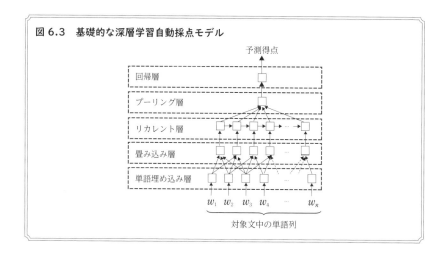

図 6.3　基礎的な深層学習自動採点モデル

予測得点

回帰層

プーリング層

リカレント層

畳み込み層

単語埋め込み層

w_1　w_2　w_3　w_4　…　w_n

対象文中の単語列

の層（異なる機能をもつニューラルネットワーク）で構成されている[*10]。

　まず，第 1 層の単語埋め込み層では，個々の入力単語を分散表現（word embedding）とよばれるベクトル表現に変換する。分散表現とは，概念が近い単語同士を類似した数値ベクトルで表す表現方式である。例えば，分散表現のベクトル空間上では，King と Queen や，Man と Woman のように概念が近い語彙同士が近くに配置される。また，このベクトル空間上では，語彙の意味に基づく演算も可能であり，例えば，King － Man ＋ Woman を計算すると Queen の分散表現ベクトルに近い値が得られる。単語をそのまま扱わず，このような分散表現に変換することで，単語の意味をモデルが理解しやすくなり，一般に性能が向上する。なお，各単語を分散表現ベクトルに変換するための変換行列（単語と分散表現ベクトルが一対一対応した辞書）は，自動採点モデルを訓練するデータから学習することもできるが，Wikipedia などの大量の文章データに基づいて事前に構築された変換行列が公開されているため，それらを利用することも一般的である。

　第 2 層の畳み込み層は，畳み込みニューラルネットワーク（convolutional

[*10]　ここで紹介している個別のニューラルネットワーク（単語埋め込み，畳み込みニューラルネットワーク，再帰的ニューラルネットワーク，LSTM など）については，入門的な説明は中山（2020）などが，理論的な詳細は岡谷（2022）などがそれぞれ詳しい。

neural networks）とよばれる機構を利用して，文章中の局所的な単語依存関係を理解する目的で利用される。文章の内容を，隣接する数単語ずつのブロック単位で理解していくようなイメージである。ただし，この層はモデルの単純化のために省略されることも多い。

　第3層のリカレント層は，再帰的ニューラルネットワークを用いて，各入力単語を，文脈中での意味を反映した数値ベクトルに変換する。人間が文章を読む場合のように，文章冒頭から1語ずつ単語を読んでいき，それまでの文章内容を加味しながら，文章の理解を逐次更新していくようなイメージである。再帰的ニューラルネットワークには複数のモデルが提案されているが，ここでは LSTM（long short term memory）が利用されている。

　上述のとおり，リカレント層では，それぞれの入力単語ごとに，その単語までの文脈を考慮した数値ベクトル表現が出力される。第4層のプーリング層では，それらのベクトルの時間方向の平均値を計算し，第5層の回帰層では，その結果を回帰モデルに入力して最終的な予測得点を計算する。

　以上の一連の手続きで，単語列が予測得点に対応づけられる，すなわち，文章を得点化することができる。

　なお，この深層学習自動採点モデルに基づくさまざまな拡張モデルも開発されている。拡張の1つとして，文章の一貫性（coherence）にフォーカスした研究が多数なされている。例えば，擬似的に生成した文章を利用するアプローチでは，手もとにある文章の原文を「一貫性のある文章」，その文章中の文の並びをランダムにシャッフルしたデータを「一貫性のない文章」と見なし，このデータセットを用いて文章の一貫性を判定する深層学習モデルを構築する。そして，そのモデルを自動採点タスクに転用することで，一貫性の欠如をより正確に判定することを目指している。他にも，隣接文間の類似度に基づいて定義される一貫性指標を利用したモデルや，一貫性をとらえるための特別なニューラルネットワーク構造を組み入れたモデルなども提案されている。これらの詳細は Uto（2021c）でレビューされている。

（b）事前学習 transformer に基づく深層学習自動採点モデル

　近年では，再帰的ニューラルネットワークとは異なるアプローチとして，transformer（Vaswani et al., 2017）とよばれるニューラルネットワークを

利用した方法も注目されている。Transformer は，自己注意機構（self-attention）とよばれる構造を中心に設計されたモデルである。再帰的ニューラルネットワークでは，文章を時系列順に処理するため，文章が長い場合に文章前半の内容をしだいに忘却してしまう傾向がある。これに対し，自己注意機構は，文章全体を俯瞰して，すべての単語間の関係を考慮しながら内容理解を行う仕組みになっているため，長文でも正確に文脈を理解しやすいという特徴がある。

　2018 年には，大量の文書データ（Wikipedia などから集めた 10 億語以上のデータ）を用いて，一般的な言語構造を transformer に学習させた BERT（Bidirectional Encoder Representations from Transformers: Devlin et al., 2019）とよばれるモデルが Google によって発表された。BERT では，次の 2 つのタスクを解かせることで言語構造の学習が行われている。

① **単語穴埋めタスク**（masked language model）　　入力文章の一部の単語をランダムに隠して，その単語を予測させるタスク。

② **隣接文予測タスク**（next sentence prediction）　　対象文章中からランダムな 2 つの文を取り出し，その 2 文がもとの文章中で隣接する文であったかを予測するタスク。

　BERT の最大の利点は，このように事前に学習されたモデルをさまざまな言語処理タスクに応用して利用できる点にある。具体的には，目的のタスクを解くための出力層を BERT に追加したうえで，事前学習で得られているモデルパラメタを初期値として，対象のタスク用に集めたデータでパラメタの再推定（ファインチューニング）を行うことでさまざまなタスクへの応用が実現される。例えば，自動採点に用いる場合，図 6.4 に示すように，文章の先頭に [CLS] という特殊タグを挿入したうえで，そのタグに対応する BERT の出力を回帰モデルに入力して得点を予測するようにモデルを設計し，ファインチューニングすればよい。2018 年当時，BERT は，このような事前学習とファインチューニングの組合せにより，さまざまな自然言語処理タスクで最高精度を達成し，一躍注目を集めた。近年では，BERT を発展させたモデルも数多く提案されており，ますます性能が向上している。

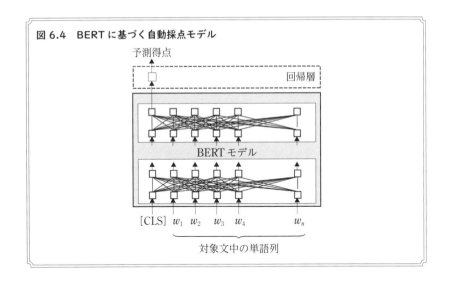

図 6.4　BERT に基づく自動採点モデル

予測得点

回帰層

BERT モデル

[CLS] w_1 w_2 w_3 w_4 w_n

対象文中の単語列

6.3.3　特徴量を組み込んだ深層学習自動採点モデル

　ここまで，自動採点手法が大きく 2 つのアプローチに分類できることを述べたが，近年では，この 2 つのアプローチを統合したハイブリッド手法も登場している。例えば，深層学習自動採点で得られた予測得点を特徴量の 1 つと見なして，人手で設計した特徴量と合わせて最終的な得点予測を行うというアプローチのモデルや，深層学習モデルの中に人手で設計した特徴量ベクトルを統合するアプローチなどが提案されており，高い性能を実現している（例：Uto, Xie, & Ueno, 2020; Ridley et al., 2021）。

6.3.4　モデル学習と性能評価

　自動採点モデルを実際に利用するためには，モデルのパラメタを事前に推定しておく必要がある。これを行うためには，文章とそれに対する得点のペアで構成される採点済み文章データを訓練データとして大量に用意する必要がある。パラメタ推定は，これらの訓練データを用いて，自動採点モデルの予測得点と実際の得点との誤差が小さくなるように最適化することで行われる。より具体的には，予測得点と実際の得点との誤差を損失関数とよばれる関数で定義し，それを最小化するようなパラメタ値を求めることで実行され

る。損失関数としては平均二乗誤差が一般に利用される。

　自動採点に関する研究では，異なるモデルの性能を比較するために公開ベンチマークデータセットが一般に利用される。代表的なデータセットとしては，Kaggle の自動採点コンペティションで利用された Automated Student Assessment Prize（ASAP）があげられる。このデータは，8 つのエッセイ課題に対する，平均 1500 名程度の受検者数の解答文データ（平均単語数は150〜650 程度）と，それらに対して付与された段階得点のデータで構成されている。モデルの性能評価は，データセットの一部を訓練データ，残りを性能評価用のテストデータとする交差検証法で行われ，評価指標には二次重みつきカッパ係数（quadratic weighted kappa; QWK）や相関係数，平均平方二乗誤差（root mean square error; RMSE）などが利用される。ASAPデータセットを用いた近年の研究では，8 つの課題における QWK の平均はおおよそ 0.8 程度となっている。

　なお，上述のとおり，自動採点モデルを利用するためには，大量の採点済み文章データが必要になるが，大量の文章の採点作業は一般に複数の評定者で分担して行われることになり，そのような場合，6.2 節でも説明したように，与えられる得点が評定者の特性に依存してしまう可能性がある。評定者バイアスの影響を受けた訓練データを利用してしまうと，構築された自動採点モデルにも評定者バイアスの影響が反映されてしまい，自動採点の性能が低下してしまう。この問題を解決する方法として，評定者特性を考慮したIRT を活用した自動採点モデルが提案されている（Uto & Okano, 2021）。具体的には，IRT を用いて評定者バイアスの影響を取り除いた真の得点を求め，その真の得点を用いて自動採点モデルの構築を行うというアイデアであり，自動採点モデルの安定的な構築を実現している。

6.3.5　自動採点タスクの分類
　現在の自動採点モデルは，適用場面に応じていくつかの種類に分類できる。第 1 に，どのような得点を予測するかの分類軸が考えられる。具体的には，総括的評定のように予測したい得点が単一の総合評定のみの場合と，分析的評定のように総合評定に加えて複数の評価観点別評定に対応する得点も予測する場合に分類できる。第 2 に，自動採点モデルの訓練に利用する

データの特徴による分類軸が考えられる。具体的には，①自動採点したい課題に関する採点済み解答文データが事前に十分に収集できる場合と，②対象課題に関するデータはない，あるいは少ないが，別の課題に関する採点済み解答文データならば十分に手に入る場合，が考えられる。①の状況では，対象課題に関する訓練データを用いて，課題に特化した自動採点モデルを構築できる。一方で，②の状況では，対象課題に関する訓練データだけでは，自動採点モデルを安定的に構築することは難しいため，別の課題に関する採点済み解答文データを用いて自動採点モデルをいったん構築し，そのモデルをチューニングして対象課題の自動採点に利用するアプローチが考えられる。このようなアプローチは，一般に転移学習（transfer learning）とよばれ，言語処理や画像認識などの近年の AI 研究で広く利用される考え方である。

　以上の 2 つの分類軸に基づくと，自動採点タスクは大きく次の 4 つに分類できる。

> ①**課題固有・総括的評定**（prompt-specific holistic scoring）　対象課題に関する訓練データのみを用いて単一の総合評定を予測するタスク。
>
> ②**課題固有・観点別評定**（prompt-specific trait scoring）　対象課題に関する訓練データのみを用いて観点別評定を予測するタスク。
>
> ③**課題転移・総括的評定**（cross-prompt holistic scoring）　別の課題に関する採点済み解答文データを用いて構築したモデルを，対象課題に転移して使用し，単一の総合評定を予測するタスク。
>
> ④**課題転移・観点別評定**（cross-prompt trait scoring）　別の課題に関する採点済み解答文データを用いて構築したモデルを，対象課題に転移して使用し，観点別評定を予測するタスク。

　これまでの自動採点研究は，上記の①を想定するものが多いが，自動採点の活用の広がりに伴い，近年では②〜④を想定した研究も進みつつある。各タスクに対する近年の技術については，Ke & Ng（2019）や Uto（2021c）のレビューが詳しい。

6.3.6　短答記述式テストと論述式テストの違い

　小論文やエッセイなどの長めの文章を採点対象とする論述式テストと短めの文章を対象とする短答記述式テストの自動採点研究はそれぞれに進められ

ているが，基本的なモデルの考え方や設計は類似している。ただし，短答記述式テストの場合には，模範解答文や評価基準が明確に与えられる場合があるため，この特徴を生かし，モデル内でそれらの情報を直接的に扱えるようにする方法なども開発されている。また，短答記述式テストでは，解答文が論述式テストよりも短いなどの理由から，自動採点の精度が論述式テストの場合よりも高くなる傾向がある。短答記述式テストの自動採点に関するレビューは，Burrows et al.（2015）が詳しい。

6.4
まとめ

本章では，パフォーマンステストの問題点として，評定者のバイアスの影響による能力測定精度の低下と採点コストの高さを指摘し，それらを解決する手法として，評定者特性を考慮した IRT と自動採点 AI について紹介した。パフォーマンステストの重要性は今後ますます増加すると予測でき，本章で紹介した技術のさらなる発展と普及が必要になるであろう。また，テスティング分野における AI 技術の適用例は，自動採点を含め，今後さらに増加すると予測される。

引用文献

Attali, Y., & Burstein, J. (2004). Automated essay scoring with e-rater® v.2.0. ETS Research Report Series, 2004.

Burrows, S., Iryna, G., & Benno, S. (2015). The eras and trends of automatic short answer grading. *International Journal of Artificial Intelligence in Education*, **25**(1), 60-117.

Devlin, J., Chang, M. W., Lee, K., & Toutanova, K. (2019). BERT: Pre-training of deep bidirectional transformers for language understanding. *Proceedings of the 2019 Conference of the North American Chapter of the Association for Computational Linguistics*, 4171-4186.

Eckes, T. (2011). *Introduction to many-facet Rasch measurement: Analyzing and evaluating rater-mediated assessments*. Peter Lang.

Hoffman, M. D., & Gelman, A. (2014). The No-U-Turn sampler: Adaptively setting path lengths in Hamiltonian Monte Carlo. *Journal of Machine Learning Research*, **15**, 1593-1623.

Ishioka, T., & Kameda, M. (2004). Automated Japanese essay scoring system: jess. *Proceed-*

ings of the 15th International Workshop on Database and Expert Systems Applications, 4–8.

岩田具治 （2015）．トピックモデル（機械学習プロフェッショナルシリーズ）．講談社．

Ke, Z., & Ng, V. (2019). Automated essay scoring: A survey of the state of the art. *Proceedings of the 28th International Joint Conference on Artificial Intelligence*, 6300–6308

Linacre, J. M. (1989). *Many-faceted Rasch measurement*. MESA Press.

Mark, J. C. B., & Shermis, D. (2002). *Automated essay scoring: A cross-disciplinary perspective*. Routledge.

Myford, C. M., & Wolfe, E. W. (2003). Detecting and measuring rater effects using many-facet Rasch measurement: Part I. *Journal of Applied Measurement*, **4**, 386–422.

中山光樹 （2020）．機械学習・深層学習による自然言語処理入門．マイナビ出版．

岡谷貴之 （2022）．深層学習（改訂第 2 版，機械学習プロフェッショナルシリーズ）．講談社．

Patz, R. J., Junker, B. W., Johnson, M. S., & Mariano, L. T. (2002). The hierarchical rater model for rated test items and its application to large-scale educational assessment data. *Journal of Educational and Behavioral Statistics*, **27**(4), 341–384.

Phandi, P., Chai, K. M. A., & Ng, H. T. (2015). Flexible domain adaptation for automated essay scoring using correlated linear regression. *Proceedings of the 2015 Conference on Empirical Methods in Natural Language Processing*, 431–439.

Ridley, R., He, L., Dai, X., Huang, S., & Chen, J. (2021). Automated cross-prompt scoring of essay traits. *Proceedings of the 35th AAAI Conference on Artificial Intelligence*, **35**(15), 13745–13753.

Taghipour, K., & Ng, H. T. (2016). A neural approach to automated essay scoring. *Proceedings of the 2016 Conference on Empirical Methods in Natural Language Processing*, 1882–1891.

Uto, M. (2021a). Accuracy of performance-test linking based on a many-facet Rasch model. *Behavior Research Methods*, **53**, 1440–1454.

Uto, M. (2021b). A multidimensional generalized many-facet Rasch model for rubric-based performance assessment. *Behaviormetrika*, **48**, 425–457.

Uto, M. (2021c). A review of deep-neural automated essay scoring models. *Behaviormetrika*, **48**, 459–484.

Uto, M., & Okano, M. (2021). Learning Automated Essay Scoring Models Using Item-Response-Theory-Based Scores to Decrease Effects of Rater Biases. *IEEE Transactions on Learning Technologies*, **14**(6), 763–776.

Uto, M., Thien, N. D. & Ueno, M. (2020). Group optimization to maximize peer assessment accuracy using item response theory. *IEEE Transactions on Learning Technologies*, **13**(1), 91–106.

Uto, M., & Ueno, M. (2018). Empirical comparison of item response theory models with rater's parameters. *Heliyon*, **4**(5), 1–32.

Uto, M., & Ueno, M. (2020). A generalized many-facet Rasch model and its Bayesian estimation using Hamiltonian Monte Carlo. *Behaviormetrika*, **47**, 469–496.

宇都雅輝・植野真臣 （2020）．ルーブリック評価における項目反応理論．電子情報通信学会論文誌 D, **J103**(5), 459–470.

Uto, M., Xie, Y., & Ueno, M. (2020). Neural automated essay scoring incorporating handcrafted features. *Proceedings of the 28th International Conference on Computational Linguistics*, 6077-6088.

Vaswani, A., Shazeer, N., Parmar, N., Uszkoreit, J., Jones, L., Gomez, A. N., ... Polosukhin, I. (2017). Attention is all you need. *Proceedings of the 31st International Conference on Neural Information Processing Systems*, 6000-6010.

Wolfe, E. W., Moulder, B. C., & Myford, C. M. (2001). Detecting differential rater functioning over time (DRIFT) using a Rasch multi-faceted rating scale model. *Journal of Applied measurement*, **2**(3), 256-280.

補足──一般化多相ラッシュモデル

　一般化多相ラッシュモデルでは，評定者 r が課題 j における受検者 i のパフォーマンスに得点 k を与える確率 P_{ijrk} を次式で定義する。

$$P_{ijrk} = \frac{\exp \sum_{m=1}^{k} [\alpha_j \alpha_r (\theta_i - \beta_j - \beta_r - d_{rm})]}{\sum_{l=1}^{K} \exp \sum_{m=1}^{l} [\alpha_j \alpha_r (\theta_i - \beta_j - \beta_r - d_{rm})]} \tag{6.1}$$

ここで，θ_i は受検者 i の能力を表し，α_j は課題 j の識別力，α_r は評定者 r の一貫性，β_j は課題 j の困難度，β_r は評定者 r の厳しさをそれぞれ表す。d_{rm} は評定者 r の得点 m への厳しさを表しており，尺度範囲の制限や中心化・極端化傾向を表現できる。なお，このモデルはパラメタ値が一意に定まらない不定性の問題を有するため，識別性を担保するために

$$\prod_r \alpha_r = 1, \quad \sum_r \beta_r = 0, \quad d_{r1} = 0, \quad \sum_{k=2}^{K} d_{rk} = 0 : \forall_r$$

などと制約される。

　また，このモデルのフィッシャー情報量は次式で計算できる。

$$I_{jr}(\theta_i) = \alpha_j^2 \alpha_r^2 \left\{ \sum_k k^2 P_{ijrk} - \left(\sum_k k P_{ijrk} \right)^2 \right\} \tag{6.2}$$

　情報量 $I_{jr}(\theta_i)$ が高い評定者 r は，課題 j において受検者 i の能力を正確に評価できると解釈できる。

7章
人事におけるテストの利用

　本章では，企業の採用選考における適性テストのあらましを整理する。適性テストなどの心理測定技術は，企業一般において採用選考のほか，配置，人事評価，面接評定などで利用されているが，最もシンプルな採用選考，なかでも一般的な大学新卒者の選考を取り上げる。主な課題を確認し，さらに歴史を振り返りつつ今後のあり方を考えてみたい。

7.1
採用選考のプロセスとテスト

　採用選考は，採用予定人数，応募者人数，入社後予定される職務の状況などにより多様に展開されている。組織的に展開される一般的なプロセスは，まずは求人募集，次に面接が可能な人数まで絞り込むスクリーニング，そして面接の実施，審議を経ての採否決定，である。テストが主に利用されるのは，応募者集団を絞り込むスクリーニングの基準として，および面接や採否の審議における人格理解を支援するツールとしてである。適性テストがスクリーニングに適用されることによって，性別，出身地，縁故，学校名などの属性によって募集の門戸を狭められることなく広く開放される。また面接や採否の審議では能力，性格など人格理解が大切になるが，それを深める手がかりとなる。これらの適性テストが，採用選考のプロセスを合理化するとともに，応募者に公平感や採否の納得感を高めることが期待される。さらには，採用選考は産業社会全体の人的資源の配分という社会的システムととらえられるが，その健全性が高まる効用もあろう。

しかしながら，テストは採否に決定的な役割を担うものではない。ちなみに，大沢ら（2000）では，採用選考において収集される情報は，健康，志望動機，基礎的能力・知識，性格，職業観・職業興味，実践的能力・スキル，個人事情があげられており，テストが関与するのは一部ということになる。さらに採用市場の動向や職務の性質などの関係からもテストの位置づけは異なる。応募者が採用予定人数より多ければ，テストのニーズは高まるし，配置する職務が難しい場合はテストに対する期待は大きくなる。また，採否の意思決定は測定結果のみではなく，他の情報や置かれた状況に合わせて総合的に判断される。このように概観してみると，テストのあり方は心理測定の技術のみでなく，その適用の背景や実務のプロセスも視野に入れなければならないことになる。

7.2
採用選考におけるテストの実践

7.2.1　一般的な展開モデル

　各論に入る前に採用選考におけるテストの一般的なプロセスを確認しておきたい。展開の大筋は，研究→開発→頒布→実施→採点→適用で説明できよう（図7.1）。始点としての研究や開発は一般に研究者，そして測定結果を用いて採否を審議するのはユーザになる。その間の頒布・採点を担うのは，プロバイダとでもいうべき情報提供事業者であることが多い。

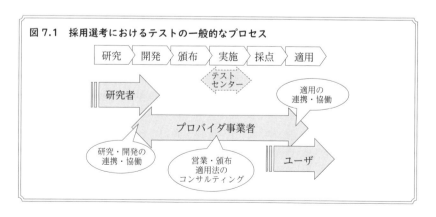

図7.1　採用選考におけるテストの一般的なプロセス

プロバイダは，テストの頒布，普及を推進するビジネスで，開発を研究者と連携して進めるが，自身でも研究を担う人材を擁している場合もある。またユーザに対して提供するテストの内容や期待される効果を説くだけでなく，ユーザが測定結果を利用する際に必要となるテストの専門知識や技術の提供も担う。テストの技術は，学校教育のカリキュラムには組み込まれておらず，ユーザ一般には理解が進みにくく，プロバイダは橋渡しを担う存在といえよう。

　なお，テストにおけるコンピュータや情報処理の技術はすでに他の章で詳述されているが，適性テストの領域においても開発のほか，実施，採点など，一連のプロセスで必須の存在になっている。

7.2.2　採用選考におけるテストの機能

　採用選考におけるテストの機能をもう少し掘り下げて次の3点をあげておきたい。1つめは，選考時点で入社させた場合の職務遂行能力や業績を予測することである。事前のデータ解析によって職務行動と関連のあるテスト尺度を明らかにしておき，それをスクリーニングの基準として利用する。個別の組織や職務ごとにテスト尺度が開発されることもあるが，多様な職務に普遍的に求められる一般特性に関するテスト尺度が用意されることが多い。

　2つめは，採否の意思決定を支援する機能である。採否は能力，性格，その他人格全体を理解したうえで決定されるが，その総合的な人格理解は主に面接のプロセスによって進められる。面接は面接員とのやりとりであり，面接員固有の人物観や評価観に基づく主観的な判断になる。面接員が熟練しているとしても，また複数の面接員によって複数回行われるとしても深い人物理解は容易ではなかろう。適性テストの情報が採否の意思決定者の評価プロセスを支えることにより，選考の質の向上が目指される。

　3つめは採用実務の合理化があげられる。経済の拡大に伴って高等教育を受けた新規卒業者が大量に必要になり，採用実務の負荷が大きくなった。個別に専攻・職務ごとに毎年テストが作成されていた状況に対して，専攻や職務を超えた一般的な適性を把握する汎用的な適性テストに置き換えることができたわけである。

7.2.3 代表的な 2 つの測定領域

　採用選考では人物の多様な側面を総合して採否が意思決定されるのは前述のとおりであるが，心理学的なテストで測定される側面は大きくは能力と性格に分類されよう。能力は，心理学の知能の概念に相当する領域である（Deary, 2001 繁桝訳，2004）。個別の企業や担当職務を越えて普遍的に求められる基礎的な能力要件に位置づけられる。一方の性格は，物事の受けとめ方，行動の仕方，さらに興味や態度などの多様な特性が含まれている。社会的な適応の円滑さに関わる側面が焦点になることが多いが，意欲の旺盛さや誠実さなど，仕事への取り組み姿勢なども対象になる。

　そして，これらの人格の側面と職務や職場の特性との関連性や将来の職務行動の予測可能性に焦点を当てて開発される心理学的テストが，一般に適性テストとよばれる。

7.3
採用選考における適性テストの課題

　採用選考における適性テストのプロセスには，適性概念の整理，尺度の開発，測定結果の適用に関わる課題がある。一般的なテスト開発と共通するが，人事テスト固有の一面もあり，あらためて確認しておきたい。

7.3.1 適性概念の整理

　開発に先立って，適性の概念について整理しておかなければならない。適性はもともと心理学的な用語であったが，一般用語化し，あいまいになりがちなためである。

　実務家は一般に経験的な心証に基づく人物観・評価観によって，人物特性と職務，職場と関係づけて人材評価にあたっていることが多い。すなわち全人格的な能力観である。例えば，経営人事領域のオピニオンリーダーが集ってまとめた能力観の説明では，「能力＝職務遂行能力＝体力×適性×知識×経験×性格×意欲」（日経連能力主義管理研究会，1969，p. 56）と表されている。ここでは，適性の用語は当該職務や職場への興味関心の程度を意

表 7.1　企業人能力の 3 側面

適応次元	適性概念	諸機能
職務適応 - 不適応	能力的適性	知能, 知識, 技能, 感覚機能, 運動機能
職場適応 - 不適応	性格的適性	気質, 性格, 興味
自己適応 - 不適応	態度的適性	意思, 意欲, 興味, 価値感, 自己概念

（大沢, 1989, p. 26）

味しているように思われる。またテストへの期待は, この適性の概念を超えて能力＝職務遂行能力の測定にあるように感じられる。

　実務家の思いが込められた整理は貴重であるが, テストの開発に際しては, 人格の要素を特定しなければならず, 実務家の総合的・全人格的な能力の考えをテスト尺度につなげるためには人格を分析的にとらえるモデルが必要になる。いくつかのモデルがあるが, 適性を能力的適性, 性格的適性, 態度的適性の 3 つの側面で説明するモデルがわかりやすい（表 7.1: 大沢, 1989）。表 7.1 の能力的適性は職務をこなす能力・知識・スキルで, 性格的適性は人間関係への適応との関連が深い情緒的な側面, 態度的適性は組織・事業・担当職務に価値を感じ, やりがいをもって臨めるかなどの側面である。

　これら 3 つの側面は, それぞれ一般適性と個別適性にさらに分けてとらえられる。能力的適性における一般適性は, 心理学における知能の概念から導かれる。具体的には, 語彙や文章の解釈など言語的な理解, および計数の処理や分析, 論理的な推理などの非言語的な能力で, 多くの職務に広く求められる。これは心理学の初期の研究成果に由来し, その後の長年の適用実績から広く認められているように思われる。個別適性は, 当該組織や職務に求められる固有の知識・スキルの水準で, 専門知識テストや実技スキルテストが用いられることもある。

　性格的適性は, 能力的適性ほど普遍的ではなく, 開発者によって多様な概念と尺度がさまざまに構想される。開発されている尺度は多様であるが, 職場コミュニティへの適応に関連する特性が中核に位置づけられることが多く, これが一般適性とされる。一方の個別適性は, 当該職務や職場に固有に求められる態度・興味・価値意識などで, ユーザが個別の状況や方針に合わ

せて多様な尺度を選択的に利用することになる。

　態度的適性は，所属する組織が営む事業に価値を感じ，職務に対して興味と意欲を継続的にもてるかどうかである。一般適性は，職業生活に対する積極的な姿勢や意欲の水準ととらえられ，個別適性は所属する組織や職務・職場に含まれる固有の価値の受容に関わる側面になる。

　能力的適性，性格的適性，態度的適性に分けて説明したが，表 7.1 では「興味」が性格的適性と態度的適性で重複していることからもわかるように，この 2 つの適性の境界ははっきりしない。意味内容が輻輳しており，分離して測定するのは難しい。つまり，適性の概念は 3 側面で説明されるが，測定ツールは能力的適性テストと性格的適性・態度的適性の両側面を複合的にとらえる性格的適性テストとして具現化されることになる。

7.3.2　適性テストの開発課題

　開発における課題は，他の領域のテストと基本的には異ならないように思われるし，すでに 2 章で詳述されている。したがって，ここでは能力的適性テスト，性格的適性テストともに，課題の大枠を整理するにとどめ，注目すべきポイントを指摘することにしたい。

（a）能力的適性テストの開発課題

①**項目開発と編集**　　測定の目標となる能力の概念に従い，回答や採点の形式など，設問形式の設計をしたうえで，項目を執筆する。原案の執筆は個人作業で進められるが，その後の検討は，複数人で多角的に議論しながら進められる。

②**尺度の構成**　　予備テストの実施によってデータが収集・分析され，尺度が構成される。採点形式の選択・検証，そして尺度の信頼性が確認され，標準化が施されることになる。

③**報告書書式の設計とデータ処理システムの整備**　　ユーザに測定結果を伝えるための書式が設計され，データを処理・出力するシステムが開発される。

④**CBT・IBT の技術開発**　　テストの開発は情報通信技術（ICT）と関連が深く，人事テストの領域でも同様である。コンピュータの画面上で

出題し，キーボードなどで回答を求める CBT（computer based testing），さらにそれをインターネットを通じて展開する IBT（internet based testing）が広く実用化されている。また，適応型テスト（computer adaptive test; CAT）の技術も一部では実用化されている。

　以上，4 つの課題はそれぞれ重要であるが，強調されるべきは①の項目執筆のステップであろう。優れた項目は，計算によって導かれるものではないし ICT とも直接には関係しない。普及が進むことにより平行テストが必要になるし，項目素材が古くなり改訂が必要な事態も生じる。したがって，執筆・検討・検証を継続的に取り組む体制が，質の確保にとって重要になる。項目執筆者個人の構想力や感性に加えて，複数の執筆者の相互研鑽が鍵になる。この項目執筆のステップは注目されにくいが，職人的な感性と技がテストの質を支えていることは見逃せない。

（b）性格的適性テストの開発課題

①概念の整理と構想　　能力的適性テストは一般知的能力を核とすることで，おおむね共通の理解が得られているように思われるが，前述のとおり，性格的適性テストは能力的適性テスト以上に多様な要素が関わる概念であり，まず理論の整理が焦点となる。

②項目の開発　　測定の目標とする性格特性の概念を確認したうえで，項目を執筆し，それを複数人による議論を経て項目案とする。項目の検討ポイントは，意味内容のわかりやすさや一義性などで，得られた項目群によって構想された特性が過不足なく表されているかが確認されることになる。このとき，設問や選択枝の形式，採点方式なども検討される。

③尺度の構成　　予備テストの実施により回答データを得て，尺度を構成する項目の過不足を調整する。項目全体，すなわち尺度が構想された概念定義に沿っているかの検討で，信頼性を確認しながら進められる。そして尺度を構成する項目群が決められ次第，あらためて内容を確認しつつ尺度名が検討される。

④判定方式の開発　　ユーザは複数の尺度スコアから職務や職場への適合性を推し量ることになるが，一般に尺度スコアの解釈に不慣れである。そこで読み取りの支援の一環として尺度スコアを総合化する指標が必要

になることが多い。

⑤**報告書書式の設計・採点報告のシステム開発**　尺度スコアや判定結果
の表し方を設計し，採点などのデータ処理，報告書への出力などのシス
テムを開発する。

以上の開発プロセスで重要なポイントは，④の職務や職場との適合性の判
定方式にあろう。判定の妥当性が検証されたうえでの提供になろうが，計算
式に基づくものには違いなく，受検者には項目への回答のみで合否が方向づ
けられる心証になりがちである。ユーザ一般にわかりやすく，かつ受検者の
心情を気遣った判定方式のあり方は，開発者やプロバイダが徹底して議論し
ておくべきで，そのうえで誤解なきようにユーザへの説明が徹底されなけれ
ばならない。

7.3.3　適用技術の課題
（a）プロバイダの課題

テスト結果の利用はユーザが主体であることは自明であるが，それを支え
るプロバイダの役割に注目しなければならない。プロバイダは，ユーザがテ
ストを効果的に利用できるように，当該テストの内容，信頼性のほか，妥当
性に関する情報提供が期待される。営業のプロセスでもあるが，一般的な対
象で検証された結果を個別ユーザに安直に適用しないなど，証拠に基づいて
理解を促さなければならない。また，テストに関する基礎的な知識の提供も
大切になる。それが，提供するテストの理解や効果的な適用につながるから
である。

（b）ユーザの課題

ユーザが効果を得るための課題には，テスト一般の基礎的な知識のほか，
テスト尺度の内容や尺度スコアを総合化する判定方式を理解しておくことが
あげられる。

また，実施においては，テストセンターに委託する場合は別として，定め
られた手続きと時間を厳格に管理することが求められる。これが客観的な測
定の前提になるからである。さらに利用後は，採用選考のプロセスを振り返
り適性テストを適用した効果を評価する工程も大切になる。

(c) プロバイダとユーザの協働の課題

採用の実務では，事後に振り返りがなされようが，そこには適性テストの効果を検証することも含まれる。しかしながら，効果の分析には心理統計の専門技術が必要になり，プロバイダがその専門的な解析スキルを提供したり，解析を受託したりすることになる。そしてプロバイダとユーザは一連の採用活動における背景を共有し，意見を交換しながら解析を進めるなど，協働作業になることが多い。

協働すべき課題には，実務上重要な事柄がもう1つある。テストは機密保持が測定の公正性の前提になっている。つまり，プロバイダはもとより，ユーザも事前・事後のいずれにおいても項目は機密として厳格な取り扱いが求められる。

7.4
採用選考における妥当性検証

7.4.1 妥当性検証の基本的な課題

適性テストを採用選考に利用した際は，事後にその効果を確認するプロセスがある。いわゆる妥当性検証であり，3章で詳述されているが，適性テストの利用における固有の視点もあり，本章においてもあらためて整理しておきたい。

妥当性は，適性の考え方，尺度，尺度スコアなどのテストの特性と適用目的との関係性の問題であり，単にテスト尺度の特性を意味するものではない。両者の関係性については，選考プロセスの社会的公正性や適用の効果性，適切性を証拠に基づいて議論を積み重ねることを意味する。具体的な詳細は他書（二村，2005）に譲り，ここでは大枠のみ整理しておきたい。

主な観点は次の3点になる。すなわち，①テスト尺度と職務行動の間に期待された関係性や予測性が認められるかどうか，②テストの尺度構成やスコアが応募者の人格理解の助けになったかどうか，③選考プロセスが社会的公正性を損なうことなく採用事務の合理化が実現できたかどうか，である。

②の人格理解の支援に有効であったか否かの確認は，心理統計の技術が求

められるわけではなく，選考に携わった担当の心証に焦点が当てられ，ユーザ社内のヒアリングや議論で進められよう。また，③の社会的公正性や採用事務の合理化については，ユーザ側で同様の機能を有するテストの開発が一般に至難であることから，議論の余地はなかろう。これらのうち①のテスト尺度と職務行動との関係性や予測性の確認が最も重要になろう。

職務行動の成否を決定づける要因は複雑で，適性テストのみで明快には説明できないが，解析結果をもとにした関係者の議論により貴重な知見や気づきがもたらされるはずである。7.3.3 項の(c)では妥当性の検証にはユーザとプロバイダとの継続的な協働が期待されると述べたが，それは心理統計の技術や解析スキルが必要であるからのみではなく，提供される参考情報が役立つことが多いからでもある。ときにはプロバイダとは独立的な研究者との協働や委託研究の形をとる方策も，客観的な視点を得るためには有効であろう。

7.4.2 採用選考における適性テストの妥当性の検証例

7.4.1 項でも述べたとおり，テスト尺度と職務行動との関係性や予測性は重要なテーマであり，少し紙幅を割いて能力的適性テストの解析例を示しておきたい。まずユーザ企業における個別の検証例を示し，次に個別の解析結果を複数寄せ集めてテスト尺度の一般的な妥当性を検証する例を紹介する。

(a) 個別ユーザにおける妥当性の検証例

まず，ユーザ個別の妥当性の検証例である（二村，1998）。表 7.2 は，4社の個別研究から得られたデータを 1 つの表にまとめたもので，採用選考に適用された能力的適性テストの結果が保管され，入社後の上司評定によって追跡されたものである。能力的適性テストは 4 社とも一般知的能力を測定する同じテスト版で，言語的能力，非言語的能力の 2 つの下位尺度で構成されている。一方の目指された予測の目標基準は，4 社とも同じ様式で，検証のために用意された評定票が用いられ，幹部としての将来性が職場の上司によって 6 段階で評定されている。ただし，調査のタイミングは 4 社で異なり，入社後 5〜10 年後とまちまちである。結果は能力的適性テストと予測の目標となった入社後の上司評定間の相関係数で示されている。

表7.2 個別的な妥当性検証の例

	スーパー A 社 $N=51$	ソフトウェア B 社 $N=44$	商社 C 社 $N=278$	電機 D 社 $N=131$
基礎能力総合	.05	.41	.29	−.05
言語能力	.01	.31	.24	−.08
非言語能力	.11	.42	.24	−.01

（二村，1998，p.79 を著者一部改変）

　平行的なテスト版と同じ上司評定が用いられながら，得られた相関係数は 4 社で異なり，ソフトウェア B 社や商社 C 社が他の 2 社より高い。能力的適性テストと上司評定という点では同じであるが，4 社の背景は当然異なっている。評定の時期が異なるだけでなく，携わる職務の内容や難しさは対象者によって異なり，評定も個々の上司の主観に委ねられたものである。さらに採用選考における選抜比率（採用者数/応募者数）などの背景も異なる。したがって，得られた相関係数は，組織間で比較することには大した意味はないことになる。

　一度の分析のみで決定的な結論を下すことなく，データの収集と分析，そして議論を繰り返すことが大切になる。テスト版の選択や適用のあり方の改善が導かれるとともに，人材マネジメントに関わる新たな気づきが引き出されるはずである。

　以上，いずれも採用選考時のデータを保管しておき，採用者の入社後の職務行動との関係性を追跡するアプローチであったが，テスト版の選択にあたってもテスト尺度の適切さを見極める課題がある。社内研修などの機会に当該適性テストを実施し，人事考課や人事調査などとの関係性を確認するアプローチはその 1 つの方式である。前述の事例が追跡的であるの対して，これは在職者を対象にするものである。予測性の確認データとしては十分とはいえないが，テスト尺度の適切さの確認のみならず，人材要件や選考基準の明確化の議論につながる（二村，2001）。

（b）妥当性一般化というアプローチ

ここでは妥当性一般化の考え方を確認したうえで研究例を紹介する。

妥当性一般化の研究では，これまでに報告された多くの個別研究結果を収集し再分析する。このプロセスはいわゆるメタ分析の一種である。それぞれの個別研究のデータから統計上の障害を取り除いて本来の妥当性の水準を推定するわけである。そして統計上の障害を取り除いて補正された妥当性の水準が，1つに収斂することを統計的に確認する。一定の範囲に収斂が確認されれば個別の状況を越えた一般的な妥当性の水準と考えられる。

焦点が当てられる統計上の障害とは，例えば対象者が入社が許され職務に携わって上司からの評定が得られた範囲に限られるという事情があげられる。確かに不採用者を含めた応募者全体が分析対象にできれば，妥当性の水準は高まることは想像できる。補正はこのほか，対象者数の少なさや偏り，基準にする評定尺度や適性テスト尺度の信頼性の低さも対象になる（Schmidt & Hunter, 1977）。

なお，このアプローチは個別の妥当性検証の結果を広く集めた分析になるため，個別ユーザの課題にはなりにくく，プロバイダや研究者のテーマになる。

（c）妥当性一般化研究の例

ここでは一般知的能力を主な内容とする能力的適性テストの妥当性一般化の研究例を紹介しておきたい（表 7.3: 高橋・西田，1994）。集められたデータは，1968～1994 年にわたる個別ユーザにおける解析結果で，業績評価との相関係数が 37 個集められている。ちなみに研究ごとのサンプル数は $N = 13～838$，全体は $N = 5,898$ とされる。これらから，前述の 3 つの背景を確認し，補正を加えることにより，水準が高まり収斂と見なすことができるかが分析されている。その結果，補正した値は，企業人一般では収斂したとはいえなかったが，職種別には一般管理（.35 → .42），営業（.22 → .29），技術研究（.27 → .32）を示し，それぞれ高い水準でおおむね収斂したとされている。一般知的能力の測定尺度と業績との関係性は，職種を限れば，個別に妥当性を検証せずに，おおよその水準が特定されたことになる。

表 7.3　知的能力検査の妥当性一般化研究の例

	対象人数	研究数	妥当性係数 補正前	補正後
一般管理	195	13	.35	.42
営業	459	8	.22	.29
技術研究	225	12	.27	.32

（高橋・西田，1994 より著者作成）

能力的適性テストの例を紹介したが，性格的適性テストにおいても同様のアプローチが報告されている（Judge et al., 2002; 都澤ら，2005 など）。解析方法は同様であるものの能力的適性テストより複雑である。能力的適性テストは概して一般知的能力が焦点になるのに対して，性格的適性テストは複数の特性や尺度が対象にされる。普遍的な知見を得るために固有の尺度を主要な性格特性に集約して分析する方略がとられる場合もある。また個々の研究では適用目的が異なり目標にする基準も多様で，上司による評価のほか，職務満足など情緒的な適応度が用いられることもある。したがって適用目的，すなわち基準の内容ごとに分析が進められることになる。

7.4.3　妥当性検証の困難

妥当性の検証は，産業心理学の領域でも草創期より提唱されてきており，日本でも米国の関連書籍が翻訳されるなど主要なテーマであった（Dunnette, 1966 豊原・北村訳，1969 など）。プロバイダはもとよりユーザもその必要性は十分認識されてきているように思われる。

しかしながら，特に日本においては妥当性検証の研究報告はきわめて少ない。妥当性の検証は，厄介で負荷が大きいし技術的な困難が伴う。また検証は行われていても社外秘として開示されていない事情もありそうである。いずれにしても，順調に展開されていないのは事実で，当の産業心理学においてさえ近年では手薄感が否めないように思われる。ここでは，必要性の認識があるにもかかわらず実践されにくい事情を整理し，その克服のヒントとしたい。

まず，妥当性の検証と称して多大な労力を投入したからといって，決定的な是非の判断が得られるわけではない事情があげられる。産業心理学の草創期のリーダーの一人である安藤（1966）は，妥当性の大切さを説くとともに，その難しさについても次のように述べている。

　　　「外部基準の成績は複合的なものであって，一つの適性検査は，そのうちの限られた要因についてしか識別力を持っていないということ……」（安藤，1966, p. 69）

　もちろん，妥当性の検証が無用というわけではなく，一面的な証拠といえども，その積み重ねこそが必要という指摘であろう。

　次に基準設定の難しさがあげられる。考えられる基準には，人事考課，昇進スピード，人事調査票，訓練成績，在退職状況，職務満足などがあげられている（二村，1998）。しかしながら，対象者は担当する職務が異なることが多いし，評定するマネジャーも対象者ごとに異なり，基準となる尺度は不安定にならざるをえない。結局のところ，処遇を決定する現実の評定を検索するのではなく，妥当性検証を目的とした特定の人事調査票を用いるのが現実的なように思われる。

　さらに分析技法の課題にも触れておくべきであろう。確認には相関係数が主な指標になるが，その技術的な難しさも指摘される。相関係数は直線的な関係性を示す指標であり，複雑な様相を理解するには不十分かもしれない。散布図を併用して視覚的に分析する工夫をするものの，解釈は複雑になりがちで煩わしい。また，妥当性一般化の研究は，学術誌で取り上げられてはいるが，複雑な数式で説明されて実務家には難解なことが多い。加えて多くの仮定を重ねる方略で，机上の数値に過ぎないように感じられやすい。

　以上のような困難を伴うことから，具体化が躊躇されがちになるが，適用の是非を裏づける証拠は必須であり，その証拠と議論の蓄積が効用を高めることになるはずである。また次の 7.5 節で取り上げる適性テストの社会性の認識に鑑みるとその大切さに思い至る。ユーザの人事担当の職務は多岐にわたっており，妥当性検証の技術の習得を求めるのは現実的ではなく，ユーザとプロバイダの協働が求められるのは前述のとおりである。

7.5

適性テストの社会性

人事処遇は企業内の問題であるが，採用選考は企業と社会の関係に関わるプロセスであり，適用される適性テストも社会性を帯びていると認識しておくべきであろう。テストの内容はもとより適用のあり方について社会的な影響に関する確かな認識が必要になる。問題の所在を俯瞰したうえで，これまで現実に指摘された社会的批判の事例をレビューしておきたい。

7.5.1　採用選考と適性テストの社会性

（a）著作物に関する意識と管理

テストはさまざまな著作物で成り立っている。まず開発された項目は開発者の著作物であるのは言うまでもない。読解などの項目の素材として一般の著作物の一部が利用される場合があるが，そこには原典の著作者の権利が存在している。また，報告書書式などのマテリアルも著作物である。こうした著作物に付随しているそれぞれの権利は尊重されるべきものである。

（b）受検者の権利や心情の尊重

能力的適性テストは，いわゆる採用選考において公正に評価するためのツールとして広く受け入れられている。一方の性格的適性テストは，会社や職務への向き不向きの判定の参考にするツールであるが，複数の尺度スコアをもとに計算式によって判定基準が設けられる場合もある。採否はもともと主観的な営みとはいえ，公正性が問われる場面であり，判定に参照される尺度や判定基準のあり方には合理的な根拠が必要であろう。

（c）受検者への内容や適用に関する説明

適性テストによってどのような事柄が明らかになり，結果がどのように利用されるかは，受検者の大きな関心事である。実施に際しては受検者に測定内容・適用の考え方などのあらましを説明するなどの心配りが必要になろう。近年では，プロバイダがユーザを飛び越えて受検者層に直接説明する場

面もあるが，本来は選考の主体者であるユーザが個別の適用の考え方を含めて説明すべきものであろう。

（d）採点，集計などの運用上の課題

採点や集計のデータ処理は主にプロバイダの役割になるが，その正確性・安定性・迅速性の確保も社会性と無縁ではない。テストプロセスの円滑な運用を保証する体制は，採用選考の社会性を考えるとき，プロバイダとユーザ間のビジネス契約であり社会的責任の一端でもある。データ処理システムにエラーがあれば，当然応募者，ユーザに直接影響が及ぶし，報告が遅滞することになれば，採用事務や応募者の就職活動に混乱を招くことになる。

（e）測定結果の利用と保管に関わる課題

測定結果の適切な解釈や適用が重要であることは自明で，評価の高いテスト版も結果の解釈や適用に過ちがあれば，社会的な問題に発展するおそれがある。さらに事後，プロバイダがユーザに提供した測定結果は，個人情報として機密管理が必要で，定めた保管期限内は厳重に保管され，期限を迎えれば確実な廃棄が必要になる。

7.5.2　適性テストの社会性が問われた事例

社会性に関わる主な課題を 5 つ指摘したが，現時点では社会的な批判は表面化していないように思われる。しかし，過去には社会的な批判がいわば事件ともいえる状況に至り，テスト内容や適用のあり方が大きく改められたことがある。参考までに学界，マスコミ，一般社会からの主な批判をレビューしておきたい。

（a）学界における規制論議と規準の制定

1971 年に国際応用心理学会がベルギーで開催され，テストの特性に鑑みて，作成・使用・頒布の全プロセスを対象とした規制を設けるべきとの勧告が満場一致で決議された。それを受けて日本でも，この決議に従って規制を設けるべきことが議論になった。当時，日本女子大学名誉教授であった児玉は，日本応用心理学会としてはテストの発展のためには何らかの規制が必要

と考えて勧告に同意した。そして当時のテストの粗製乱造ぶりを嘆き，一般紙に評論を寄せている（児玉，1973）。見出しには，「野放しの心理テスト」「認識不足や過当期待」「適正化に規制も必要」などとあり，強い語気をもって訴えられている。この記事は主に教育界におけるテストに焦点が当てられたもので，産業界の適性テストを批判する主旨ではなかったが，関係者の間ではさまざまな論争になった。もっとも，この議論は関連する他の学会ではコンセンサスを得ることなく，規制は具体化されなかった。

　しかしながら，学界はテストの適切なあり方に無関心であったわけではなく，むしろ何らかの指針が必要との問題意識は潜在し続けていたように思われる。欧米に後れてではあるが，日本テスト学会によって「テスト・スタンダード」がまとめられている（日本テスト学会，2007）。当時理事長であった池田央は，その刊行に際して次のように述べている。

　　　「テストも様々な形で現代社会に深く浸透しており，個々人の人生に重要
　　　な意味をもつものとなっている。したがってテストに関係するすべての人は
　　　それを使用する際の社会的意義を自覚し，それがもたらす結果について責任
　　　をもたなければならない。」（刊行に寄せて，p. i）

採用選考における適性テストもこのスタンダードに則るべきであるのは言うまでもない。

（b）マスコミによるプロバイダ批判

　採用選考において適性テストが普及するにつれ，一般社会においても関心が高まった。その一つの例に，選考の当事者ではないはずのプロバイダに対する批判が一般紙で取り上げられたことがあった。教育カリキュラムとの兼ね合いから，求人活動の開始時期を産業界との間で，いわゆる就職協定として申し合わされていたが，必ずしもその申し合わせが機能していない状況にあった。プロバイダはその協定の当事者ではないが，プロバイダが就職協定の逸脱を助長させているとの批判報道がなされた（朝日新聞，1980）。

　その記事は紙面のほぼ半分を割くほどの扱いで，大見出し「解禁前に適性テスト」「リクルートで採点」，中見出し「大卒採用に400社利用」「労働省，事情聴く」などと，プロバイダが協定をないがしろにしているとの批判であった。採用活動はユーザの意思のもとで実施し，プロバイダがその活動を

適性テストというツールで支援するという関係であるが，普及が進みプロバイダに責任があるようにとらえられたものであろう。ちなみに，これに関わる追加報道や他紙の追随はなかったが，採用選考における適性テストの社会性が確認された一件となった。

（c）社会一般からの適性テスト批判

採用選考における適性テストが直接批判される社会運動の場面もあった。選考の公正性を支えているはずの適性テストの存在が社会的な差別解消のブレーキになっているとの批判が展開された。主に高校生の新卒採用の選考場面における性格的適性テストで，性格特性は社会的な差別が存在する環境で育った応募者は好ましい結果が得られにくく，適性テストを採否の基準にするのは公正性を欠くとの問題提起であったようである。また，具体的な質問項目の表現を取り上げて，差別を被っている受検者が不快に感じやすいとの指摘も組織的に行われた。教員によって受検した生徒の記憶が聞き取られ，県労働局を通じて労働省（当時）に問題提起され，労働省は当該ユーザを呼び出して当該テストの利用は慎重であるべきと意見した。

また，社会評論家も一般紙や書籍で，採用選考に適用される性格的適性テストに対する批判を展開した（佐高，1985）。テストの社会的な影響に関する問題意識で，声を上げにくい受検者感情を代弁するスタンスといえよう。そこには測定の質に関わる視点はなく，主に回答場面における受検者の心証という観点からの批判で，次のような記述がみられる。

> 「くだらない質問ばかり 500 題。適性検査ほど不快なものはない。5 回も受けさせられるこっちの身にもなってほしい。（中略）マル秘の，この試験問題を覗いてみよう。どちらかに○をつけよ，とあって『人生で大切なことは，A. やすらぎである，B. はりあいである』こうした問題がずらっと並ぶ。何回も受けていれば，今度はこのタイプでいってみようかとか，自分と逆の線でいってみようかとかいった気にもなるのではないだろうか。」（佐高，1985，pp. 79-80）

テストが社会的なシステムの一環である本質から考えると，測定技術の観点よりも社会的なコンセンサスを優先させる選択が求められるのは当然であろう。

(d) プロバイダ自身による社会的責任論議

採用選考を中心にして適性テストの浸透が進み，市場が拡大するとプロバイダが増え，採用選考に用いられる適性テストの社会的秩序に揺らぎが生じることになった。プロバイダ事業者は，相互に競合関係にあり，ビジネス展開は内容や適用法も多様であり，開発や提供のあり方の考えを1つにするのは簡単なことではない。そうした事情にありながら，10社によって前述の社会的批判やプロバイダ相互の係争事件などをレビューしつつ議論を重ね，人事テスト事業者自主規準が1996年に制定されている（大沢ら，2000）。

この自主規準は事業展開における規制が目指されたものではなく，テスト事業の社会的な意義に鑑み，相互に研鑽する申し合わせを決議する内容になっている。ちなみに，規準は15条からなり，前文には次のように謳われている。

> 「人事テストを開発し，頒布・採点等のサービスを行う我々人事テスト事業者は，人事テストが今日の産業社会と働く個人の職業生活に対して重要な役割を果たしつつある状況に鑑み，その事業の社会的責任を自覚するとともに，相互に協力，研鑽して事業の質を高めるべくここに自主規準を制定する。」（大沢ら，2000，p. 52）

以上適性テストの社会性について縷々述べてきたが，これらは乗り越えるべき課題とは異なり，適性テストのあり方に関する当事者の意識の問題であろう。最適解は社会文化の推移に伴って移り変わるもので，研究者，プロバイダ，ユーザなどの当事者が社会と対話をしながら議論を続けるべきものであろう。

7.6
採用選考における適性テストの源流

本章の最後に適性テストが普及した歴史を確認しておきたい。既述の内容と重なる一面もあるが，今後の展開を考えるヒントとしたい。

7.6.1　欧米の産業におけるテストの源流

　適性テストは，20世紀初頭に立ち上げられた心理学を基礎にしている。したがってその歴史も20世紀初頭より遡ることはない。また，経営人事に合理的なアプローチが必要になったのは，分業が進んだ組織においてであり，採用選考における適性テストも同様である。

　20世紀前半の欧米は，戦争を背景として産業の高度化が進展した時期である。第一次世界大戦，それに続く第二次世界大戦が，武器の開発競争，製造の能率向上競争を招来し，兵員・工具のマネジメントに注力された。産業心理学の草創期でもあり，実験心理学の手法によって，作業工程の分析技法や人と機械との適合性も研究された。研究成果としては，米国における大規模な兵員知能検査の実施，ヨーロッパにおける航空兵の心理検査の実施などがあげられている（豊原，1956）。

　その後，後世に大きな影響を与えた成果は，米国における「一般職業適性検査（GATB）」（1943年），「ミネソタ多面人格目録（MMPI）」（1940年）があげられよう。GATBは能力的適性テストに分類されるが，一般知的能力のみではなく，幅広く能力スキルを測定し，さまざまな作業との適合性を判定することが目指された。日本においては，このGATBをモデルにして「労働省版一般職業適性検査（GATB）」が1952年に開発され，その後改訂が加えられ，現在でも出版が継続されている。主に職業指導用として使われることが多いが，事業所用としても頒布されている（厚生労働省職業安定局，1983）。

　一方のMMPIは，性格的適性テストに分類される。日本版も開発され，病理診断の支援ツールとして機能している。しかしながら，一般企業における採用選考への適用は，病理に関わる項目表現の抵抗感や項目数の多さなどから限定的のようである。

7.6.2　日本の産業におけるテストの源流

　以上は，主に欧米の標準テストの開発の動きであるが，同時期の日本における企業の採用選考は，人材ニーズが旺盛ではなかったため，縁故，推薦，学業成績などの書類が中心で，選考の合理性や公正性は問われなかったよう

である。試験は一般教養，専門知識，作文などが適用されていたが，心理測定技術とは距離が置かれていた。この間の状況は，坂本（1977），尾崎（1967）などに詳しい。

しかし，日本の戦時においても心理学的アプローチがなかったわけではない（安藤，1923）。海軍において検査器具を用いて技能スキルを測定する個別検査法が残されている。さらに集団式知能検査の試みとしては，久保良英「団体的精神検査」「国民知能検査法」，淡路圓次郎他「軍隊性能検査」が伝えられている（鈴木，2013）。文献からは熱心な取り組みがうかがえるものの，現代の採用選考場面におけるテストとして生かされた形跡はうかがえない。

7.6.3　戦後の経済発展とプロバイダの登場

戦後の復興期になると，産業規模の拡大とともに高等教育を受けた人材のニーズが芽生えた。当初の基本的な方略は，名門大学，学部で優秀な成績を収めた身元が確かな学生を取り込んで，雇用を保証しつつ福利厚生を充実させながら，職務に必要な知識技術を獲得させるなど，育成的に処遇した。そして雇用保証の見返りに，勤務地や職務の割り当てなどの組織ニーズに対して全人格的な従属を求めるマネジメントで，これが戦後の経済発展を支えた。

その後人材ニーズが質・量ともに高まるに伴い，これまで述べたとおり応募者を広く募る方略が志向されるようになり，採用選考に適性テストが組み込まれるようになったのである。すなわち，一般公募によって能力的適性テストや性格的適性テストを適用することによって，公正な選考と採用事務の合理化が目指された。

この展開が具体化した背景には，本格的な心理測定技術に基づいた適性テストを，専門性を持ち合わせないユーザに知識と適用法を提供したプロバイダの出現があげられる。プロバイダは1970年代以降，しだいに受け入れられるところとなり，社会的な影響も大きくなった。そして1980年前後にはさまざまな社会的批判の目が向けられるまでに至ったのは既述のとおりで，テストの内容や適用のあり方などが見直され，選考ツールとして広く普及が進んだ。

7.6.4　現代テスト学と ICT のインパクト

　テストの技術は 20 世紀初頭より，いわゆる古典的テスト理論を背景にして，長年にわたって展開されてきたが，20 世紀後半になって，現代のテスト理論が誕生・普及したことによって，採用選考における適性テストにも進展がみられた。

　能力的適性テストの開発においては，項目反応理論（item response theory; IRT）を駆使することにより，編集や標準化などの工程が合理化された。また，適応型テスト（computer adaptive test; CAT）と称される適応型の能力的適性テストが実用化され，検査時間の節約や同じテスト版の繰り返しの適用が回避されるなど，直接，受検者，一般社会にも効用が伝わった。また，web による実施も，測定の精度や公正性を損なうリスクを孕みながらも，コロナ禍への対処策として急速に普及したように思われる。

7.7
まとめ──今後に向けて

　適性テストの技術は，20 世紀前半ごろからの進展であるし，日本における採用選考においては，第二次世界大戦後，それも本格的には 1970 年代以降といえるほどの短い経験にとどまる。また，適性テストのあり方は，流動的な社会経済や人材ニーズの動向によって今後も形を変えるものであろう。適性テストの今後を考える視点として次の 3 点をあげ，本章のまとめとしたい。

7.7.1　心理測定技術の基盤の重要性

　まず，社会経済が複雑化・流動化するに伴い，新奇な能力概念が直感によって構想しやすくなっている。また ICT の技術革新を背景にして，必要となる基本的な手続きに基づかないツールが流布しやすい環境になってきているともいえよう。流動的な情勢を背景にしては新奇な構想も必要であろうし，ICT によるテストサービスの革新は火急の課題であろう。しかしながら今後の展開においても，これまで培われた心理学の理論的な研究，妥当性検

証の蓄積などの基盤は，選考の合理性や社会的公正性を高めるうえで重要であり続けるはずである。

7.7.2　社会的な公正性の尊重

　入社の可否が決定づけられる採用選考は，受検者にとって大きな関門であり，緊張を強いるものであろう。しかしながら，選考結果の如何にかかわらず，心証を害するものであってはならないはずである。受検者の人権はもとより，心証を尊重したテストとその運用が選考プロセスを広く支えており，1つの社会的インフラになっているといえよう。裏返せば，この観点がないがしろにされた場合は，公正性を損なうツールとしてさまざまな社会的批判を甘受しなければならない。

7.7.3　プロバイダの社会的な責任

　適性テストを利用した採用選考を展開する当事者は，研究者・プロバイダ・ユーザの3者であるが，なかでもプロバイダの役割が大きいように思われる。プロバイダは，高度成長経済のもとで誕生し，研究開発，頒布，適用の全プロセスに関わり，適性テストによる選考プロセスを社会的インフラにまで高めたといっても過言ではなかろう。今後も心理学を基礎として技術革新を推進し，ユーザの公正な選考プロセスを支え続けることが期待されている。

引用文献

安藤謐次郎　(1923). 心理学的適性検査法（上巻・下巻）. 精神社.
安藤瑞夫(編)　(1966). 産業心理学. 有斐閣.
Deary, I. (2001). *Intelligence: A very short introduction.* Oxford University Press.（ディアリ, I. 繁桝算男(訳)　(2004). 知能. 岩波書店.）
Dunnette, M, D. (1966). *Personnel selection and placement. Behavioral science in industry series.* Wadsworth Publishing Company.（ダンネット, M. D.　豊原恒男・北村忠雄(訳)　(1969). 採用と配置（企業の行動科学3）. ダイヤモンド社.）
Judge, T. A., Heller, D., & Mount, M. K. (2002). Five-factor model of personality and job satisfaction: A meta-analysis. *Journal Applied Psychology*, **87**(3), 530-541.
児玉省　(1973). 野放しの心理テスト. 読売新聞　2月10日夕刊.

厚生労働省職業安定局　（1983）．厚生労働省編一般職業適性検査手引．雇用問題研究会．

日本テスト学会(編)　（2007）．テスト・スタンダード．金子書房．

日経連能力主義管理研究会　（1969，2001 復刻）．能力主義管理──その理論と実践．日経連出版部．

二村英幸　（1998）．人事アセスメントの科学．産能大学出版部．

二村英幸　（2001）．人事アセスメント入門．日本経済新聞社．

二村英幸　（2005）．人事アセスメント論．ミネルヴァ書房．

大沢武志　（1989）．採用と人事測定—人材選抜の科学．朝日出版社．

大沢武志・芝祐順・二村英幸(編)　（2000）．人事アセスメントハンドブック．金子書房．

尾崎盛光　（1967）．日本就職史．文藝春秋．

佐高信　（1985）．KK ニッポン就職事情（講談社文庫）．講談社．

坂本藤良　（1977）．日本雇用史（上・下）．中央経済社．

Schmidt, F. L., & Hunter, J. E. (1977). Development of a general solution to the problem of validity generalization. *Journal of Applied Psychology*, **62**, 529-540.

鈴木朋子　（2013）．1920 年代における集団式知能検査の変遷．日本心理学会第 77 回大会論文集，p. 2.

高橋潔・西田直史　（1994）．知的能力検査に関する妥当性一般化──メタ分析による結果．産業・組織心理学研究，**8**(1)，3-12.

豊原恒男　（1956）．産業心理学（増補版，現代心理学体系9）．共立出版．

都澤真智子・二村英幸・今城志保・内藤淳　（2005）．一般企業人を対象とした性格検査の妥当性のメタ分析と一般化．経営行動科学，**18**(1)，21-30.

8章
臨床におけるテストの利用
——自閉スペクトラム症（ASD）の臨床を中心として

8.1

はじめに

心理臨床といっても幅広いので，本章では筆者が専門とする自閉スペクトラム症（autism spectrum disorders; ASD）の診断や評価，そして支援に役立つテストについて述べることで，臨床におけるテストの利用とその意義について考えたい。

8.1.1　自閉スペクトラム症（ASD）と発達障害

ASD とは，「対人コミュニケーションの障害」と「こだわり」の2つを主兆候とする生まれつきで生涯続く障害であり，メタ分析の研究では有病率が1~2％と報告されており，決してまれな障害ではない（Lai et al., 2014）。日本でも，1.8％の有病率が報告されている（Kawamura et al., 2008）。「対人コミュニケーションの障害」とは，知的水準に見合った対人社会性が身についておらず，相互的な対人交流に障害を生じ，対人関係を築いたりそれを維持したりすることの難しさや身ぶりやアイコンタクトといった非言語性コミュニケーションの使い方の難しさなどをさす。「こだわり」は，極端な興味の狭さと没頭や日々のパターン化した行動への嗜好や感覚の鈍磨や過敏さなどをさす。ASD の症状の基本は生涯変わらないが，年齢や知的水準によって表現型は異なるので，テストはこうした要因による表現型の違いにも対応できるものでなくてならない。また，近年は成人期になって初めて診断を受ける人が増加している。こうしたケースはうつなどで一般精神科を受診し，その後に ASD と診断されることが多く，知的な遅れがなく ASD の症状も

目立たないので（Lehnhardt et al., 2012），的確な診断のための微妙な症状も把握できるテストが求められる。

　ASD を含む障害群である発達障害について，少し解説したい。米国精神医学会が定める診断基準の DSM-5（2013 年 5 月改訂）では，ASD は「神経発達症群（neurodevelopmental disorders）」というグループに含まれている。一般的に発達障害といわれるが，診断用語としては「神経発達症群」を用いるようになり，神経発達症群には ASD 以外に，知的能力障害群（intellectual disabilities; ID），コミュニケーション症群（communication disorders），注意欠如・多動症（attention-deficit/hyperactivity disorder; ADHD），限局性学習症（specific learning disorder; SLD），運動症群（motor disorders）が含まれている。これらの障害は重複して存在することが珍しくない。また，障害と非障害の間の線引きも曖昧なものとされ，症状を連続体（スペクトラム）としてとらえる。つまり，個人の症状は固定的ではなく流動的で多様性がある。そして，診断閾下の特徴をもつ人もおり，その人たちも環境によっては適応困難となり障害になりうるということである。こうしたことから，診断基準の DSM-5 では，適応という概念が重要視され，日常生活に適応していれば特徴があっても診断を下されない。

　日本において「発達障害」といった場合，通常「知的能力障害（知的障害）」は含まれていない。これは，法律で「知的能力障害」を「発達障害」に含めず，社会福祉的な支援が別個に設定されているからである。そのため，本章でも発達障害という場合は，知的能力障害を含まないものとする。

8.1.2　発達臨床におけるテストの意義

　臨床において，テストは何らかの問題が生じているときに実施することがほとんどである。例えば，学校での問題行動や学業不振，職場での不適応，何らかの精神的な不調などである。何もないのに，テストを受けることはまず考えられない。そして問題が生じたときにテストを実施するのは，もちろん診断・治療・支援を考えていくためである。テストは，観察や一般的な面接をするだけではとらえることのできない，受検者のさまざまな側面をつまびらかにしてくれる。それは治療や支援において不可欠なものだといえる。テストを含むアセスメントに基づかない治療や支援は，根拠のないものであ

り，百害あって一利なしといえるだろう。

　また，臨床において受検者の特徴や問題の原因を把握し，治療や支援をするうえでは包括的なアセスメント（標準化された客観性の高いテストと主観的ではあるが有用な行動観察や聞き取り情報などを含めたものと本章では定義する）であり，そのためには，テストバッテリーを組むことが重要である。つまり，ASD の特性があるのかどうかという診断を目的とするテスト（発達障害の特性を直接的に調べるテスト）のほかに，治療や支援のためには個々人の特性を調べる必要があり，適応行動，併存疾患，知的水準などを調べるテストなどを組んでいくことになる。ASD が含まれる発達障害の分野において，日本では，発達障害の特性を調べるテストの開発がアジアを含めた他の国に比べて大幅に遅れ，多くが 2010 年代に開発された。そのため，肝心な診断を目的とする発達障害の特性自体を調べるテストが臨床場面に普及しておらず，今まで臨床場面で広く使われてきた知能検査で代用しようとするのは残念なことである。

　そもそも目的に合っていないテストを用いることの弊害の 1 つは，テスト実施者の仮説に合うように，結果の解釈を歪曲してしまう可能性が高いことである。ウェクスラー系知能検査で ASD の特徴をとらえようとする研究が行われ，1970 年代から 1980 年代の研究では，特徴的なプロフィールが指摘された。しかし，その後，知的障害のない ASD について研究が行われるようになると，プロフィールに共通性を見いだすのは難しくなった。従来いわれていた典型的プロフィールは主に遅滞域の知的水準を中心とした ASD 群にみられ，知的障害のない ASD 群ではプロフィールは多様であるため共通性を見いだすことはできず，プロフィールから ASD の可能性があるか否かを判断することは難しいという結論に至った（Mesibov et al., 2006）。

　ウェクスラー系知能検査の結果のプロフィールから ASD の特徴はとらえられないという結論が出て 20 年近くたっても，日本ではいまだに指標や下位検査の評価点間に乖離（凹凸と表現されることが多い）があることで ASD の診断ができるという考えが残っているようである。こうした誤った考え方に陥っている心理士の報告書をみると，知能検査の結果から推測される困難イコール ASD の特性と考えており，その両者を混同していることがわかる。

こうした現実から導かれるのは，テストにはそれぞれ目的があり，それを理解したうえで利用することが最も重要だということである。優れたテストを作っても，利用する人によっては有効にも無効にもなる。ASD のテストに話を戻せば，ウェクスラー系知能検査（WISC や WAIS）は知的水準や知的認知の特徴を測るテストであり，もちろん知的障害の同定には非常に有効である。一方，ASD の特徴は「対人コミュニケーションの障害」と「こだわり」という問題である。どう考えも，知能検査の結果プロフィールから，こうした ASD の特性をみていくことは難しい。現在，多くの ASD の特性をみることのできる標準化されたテストがあるので，臨床の診断場面では，それらを利用すべきである。そして，支援においては，知的水準や認知特徴も重要な情報の1つであることから，知能検査ももちろん利用していくべきである。テストは使う人の使い方も重要であり，何を調べる検査かをよく考えたうえで使用してもらいたいと切に願う。

8.2
発達障害の支援のためのテストバッテリー

ASD を含む発達障害の特徴を調べるテストに関しては，「スクリーニング」と「診断・評価」に分けて考えると整理しやすい（図 8.1）。「スクリーニング」とは，何らかの障害や問題を抱えている可能性がある人を発見するためのアプローチである。スクリーニングの結果がそのまま診断となるわけではなく，診断にはさらに詳細な「診断・評価」のためのテストが必要である。スクリーニングには，1次スクリーニングと2次スクリーニングの2種類がある。1次スクリーニングとは，発達障害の可能性のほとんどない一般母集団において，何らかの問題のある対象を同定するものである。乳幼児健診のような地域で悉皆的に実施される1次スクリーニングは特に重要である。一方，2次スクリーニングは，発達障害の可能性の高い群を対象に実施されるもので，1次スクリーニングで発達障害の特徴があると判断されたケースや療育・医療・福祉機関などをすでに利用している発達障害の可能性の高いケースを対象に，ASD や ADHD などの弁別をするための検査ということになる。スクリーニングの方法としては，特定の障害に特化した質問紙，親へ

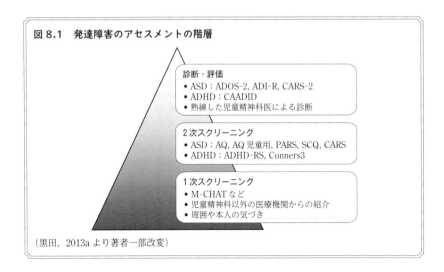

図 8.1　発達障害のアセスメントの階層

診断・評価
• ASD：ADOS-2, ADI-R, CARS-2
• ADHD：CAADID
• 熟練した児童精神科医による診断

2 次スクリーニング
• ASD：AQ, AQ 児童用, PARS, SCQ, CARS
• ADHD：ADHD-RS, Conners3

1 次スクリーニング
• M-CHAT など
• 児童精神科以外の医療機関からの紹介
• 周囲や本人の気づき

（黒田，2013a より著者一部改変）

の面接テストなどがあげられるが，結果はいずれも数量化される。スクリーニングは，その目的に応じて，対象年齢や使われる方法，調べられる内容も異なっているので，支援に役立つように適切なテストを選ぶことが肝要である。ただ，どのようなスクリーニングにおいても偽陰性が生じる可能性はあり，結果がカットオフ値を下回っていても，発達障害の可能性が完全に否定されるわけではないことに注意が必要である。その後，個々の特性をきめ細やかにみていくのが診断・評価であり，診断をするうえで必須である。

　発達障害の疑いがある場合，発達障害のスクリーニングを経て，より詳しい診断・評価のテストを行って診断に至る（図 8.2 参照）。ただし，治療や支援を考える場合には，以下の要素を考慮してテストバッテリーを組む必要がある。

　①発達障害の特徴

　②知的水準・認知特徴

　③適応行動の水準と特徴

　④感覚などの特徴

　⑤併存する他の発達障害や精神疾患

　⑥心理社会的・環境的状態

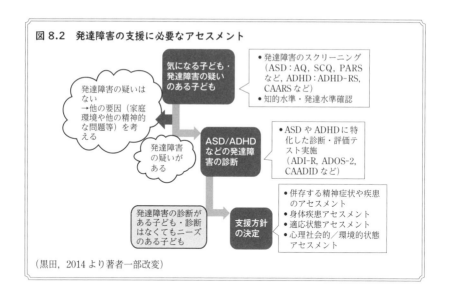

図 8.2　発達障害の支援に必要なアセスメント

気になる子ども・発達障害の疑いのある子ども
- 発達障害のスクリーニング（ASD：AQ, SCQ, PARS など, ADHD：ADHD-RS, CAARS など）
- 知的水準・発達水準確認

発達障害の疑いはない
→他の要因（家庭環境や他の精神的な問題等）を考える

発達障害の疑いがある

ASD/ADHD などの発達障害の診断
- ASD や ADHD に特化した診断・評価テスト実施（ADI-R, ADOS-2, CAADID など）

発達障害の診断がある子ども・診断はなくてもニーズのある子ども

支援方針の決定
- 併存する精神症状や疾患のアセスメント
- 身体疾患アセスメント
- 適応状態アセスメント
- 心理社会的／環境的状態アセスメント

（黒田, 2014 より著者一部改変）

8.2.1　発達障害の包括的アセスメント

　ASD, ADHD, SLD などの発達障害について，近年，国際的なテストの日本語版や日本国内で開発されたものが整備されてきている。ASD の特徴をとらえるテストについては後述する。

8.2.2　知的水準・認知特徴を調べるテスト

　前述のように，ウェクスラー系知能検査によって発達障害の診断的な特徴はわからないが，教育的配慮や助言といった支援をする場合は知的水準や発達水準を考慮する必要があるので，こうしたテストも実施しておく必要がある。

8.2.3　適応行動のテスト

　発達障害の支援の最終目的を，日常生活の適応の向上であると考えると，現状の適応行動の水準を把握しておくことも，支援のうえでは非常に重要である。前述のように，DSM-5 にも適応できているかどうかが診断基準とし

て盛り込まれたことにより，さらに適応行動をみていこうとする機運が高まっている。

　通常，知的機能と適応行動は正の相関を示すが，発達障害の場合，知的水準から期待されるような適応行動の達成は難しいと報告されている。特にASDでは，その個人がもっている知的機能よりも適応水準がかなり下回ることが多く，特に知的障害のない高機能のASDの人でその傾向がある（Kanne et al., 2011）。また，ASDの特性の重症度からも適応水準は予測できないという報告がある（Klin et al., 2007）。こうした点からも，適応水準を調べることのできるテストを使用していくことが重要である。ただ，最近まで日本には広い年齢帯で使える標準化された適応行動のテストがなかった。2014年に約1400名の日本人を対象に標準化された日本版Vineland-II適応行動尺度が刊行されたが，これは0〜92歳までの適応行動を調べることができる非常に有用なテストである。

　Vineland-II適応行動尺度について少し詳しく説明すると，これは適応行動の「コミュニケーション」「日常生活スキル」「社会性」「運動スキル」という4領域から構成され，それぞれの領域に下位領域がある。その下位領域に多くの質問が用意されており，適応行動を多面的にとらえることができる。受検者の年齢によって実施しない領域および下位領域があり（表8.1），「運動スキル」は，受検者が7歳未満と50歳以上の場合に実施し，「コミュニケーション」の下位領域である「読み書き」は受検者が3歳以上から，「日常生活スキル」の下位領域である「家事」は1歳以上からそれぞれ実施可能である。問題行動を評価することもでき，「不適応行動」領域は3歳以上の受検者に関して，「内在化問題」「外在化問題」「その他の問題」「重要事項」という領域について評価できる。

　Vineland-IIの適応行動総合点および各領域ではウェクスラー系知能検査と同様，平均を100，標準偏差を15とした尺度上の標準スコアが得られ，IQとの比較が可能である。また，下位領域では平均を15，標準偏差を3としたv-評価点が得られる。不適応行動についても，それぞれの領域で評価点が得られる。前述したように，ASDやADHDでは，知能水準から期待される適応行動の水準を大幅に下回ることが多いので，IQと比較できることには大きなメリットがある。

表 8.1　Vineland-II 適応行動尺度の領域と下位領域

セクション	領域	下位領域	項目数	対象年齢
適応行動	コミュニケーション	受容言語	20	0歳～
		表出言語	54	0歳～
		読み書き	25	3歳～
	日常生活スキル	身辺自立	43	0歳～
		家事	24	1歳～
		地域生活	44	1歳～
	社会性	対人関係	38	0歳～
		遊びと余暇	31	0歳～
		コーピング	30	1歳～
	運動スキル	粗大運動	40	0～6歳, 50歳～
		微細運動	36	0～6歳, 50歳～
不適応行動	不適応行動	内在化	11	3歳～
		外在化	10	3歳～
		その他	15	3歳～
		重要事項	14	3歳～

（黒田，2013b より著者一部改変）

8.2.4　感覚などのテスト

　発達障害では，感覚の過敏さ・鈍感さや不器用といった感覚や運動面の問題が併存する場合もある。DSM-5 の ASD の診断基準にも感覚の過敏さ・鈍感さが加えられている。感覚の偏りについては，ADOS-2 や ADI-R の中でも ASD に特有な感覚の特徴の項目が用意されている。また，2015 年に日本版感覚プロファイル（辻井，2015）が刊行され，感覚面を詳しく調べることができるようになった。これは，米国で開発された Sensory Profile（Brown & Dunn, 2002; Dunn, 1999, 2002）を日本で再標準化したものである。感覚プロファイルには，乳幼児版（0～6 カ月児用と，7～36 カ月児用），3～10 歳用，青年・成人版（11 歳以上）がある。保護者などによる他者評価であるが，青年・成人版については自己評価版もある。他者から見た場合の感覚面の特徴と自覚される特徴を比較することもできる。質問項目は，「聴覚」「視覚」などの感覚の各領域の粗点を標準サンプルにおけるパーセンタイルによってカットオフ値を定めている。

8.2.5 併存疾患や心理社会的・環境的への配慮

　支援のためには，併存する発達障害やうつや不安障害といった精神症状などを調べることが重要である。すでに学童期において，不安障害や気分障害などの併存がみられることが明らかになっている。青年期・成人期においては，さらにこうした精神疾患の併存率が上がるので，精神疾患について考慮すること，また，発達障害の可能性のある人の自己理解や，その人を取り巻く家族，学校，職場，地域などについても聞き取りや実際に訪問するなどして情報を収集し検討することが不可欠である。

8.3
ASD のテスト

　ASD では早期介入により，対人コミュニケーションの改善がみられるという複数の報告があり（Dawson et al., 2010; Hayward et al., 2009; Kasari et al., 2014），早期支援につながる早期発見の重要性に対する認識が高まってきている。特に 1 次スクリーニングは早期発見に有効であり，日本では乳幼児期自閉症チェックリスト修正版（Modified Checklist for Autism in Toddlers; M-CHAT: Robins et al., 2001）が最も普及している。1 歳 6 カ月健診で使用する自治体も増えている。M-CHAT の対象児は 16～30 カ月で，養育者を回答者とする他者記入式質問紙となっている。全 23 項目から構成され，「はい」「いいえ」の 2 件法で回答し，回答時間は約 5 分である。発達の個人差を考慮し，質問紙への回答と 1～2 カ月後の電話面接の 2 段階スクリーニングとなっている。

8.3.1 ASD の 2 次スクリーニング・ツール
（a）対人コミュニケーション質問紙（SCQ）

　対人コミュニケーション質問紙（Social Communication Questionnaire; SCQ: Rutter et al., 2003）は，2 次スクリーニング用の他者記入式質問紙である。40 項目の質問に対し，養育者が「はい」「いいえ」の 2 件法で回答する。回答時間は約 10 分である。対象年齢は，生活年齢が 4 歳以上，精神年

齢が2歳以上であるが，カットオフ値を修正すれば生活年齢3歳以上で使用できる（Corsello et al., 2007; 黒田ら，2013）。項目には，ASDの中核的症状と言語の有無についての質問が含まれる。異常な行動がある場合に1点，ない場合に0点と採点し，言語の有無については合計点に加えないため，総合得点の分布は0点から39点までになる。SCQには，生まれてから現在までについて回答する「誕生から今まで」版と，現在の状態（過去3カ月）について回答する「現在」版の2種類がある。「誕生から今まで」版では，ASD症状が最も顕著な4，5歳時点に焦点を当てて評価する項目が用意されており，実施時の年齢に関係なくASD症状の評価ができる。

（b）小児自閉症評定尺度（CARS, CARS2）

小児自閉症評定尺度（Childhood Autism Rating Scale; CARS: Schopler et al., 1986）は，人との関わりや変化への適応，感覚などの15分野について，ASDの可能性のある人の直接行動観察あるいは親からの聴取により専門家が，重症度に応じて1点から4点まで0.5点刻みで評定し，総合得点を算出してその得点に応じてASDかどうかだけでなく，重症度も調べることができる。

2012年に，それまでのCARSをCARS2-ST（CARS2標準版）とし，親や養育者が記入するCARS2-QPC（CARS2保護者用質問紙）と，IQ 80以上の流暢な言語水準の6歳から成人までのASDの評価にも対応するCARS2-HF（CARS2高機能版）が加わった，CARS2が開発された（Schopler et al., 2010）。CARS2-HFでは，知的に遅れのない受検者に合わせ修正された15分野について，CARSと同様に採点を行う。T得点とパーセンタイルが算出でき，受検者の特徴はASD全体のどこに位置づけられるかを把握できる。日本語版も刊行されているが，日本での標準化は行われていない（内山ら，2020）。

（c）親面接式自閉スペクトラム症評定尺度テキスト改訂版（PARS-TR）

親面接式自閉スペクトラム症評定尺度 テキスト改訂版（Parent-interview ASD Rating Scale-Text Revision; PARS-TR）は日本で開発されたスクリーニング・ツールである（PARS委員会，2013）。養育者に対して専門家が半

構造化面接を行って評定する。対象年齢は明記されていないが，質問内容から3歳以上成人までと考えられる。PARS-TRには幅広い年齢帯をカバーするために就学前（幼児期），小学生（児童期），中学生以上（思春期・成人期）という3つの年齢帯の質問が用意され，57項目で構成されている。面接時間は1時間弱である。評定者は，ASDに特徴的な行動および困難度を養育者から聴取し，3段階（0＝なし，1＝多少目立つ，2＝目立つ）で評価する。各年齢帯に短縮版もあって，ASDの中核的症状と関連する各12項目による短時間での評定が可能で，一般精神科，小児科，療育機関や福祉施設などの臨床の場で使いやすい。

(d) 自閉症スペクトラム指数（AQ）

自閉症スペクトラム指数（Autism-Spectrum Quotient; AQ: Baron-Cohen et al., 2001），児童用自閉症スペクトラム指数（Autism-Spectrum Quotient; 児童用AQ: Auyeung et al., 2008）は，DSM-5の診断基準にも取り入れられたASDがスペクトラムであるという仮説あるいはその理論に則って開発されたものである。スペクトラムを仮定した場合，個人のASDの特性を定量化すると，ASD群と定型発達群を識別できるだけでなく，ASDから定型発達へ連なる連続性も示されると考えられる。つまり，診断には至らないグレーゾーンも位置づけられるという点で有効である。

AQは，16歳以上の知的障害のない児・者を対象とする自記式質問紙で，回答時間は約15分である。構成は，ASDを特徴づける症状の5つの領域である「社会的スキル」「注意の切り替え」「細部への注意」「コミュニケーション」「想像力」について各10問ずつからなる下位尺度があり，全体で50項目となっている。「あてはまる」「どちらかといえばあてはまる」「どちらかといえばあてはまらない」「あてはまらない」の4件法である。ただし，採点では，各項目でASD傾向とされる側に回答をすると1点が与えられ，ASD傾向ではない側に回答すると0点が与えられる。得点は0～50点に分布し，得点が高いほどASD傾向が強いことを示す。児童用AQの構成もAQと共通で，5領域からなる50項目の質問紙であるが，養育者が記入する他者評価式となっている。児童用AQ日本語版は対象年齢が6～15歳で，その標準化の研究の結果は，AQと同様に高い信頼性と妥当性を示している

(Wakabayashi et al., 2007)。

8.3.2　ASD の診断・評価のテスト

　2次スクリーニングを経て，ASD の可能性が高まった場合，支援を考えるうえで，さらに行動の特徴を詳しくみるための評価が必要となる。また，診断においても診断基準があれば正確な診断ができるわけではない。ある行動が診断基準に定められた項目に合致するかどうかの境界線は曖昧で，評定者の判断に委ねられるからである。このため評定者の経験や知識や価値観というバイアスを除外できず，診断の均質性や妥当性が担保されないという問題が生じる。特に軽症例や他の精神疾患の併存例は診断が難しく，誤診が生じやすい。そのため欧米では，DSM に基づいた診断を的確に実施するための診断補助のテストが 1990 年代から開発されてきた。なかでも ASD の診断用テストのゴールド・スタンダードとされるのが，ADI-R（Autism Diagnostic Interview-Revised; 自閉症診断面接 改訂版：Rutter et al., 2003）と ADOS-2（Autism Diagnostic Observation Schedule-Second Edition; 自閉症診断観察テスト第 2 版：Lord et al., 2012）である。

　この 2 つのツールは，米国の Lord や英国の Rutter など著名な心理学者・児童精神科医のグループによって，診断の妥当性を担保するために研究用として開発されたものだが，もちろん「対人コミュニケーション」や「こだわり」の様子を詳細にみることから，臨床的にもきわめて有用である。診断に必要となる患者の情報を系統的かつ効率的に収集でき，アルゴリズムを使って診断分類ができるため，熟練した精神科医でなくとも高い精度の診断を実現できるというメリットがある。ADI-R は，ASD 児・者の養育者を回答者とし，対象の乳幼児期から現在の行動までを詳細に聞いていくテストである。ADOS-2 は，ASD 児・者本人を対象とする行動観察によるアセスメントで，現在の相互的対人関係と意思伝達能力，常同行動と限局された興味を把握できる。すなわち，ADI-R は「過去の行動特性」から，ADOS-2 は「現在の行動特性」から診断に必要が情報を収集でき，両者は相補的役割を果たしているといえる。

(a) ADI-R

ADI-R は，ASD 当事者を対象として，その養育者を回答者とする半構造
化面接によって，発達歴や日常生活の行動など ASD 診断に関連する特定領
域の情報を収集できるテストであり，主に幼児期の特性から ASD の診断を
判定する。オリジナルの ADI（Autism Diagnostic Interview: Le Couteur et
al., 1989）は面接時間が 2~3 時間と長く，また対象年齢が 5 歳以上とされ
ていたため早期発見に対応できないという問題もあり，1994 年に改訂版と
して ADI-R が発表された。ADI-R の面接時間は 90 分~2 時間に短縮され，
対象年齢も 2 歳以上と変更された。テスト対象となるのは，一般精神科や
小児科から ASD の可能性があるとして紹介されたケース，診断前のスク
リーニング・ツールとして開発された前述の SCQ がカットオフ値を超えて
いるケースなど，ASD が疑われる者である。

ADI-R には，ASD 関連行動を中心に，「初期発達」「言語と意思伝達機能」
「社会的機能と遊び」「興味と行動」などの領域について，93 項目の質問が
用意されている。回答は基準に従ってコーディングされる（0＝問題とされ
る行動はない，1＝なんらかの問題がある，2＝明確な問題がある，3＝明
確な問題がありそれが生活上の大きな支障となっている）。各質問において，
「現在の症状」および 4~5 歳の間で最も異常な場合を中心とする「過去の
症状」をセットにして把握していく。質問が終わったら，最終的に診断基準
に適合する項目から構成されたアルゴリズムへとコードを転記する。アルゴ
リズムには「①対人的相互反応の質的異常」「②意志伝達の質的異常」「③反
復的，常同的な行動様式や興味」「④発症年齢」の 4 領域が含まれる。また，
「診断アルゴリズム」と「現在症アルゴリズム」の 2 種類が用意されている。
診断は「診断アルゴリズム」に基づいて判定され，前述の 4 領域の項目の
コードの合計点が得点となり，それぞれにカットオフ値が示されている。
「現在症アルゴリズム」は，養育者が考える子どもの問題を把握したり，介
入前後に実施して介入効果を測定したりすることができる。

ADI-R の限界として，回答者の症状の認識や記憶が強く影響することが
あげられる。例えば，回答者（養育者）が子どもの症状にあまり気づかない
場合カットオフ値を超えない。特に対象が成人期にあると，回答者（養育

者）の記憶が曖昧だったり症状への気づきが少ないために，カットオフ値を超えないことも多い。日本語版も刊行されており（土屋ら，2015），日本での妥当性と信頼性の検討も行われている（Tsuchiya et al., 2013）。

（b）ADOS-2

ADOS-2 は，ASD 当事者を対象とする半構造化面接を通した行動観察テストであり，現在の相互的対人関係と意思伝達能力，常同行動と限局された興味を把握できる。

ADOS-2 は，12 カ月の幼児（非言語性精神年齢 12 カ月以上）から成人までの幅広い年齢帯を対象とし，年齢と言語水準に応じた 5 つのモジュールから構成されている。Lord らが作成した自閉症診断観察スケジュール（Autism Diagnostic Observation Schedule; ADOS: 3 歳の言語レベル以上：Lord et al., 1989）と，DiLavore et al.（1995）が作成した前言語自閉症診断観察スケジュール（Pre-Linguistic Autism Diagnostic Observation Schedule; PL-ADOS: 表出言語のない子ども用）が基盤となっている。この 2 つのアセスメント・ツールは対象年齢によっては診断の感受性や特異度が下がるという問題点が開発者自らによって指摘されたため，2000 年に ADOS-G として 1 つに統合され，年齢と言語水準によって 4 モジュールに分けられた（Lord et al., 2000）。日本での信頼性・妥当性の予備的検討が行われた（黒田ら，2012）。その後，2012 年には，ADOS-G に 12～30 カ月の幼児に使用できる「乳幼児モジュール（Toddler Module: モジュール T）」を加えた ADOS-2 が刊行された。ADOS-2 ではモジュール 1～3 では DSM-5 に応じて診断精度を高めるようにアルゴリズムが改定された（Gotham et al., 2008; Gotham et al., 2007）。さらに，モジュール 1～3 までの重症度（比較得点）が求められるようになった（Gotham et al., 2009）。各モジュールの対象は，モジュール T：無言語～1，2 語文レベル（推奨年齢 12～30 カ月），モジュール 1：無言語～1，2 語文レベル（推奨年齢 31 カ月以上），モジュール 2：動詞を含む 3 語文以上～流暢に話さないレベル，モジュール 3：流暢に話す幼児～青年前期（推奨年齢 4 歳以上～15 歳），モジュール 4：流暢に話す青年後期～成人（推奨年齢 16 歳以上）となっており，表出言語水準（知的水準）と年齢よる表現型の違いに対応できるようになっている。実施

時間は，すべてのモジュールで 40 分～1 時間である。

　ADOS-2 は対象の行動や回答内容をみるため，遊びなどの活動や質問項目が設定された半構造化面接となっている。各課題で観察されるべき行動は複数あり，観察後の評定を念頭に置きながら把握すべき行動（アイコンタクト，表情，身ぶり，対人コミュニケーション）を記録する。観察された行動について，「A. 言語と意思伝達」「B. 相互的対人関係」「C. 遊び（あるいは）C. 想像力/創造性」「D. 常同行動と限定的興味」「E. その他の異常行動（ASD に併存しやすい多動や不安といった症状)」の5領域を構成する約30項目について ADI-R と同じ基準に従ってコーディングされる。

　さらにコーディング項目の中から，現在の診断基準に最も適合する項目が抽出され，診断アルゴリズムが構成され，項目のコードの合計点を得点として，これを用いて「自閉症」「自閉症スペクトラム」「非自閉症スペクトラム」という診断分類（モジュール T では懸念の程度で分類）を行う。

　ADOS-2 の臨床的有用性は，対人コミュニケーション行動をテスト場面で最大限引き出せるような課題が設定され，養育者の記憶や子どもの症状への感受性に依存することなく，専門家が直接観察で行動を段階評定できる点である。実際のコミュニケーションの様子を詳細に評価できるという点では，現在，唯一のテストともいえる。日本語版も刊行されており（黒田・稲田，2015)，日本での信頼性・妥当性の検討が現在進められている。

8.4
架空事例から発達障害のテストを考える

　【事例 A】　小学校のころから友人はおらず，中学校ではいじめを受けたこともある。真面目で成績もよく大学に進学した。大学では PC 部に入り親友もできたが，卒業後は付き合っていない。大学を卒業後一般企業に就職したが，対人面の難しさから 20 代後半でうつ状態となる。何度かうつ状態となり，その治療過程で主治医より発達障害専門の医療機関を紹介された。職場では，会議の内容がつかめないことや上司の指示がよくわからないことがある。趣味は PC や機械いじりで，一人で部品を買いに出かけたりもする。

　A の診断および支援のためのテストバッテリーとして，以下が考えられ

た。

①発達障害の特徴：AQ, ADOS-2, ADI-R

②知的水準・認知特徴：WAIS-IV 知能検査

③適応行動の水準と特徴：Vineland-II 適応行動尺度

④感覚の特徴：ADOS-2, ADI-R

⑤併存する他の発達障害や精神疾患の状態：医療紹介状および ADHD に
ついては Conners' Adult ADHD Rating Scale（CAARS）と Conner's
Adult ADHD Diagnostic Interview for DSM-IV（CAADID）

⑥心理社会的・環境的状態：ADI-R と Vineland-II の中で聞き取り
実施した主な検査の結果を示す。

【ASD の特徴】

AQ　24（カットオフ値＝33）

ADOS-2 アルゴリズム得点：

意思伝達　4（自閉症カットオフ値＝3）

相互的対人関係　9（自閉症カットオフ値＝6）

意思伝達＋相互的対人関係　合計12（自閉症カットオフ値＝10）

想像力/創造性　1，常同行動と限定的興味　3

ADI-R アルゴリズム得点：

(A)　相互的対人関係の質的異常　24（自閉症カットオフ値＝8）

(B)　意思伝達の質的異常　14（自閉症カットオフ値＝7）

(C)　限定的・反復的・常同的行動様式　6（自閉症カットオフ値＝3）

(D)　生後36か月までの顕在化　4（自閉症カットオフ値＝1）

【知的水準・認知特徴】　WAIS-IV 知能検査

FSIQ：111

VCI（言語理解指数）：117

PRI（知覚推理指数）：103

WMI（ワーキングメモリー指数）：106

PSI（処理速度指数）：105

【適応行動の水準】　Vineland-II 適応行動尺度の結果

適応行動総合点が48，領域標準得点はそれぞれ，コミュニケーション
58，日常生活スキル70，社会性46となっている。

【併存疾患】
　うつ状態は改善していた。CAARS と CAADID の結果は ADHD の不注意
型を示した。

　これらの結果のうち ASD の特性について考えてみると，ADOS-2 の結果
からは，意思伝達・相互的対人関係・その両方がカットオフ値を超えてい
て，ASD の特徴があることが示されている。ADI-R の結果から，4 領域す
べてがカットオフ値を超えており，これらの 2 つの診断・評価のテスト結
果から，ASD が強く示唆される。にもかかわらず，AQ の値はカットオフ
値以下であり，ASD 特性への自己認識は不良と考えられる。
　ADOS-2 の結果を詳細に紹介すると，以下のように記述される。記述内
容は得点化される（テストの機密性から項目などは本章では公開できない）。
　ADOS-2 では，診断基準の第 1 の特徴である「対人コミュニケーション」
について，理解に関して大きな問題はなかった。表出面でも，文法的に正し
く長い文で話すことができた。ただ，会話の中に，四字熟語を頻繁に入れた
り，書き言葉のような話し方がみられたりした。一方的に話すことが多く，
会話の相手（検査者）の知識に配慮して，出来事などを説明することには難
しさがあった。また，相手の経験や気持ちに興味をもって尋ねてくることは
ほとんどなく，相づちや叙述的なジェスチャーも見られなかった。会話時は
視線が合うこともあったが，パズルや絵地図などの検査道具があると，そち
らをじっと見つめていて検査者を見ることはほとんどなかった。他者の表情
に気づいたり感情を理解したりすることが難しく，同時に自分自身の感情の
表現にも難しさがあった。対人関係についての説明も信頼関係などに言及す
ることができなかった。
　診断基準の第 2 の特徴である「こだわり」については，絵地図について
話す課題では，最初指さしをしながら絵について説明し，その後，検査者が
話題を変えて別の話題についてしばらくは会話した。しかし，また，絵地図
の内容について指さししながら話し始め，切り替えの悪さやこだわりがうか
がわれた。また，休憩時間に出されたグッズを，最初とまったく同じように
きちんと並べるこだわりも見られた。
　さらに，Vineland-II 適応行動尺度の結果も合わせて考えてみる（図 8.3）。

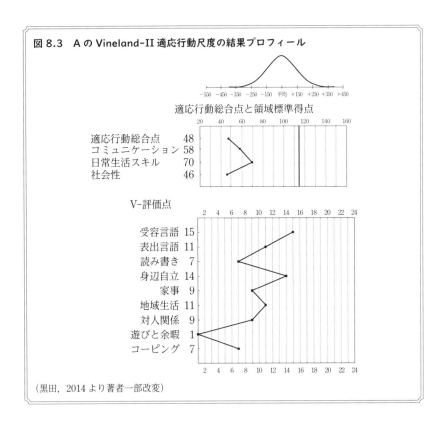

図 8.3　A の Vineland-II 適応行動尺度の結果プロフィール

-550 -450 -350 -250 -150 平均 +150 +250 +350 +450

適応行動総合点と領域標準得点

20　40　60　80　100　120　140　160

適応行動総合点	48
コミュニケーション	58
日常生活スキル	70
社会性	46

V-評価点

2　4　6　8　10　12　14　16　18　20　22　24

受容言語	15
表出言語	11
読み書き	7
身辺自立	14
家事	9
地域生活	11
対人関係	9
遊びと余暇	1
コーピング	7

2　4　6　8　10　12　14　16　18　20　22　24

（黒田，2014 より著者一部改変）

WAIS-IV 知能検査と比較すると，A の IQ は平均の上であり「言語理解指数」が高いが他の指数も平均的である。知的水準に比べて，適応行動総合点および各領域の適応行動の得点が低いことがわかる。特に「コミュニケーション領域」と社会性領域の得点が低い。認知テストで測られる言語の能力が高いのに現実にはコミュニケーション能力が低く，会話をしたり人に自分の気持ちを伝えたり，他者の気持ちや考えを聞いたりすることが苦手なASD の人は多い。このように Vineland-II 適応行動尺度によって WAIS-IVの「言語理解指標」と日常生活での対人的なコミュニケーション能力の乖離を，数値で知ることができる。また，Vineland-II 適応行動尺度の結果には，ASD の主症候である対人コミュニケーションの障害が反映されているといえる。

下位領域では，「受容言語」が平均域にある以外は，ほとんどの下位領域がやや低い水準で，「読み書き（新聞を読まない，事務的な手紙を書かないなど）」「遊びの余暇（友人との外出等がないなど）」「コーピング（秘密を必要なだけ黙っておく，危険を察知して近づかないなどが難しいなど）」は特に低い。このように低い下位領域の通過しなかった項目をみると，今後の支援方針がわかる。今後，Aが身につけるとよいスキル（新聞を読む習慣を身につける，事務的な手紙を書くスキルを身につけるなど），支援者の介入が必要なこと（人に黙っておく必要のあることや危険に気づいたりすることが難しいので支援者と相談していくなど）などを考えていける。このように，結果から支援目標の現実的なヒントを得ることができる。

　Aの勤務上の困難は，「職場では，会議の内容がつかめないことや上司の指示がよくわからないことがある」「人付き合いがうまくいかないことからうつ状態となった」ということであった。Aの知的水準は平均の上であり言語理解指数は特に他の指数に比較して高くなっているが，他の指数も特別低いものはなく平均的な値である。AのWAIS-IV知能検査の結果から日常生活で起こっている困難の原因を求めることは難しい。やはり，ASDの特性やADHDの特性によるものだと考えられるので，対応としては，視覚支援や会議内容を後で聞き取れるようにしておくなどの工夫やADHDについては，薬物療法なども考えられる。

8.5
まとめ

　ASDの臨床で使われるテストを中心に紹介し，また，そのテストバッテリーについて解説した。ASDなどの発達障害の診断や支援に役立つ情報を集めるためには，その目的に合ったテストを使用する必要があり，うまくバッテリーを組むことで有効な支援につながる。テストを選ぶときは，標準化された，できればグローバルスタンダードなテストを実施することが望まれる。臨床場面においてテストをする意義とは，テストを受ける人の現状を的確にとらえ，その人の生活がより良いものになるような治療や支援の方法を考えることができることといえよう。

引用文献

Auyeung, B., Baron-Cohen, S., Wheelwright, S., & Allison, C. (2008). The Autism Spectrum Quotient: Children's Version (AQ-Child). *Journal of Autism and Developmental Disorders*, **38**(7), 1230-1240.

Baron-Cohen, S., Wheelwright, S., Skinner, R., Martin, J., & Clubley, E. (2001). The autism-spectrum quotient (AQ) : Evidence from Asperger syndrome/high-functioning autism, males and females, scientists and mathematicians. *Journal of Autism and Developmental Disorders*, **31**(1), 5-17.

Corsello, C., Hus, V., Pickles, A., Risi, S., Cook, E. H., Jr., Leventhal, B. L., & Lord, C. (2007). Between a ROC and a hard place: decision making and making decisions about using the SCQ. *Journal of Child Psychology and Psychiatry*, **48**(9), 932-940.

Dawson, G., Rogers, S., Munson, J., Smith, M., Winter, J., Greenson, J., ... Varley, J. (2010). Randomized, controlled trial of an intervention for toddlers with autism: The Early Start Denver Model. *Pediatrics*, **125**(1), e17-e23.

DiLavore, P. C., Lord, C., & Rutter, M. (1995). The pre-linguistic autism diagnostic observation schedule. *Journal of Autism and Developmental Disorders*, **25**(4), 355-379.

Gotham, K., Pickles, A., & Lord, C. (2009). Standardizing ADOS scores for a measure of severity in autism spectrum disorders. *Journal of Autism and Developmental Disorders*, **39**(5), 693-705.

Gotham, K., Risi, S., Dawson, G., Tager-Flusberg, H., Joseph, R., Carter, A., ... Lord, C. (2008). A replication of the Autism Diagnostic Observation Schedule (ADOS) revised algorithms. *Journal of the American Academy of Child & Adolescent Psychiatry*, **47**(6), 642 -651.

Gotham, K., Risi, S., Pickles, A., & Lord, C. (2007). The Autism Diagnostic Observation Schedule: Revised algorithms for improved diagnostic validity. *Journal of Autism and Developmental Disorders*, **37**(4), 613-627.

Hayward, D., Eikeseth, S., Gale, C., & Morgan, S. (2009). Assessing progress during treatment for young children with autism receiving intensive behavioural interventions. *Autism*, **13**(6), 613-633.

Kanne, S. M., Gerber, A. J., Quirmbach, L. M., Sparrow, S. S., Cicchetti, D. V., & Saulnier, C. A. (2011). The role of adaptive behavior in autism spectrum disorders: implications for functional outcome. *Journal of Autism and Developmental Disorders*, **41**(8), 1007-1018.

Kasari, C., Kaiser, A., Goods, K., Nietfeld, J., Mathy, P., Landa, R., ... Almirall, D. (2014). Communication interventions for minimally verbal children with autism: a sequential multiple assignment randomized trial. *Journal of the American Academy of Child & Adolescent Psychiatry*, **53**(6), 635-646.

Kawamura, Y., Takahashi, O., & Ishii, T. (2008). Reevaluating the incidence of pervasive developmental disorders: impact of elevated rates of detection through implementation of an integrated system of screening in Toyota, Japan. *Psychiatry and Clinical Neuroscience*, **62**(2), 152-159.

Klin, A., Saulnier, C. A., Sparrow, S. S., Cicchetti, D. V., Volkmar, F. R., & Lord, C. (2007). Social and communication abilities and disabilities in higher functioning individuals with autism spectrum disorders: The Vineland and the ADOS. *Journal of Autism and Developmental Disorders*, **37**(4), 748-759.

黒田美保（2013a）．発達障害のアセスメントを知る――発達障害の特性把握のためのアセスメント．臨床心理学，**13**，473-478.

黒田美保（2013b）．知的機能と適応行動のアンバランス．児童心理，2013年12月臨時増刊（第67巻，第18号），26-31.

黒田美保（2014）．心理学的見方から――ASDのアセスメント（特集：自閉症スペクトラム障害）．心理学ワールド，**67**，9-12.

黒田美保・稲田尚子(監修・監訳)（2015）．ADOS-2日本語版（自閉スペクトラム症評価のための半構造化観察検査）．金子書房.

黒田美保・稲田尚子・内山登紀夫 （2013）．SCQ日本語版（対人コミュニケーション質問紙）．金子書房.

黒田美保・稲田尚子・行廣隆次・内山登紀夫・廣瀬公人・宇野洋太・神尾陽子 （2012）．Autism Diagnostic Observation Schedule-Genetic（ADOS-G）日本版全モジュールの信頼性と妥当性に関する研究．厚生労働科学研究費補助金（障害者対策総合研究事業）（精神障害分野）研究報告書，pp. 37-43.

Lai, M. C., Lombardo, M. V., & Baron-Cohen, S. (2014). Autism. *Lancet*, **383**(9920), 896-910.

Le Couteur, A., Rutter, M., Lord, C., Rios, P., Robertson, S., Holdgrafer, M., & McLennan, J. (1989). Autism diagnostic interview: A standardized investigator-based instrument. *Journal of Autism and Developmental Disorders*, **19**(3), 363-387.

Lehnhardt, F. G., Gawronski, A., Volpert, K., Schilbach, L., Tepest, R., & Vogeley, K. (2012). Psychosocial functioning of adults with late diagnosed autism spectrum disorders–a retrospective study. *Fortschritte der Neurologie-Psychiatrie*, **80**(2), 88-97.

Lord, C., Risi, S., Lambrecht, L., Cook Jr, E. H., Leventhal, B. L., DiLavore, P. C., ... Rutter, M. (2000). The Autism Diagnostic Observation Schedule-Generic: A standard measure of social and communication deficits associated with the spectrum of autism. *Journal of Autism and Developmental Disorders*, **30**(3), 205-223.

Lord, C., Rutter, M., DiLavore, P., Risi, S., Gotham, K., & Bishop, S. (2012). *Autism Diagnostic Observation Schedule* (2nd ed.). Western Psychological Services.

Lord, C., Rutter, M., Goode, S., Heemsbergen, J., Jordan, H., Mawhood, L., & Schopler, E. (1989). Autism diagnostic observation schedule: A standardized observation of communicative and social behavior. *Journal of Autism and Developmental Disorders*, **19**(2), 185-212.

Mesibov, G. B., Shea, V., & Adams, L. W. (2006). *Understanding Asperger syndrome and high functioning autism* (Vol. 1). Springer Science & Business Media.

PARS委員会 （2013）．*Pervasive Developmental Disorders Autism Spectrum Disorders Rating Scale-Text Revision*（PARS-TR）．スペクトラム出版.

Robins, D. L., Fein, D., Barton, M. L., & Green, J. A. (2001). The Modified Checklist for Autism in Toddlers: An initial study investigating the early detection of autism and pervasive developmental disorders. *Journal of Autism and Developmental Disorders*, **31**(2), 131-144.

Rutter, M., Bailey, A., & Lord, C. (2003). *The social communication questionnaire: Manual.*

Western Psychological Services.

Schopler, E., Reichler, R. J., & Renner, B. R.（1986）. *The Childhood Autism Rating Scale (CARS): For diagnostic screening and classification of autism*. Irvington.

Schopler, E., Van Bourgondien, M., Wellman, J., & Love, S.（2010）. *Childhood Autism Rating Scale–Second edition (CARS2): Manual*. Western Psychological Services.

土屋賢治・黒田美保・稲田尚子(監修)（2015）. ADI-R 日本語版（自閉症診断面接改訂版）. 金子書房.

Tsuchiya, K. J., Matsumoto, K., Yagi, A., Inada, N., Kuroda, M., Inokuchi, E., ... Takei, N.（2013）. Reliability and validity of autism diagnostic interview-revised, Japanese version. *Journal of Autism and Developmental Disorders*, **43**, 643-662.

辻井正次(監修)　萩原拓・岩永竜一郎・伊藤大幸・谷伊織　（2015）. 日本語版感覚プロファイル. 日本文化科学社.

内山登紀夫・黒田美保・稲田尚子(監修・監訳)（2020）. CARS2 日本語版（小児自閉症評定尺度第 2 版）. 金子書房.

Wakabayashi, A., Baron-Cohen, S., Uchiyama, T., Yoshida, Y., Tojo, Y., Kuroda, M., & Wheelwright, S.（2007）. The autism-spectrum quotient（AQ）children's version in Japan: A cross-cultural comparison. *Journal of Autism and Developmental Disorders*, **37**(3), 491-500.

［付録 A］
日本で利用されている主なテスト

付録 A の内容は 2022 年 12 月時点の情報に基づいている。掲載されている会社名や製品名などは，それぞれ各社の商標，登録商標，商品名である。なお，TM マークや®マークは明記していない。

A.1　臨床系で用いられている主なテスト①

ここでは，「医科診療報酬点数表（令和 4 年 4 月版）」の「別添 1　医科診療報酬点数表に関する事項」に掲載されているものを紹介する。これは，別添 1 の「第 2 章　特掲診療料——第 3 部　検査——第 3 節　生体検査料」において，「D283　発達及び知能検査」「D284　人格検査」「D285　認知機能検査その他の心理検査」の区分番号にリストアップされたものである。この部分には，以下の(1)から(3)の表記がある。

(1) 検査を行うに当たっては，個人検査用として標準化され，かつ，確立された検査方法により行う。

(2) 各区分のうち「1」の「操作が容易なもの」とは，検査及び結果処理に概ね 40 分以上を要するもの，「2」の「操作が複雑なもの」とは，検査及び結果処理に概ね 1 時間以上を要するもの，「3」の「操作と処理が極めて複雑なもの」とは，検査及び結果処理に 1 時間 30 分以上要するものをいう。また，区分番号「D285」認知機能検査その他の心理検査「1」の「イ」の「簡易なもの」とは，主に疾患（疑いを含む。）の早期発見を目的とするものをいう。なお，臨床心理・神経心理検査は，医師が自ら，又は医師の指示により他の従事者が自施設において検査及び結果処理を行い，かつ，その結果に基づき医師が自ら結果を分析した場合にのみ算定する。

(3) 医師は診療録に分析結果を記載する。

上記に続く(4)以降にある各検査のリストの主な例を簡単に紹介する。ただし，保険適用とならない検査や入手できない検査などが含まれる場合もある。

A.1.1 「D283　発達及び知能検査」の「1　操作が容易なもの」

- **津守式乳幼児精神発達検査**

  名称：乳幼児精神発達質問紙．作成：津守真ら．発行：大日本図書．

- **牛島乳幼児簡易検査**

  名称：乳幼児精神発達検査．作成：牛島義友ら．発行：金子書房．

- **日本版ミラー幼児発達スクリーニング検査**

  名称：日本版ミラー幼児発達スクリーニング検査（JMAP）．作成：土田玲子ら（原版：L. J. Miller）．発行：パシフィックサプライ．

- **遠城寺式乳幼児分析的発達検査**

  名称：遠城寺式乳幼児分析的発達検査法（九大小児科改訂版）．作成：遠城寺宗徳ら．発行：慶應義塾大学出版会．

- **デンバー式発達スクリーニング**

  名称：DENVER II（デンバー発達判定法）．作成：日本小児保健協会（原版：W. K. Frankenburg ら）．発行：日本小児保健協会．

- **DAM グッドイナフ人物画知能検査**

  名称：グッドイナフ人物画知能検査（新版）．作成：小林重雄ら（原版：F. L. Goodenough）．発行：三京房．

- **フロスティッグ視知覚発達検査**

  名称：DTVP フロスティッグ視知覚発達検査．作成：飯鉢和子ら（原版：M. Frostig）．発行：日本文化科学社．

- **脳研式知能検査**

  名称：東大脳研式標準知能検査．作成：吉益脩夫．発行：医学出版社．

- **コース立方体組み合わせテスト**

  名称：コース立方体組み合わせテスト．作成：大脇義一（原版：S. C. Kohs）．発行：三京房．

- **レーヴン色彩マトリックス**

  名称：レーヴン色彩マトリックス検査．作成：杉下守弘ら（原版：J. C. Raven）．発行：日本文化科学社．

- **JART**

  名称：知的機能の簡易評価（JART）．作成：松岡恵子ら（原版：H. E. Nelson ら）．発行：新興医学出版社．

A.1.2 「D283 発達及び知能検査」の「2 操作が複雑なもの」

- **MCC ベビーテスト**

  名称：MCC ベビーテスト．作成：古賀行義（原版：P. Cattell）．発行：同文書院．

- **PBT ピクチュア・ブロック知能検査**

  名称：教研式ピクチュア・ブロック知能検査（PBT）．作成：榊原清ら．発行：日本図書文化協会．

- **新版 K 式発達検査**

  名称：新版 K 式発達検査 2020．作成：新版 K 式発達検査研究会（原版：嶋津峯眞ら）．発行：京都国際社会福祉センター．

- **WPPSI 知能診断検査**

  名称：WPPSI 知能診断検査．作成：日本心理適性研究所（原版：D. Wechsler）．発行：日本文化科学社．備考：現在は『WPPSI-III 知能検査』が最新版．

- **WPPSI-III 知能診断検査**

  名称：WPPSI-III 知能検査．作成：日本版 WPPSI-III 刊行委員会（原版：D. Wechsler）．発行：日本文化科学社．

- **全訂版田中ビネー知能検査**

  名称：全訂版田中ビネー知能検査．作成：田中教育研究所（原版：田中寛一）．発行：田研出版．備考：現在は『田中ビネー知能検査 V』が最新版．

- **田中ビネー知能検査 V**

  名称：田中ビネー知能検査 V．作成：田中教育研究所（原版：田中寛一）．発行：田研出版．

- **鈴木ビネー式知能検査**

  名称：改訂版鈴木ビネー知能検査．作成：鈴木ビネー研究会（原版：鈴木治太郎）．発行：古市出版．

- **WISC-R 知能検査**

  名称：WISC-R 知能検査．作成：児玉省ら（原版：D. Wechsler）．発行：日本文化科学社．備考：現在は『WISC-V 知能検査』が最新版．

- **WAIS-R 成人知能検査（WAIS を含む。）**

  名称：WAIS-R 成人知能検査．作成：品川不二郎ら（原版：D. Wechsler）．発行：日本文化科学社．備考：現在は『WAIS-IV 知能検査』が最新版．

- **大脇式盲人用知能検査**

  名称：大脇式盲人用知能検査．作成：大脇義一．発行：三京房．

- ベイリー発達検査

　　名称：日本版 Bayley-III．作成：柿本多千代ら（原版：N. Bayley）．発行：――．
　備考：原版は第 4 版（Bayley-IV）が最新版．
- Vineland-II 日本版

　　名称：Vineland-II 適応行動尺度．作成：辻井正次ら（原版：S. S. Sparrow ら）．
　発行：日本文化科学社．

A.1.3 「D283　発達及び知能検査」の「3　操作と処理が極めて複雑なもの」
- WISC-III 知能検査

　　名称：WISC-III 知能検査．作成：日本版 WISC-III 刊行委員会（原版：D.
　Wechsler）．発行：日本文化科学社．備考：現在は『WISC-V 知能検査』が最新
　版．
- WISC-IV 知能検査

　　名称：WISC-IV 知能検査．作成：日本版 WISC-IV 刊行委員会（原版：D.
　Wechsler）．発行：日本文化科学社．備考：現在は『WISC-V 知能検査』が最新
　版．
- WAIS-III 成人知能検査

　　名称：WAIS-III 成人知能検査．作成：日本版 WAIS-III 刊行委員会（原版：D.
　Wechsler）．発行：日本文化科学社．備考：現在は『WAIS-IV 知能検査』が最新
　版．
- WAIS-IV 成人知能検査

　　名称：WAIS-IV 知能検査．作成：日本版 WAIS-IV 刊行委員会（原版：D.
　Wechsler）．発行：日本文化科学社．

A.1.4 「D284　人格検査」の「1　操作が容易なもの」
- パーソナリティイベントリー

　　名称：改訂版精研式パーソナリティ・インベントリィ（INV）．作成：佐野勝男
　ら．発行：金子書房．
- モーズレイ性格検査

　　名称：モーズレイ性格検査（MPI）．作成：MPI 研究会（原版：H. J. Eysenck）．
　発行：誠信書房．
- Y-G 矢田部ギルフォード性格検査

　　名称：YG 性格検査．作成：辻岡美延ら（原版：J. P. Guilford ら）．発行：竹井機
　器工業．

- **TEG–II 東大式エゴグラム**

   名称：TEG–II 東大式エゴグラム．作成：東京大学医学部心療内科 TEG 研究会（原版：J. M. Dusay）．発行：金子書房．備考：現在は『新版 TEG3』が最新版．

- **新版 TEG**

   名称：新版 TEG．作成：東京大学医学部心療内科 TEG 研究会（原版：J. M. Dusay）．発行：金子書房．備考：現在は『新版 TEG3』が最新版．

- **新版 TEG II**

   名称：新版 TEG II．作成：東京大学医学部心療内科 TEG 研究会（原版：J. M. Dusay）．発行：金子書房．備考：現在は『新版 TEG3』が最新版．

- **TEG3**

   名称：新版 TEG3．作成：東京大学医学部心療内科 TEG 研究会．発行：金子書房．

A.1.5 「D284 人格検査」の「2 操作が複雑なもの」

- **バウムテスト**

   名称：バウムテスト．作成：中村延江（考案：K. Koch）．発行：千葉テストセンター．備考：解釈方法などはさまざまなものがある．

- **SCT**

   名称：SCT（精研式文章完成法テスト）．作成：佐野勝男ら．発行：金子書房．

- **P–F スタディ**

   名称：P–F スタディ（絵画欲求不満テスト）・児童用第 III 版．作成：林勝造ら（原版：S. Rosenzweig）．発行：三京房．

   名称：P–F スタディ（絵画欲求不満テスト）・青年用．作成：林勝造ら（原版：S. Rosenzweig）．発行：三京房．

   名称：P–F スタディ（絵画欲求不満テスト）・成人用第 III 版．作成：秦一士ら（原版：S. Rosenzweig）．発行：三京房．

- **MMPI**

   名称：MMPI ミネソタ多面的人格目録．作成：MMPI 新日本版研究会（原版：S. R. Hathaway ら）．発行：三京房．備考：現在は『MMPI–3 日本版』が最新版．

   名称：MMPI–3 日本版．作成：MMPI–3 日本版研究会（原版：Y. S. Ben-Porath ら）．発行：三京房．

- **TPI**

   名称：TPI（東大版総合人格目録）．作成：TPI 研究会．発行：東京大学出版会．備考：現在は日本人材開発医科学研究所が取り扱い．

- **EPPS 性格検査**
  名称：EPPS性格検査．作成：肥田野直ら（原版：A. L. Edwards）．発行：日本文化科学社．
- **16P-F 人格検査**
  名称：16PF人格検査．作成：伊沢秀而ら（原版：R. B. Cattell）．発行：日本文化科学社．
- **描画テスト**
  名称：HTP診断法．作成：J. N. Buck（翻訳：加藤孝正ら）．発行：新曜社．
- **ゾンディーテスト**
  名称：ソンディ・テスト．作成：松原由枝（原版：L. Szondi）．発行：千葉テストセンター．
- **PIL テスト**
  名称：PILテスト日本版．作成：PIL研究会（原版：V. E. Frankl／J. C. Crumbauch ら）．発行：システムパブリカ．

A.1.6 「D284 人格検査」の「3 操作と処理が極めて複雑なもの」
- **ロールシャッハテスト**
  名称：ロールシャッハ・テスト．作成：H. Rorschach．発行：金剛出版（図版）・金子書房（整理用紙）・日本文化科学社（記録用紙）．備考：解釈方法にはいくつかの方法がある．
- **CAPS**
  名称：CAPS（PTSD臨床診断面接尺度）．作成：飛鳥井望ら（原版：米国国立PTSDセンター）．発行：――．備考：使用するためには講習を受ける必要がある．
- **TAT 絵画統覚検査**
  名称：絵画統覚検査（早大版TAT）．作成：戸川行男（原版：H. A. Murray ら）．発行：金子書房．
- **CAT 幼児児童用絵画統覚検査**
  名称：幼児・児童絵画統覚検査（早大版CAT）．作成：戸川行男ら（原版：H. A. Murray ら）．発行：金子書房．

A.1.7 「D285 認知機能検査その他の心理検査」の「1 イ 簡易なもの」
- **MAS 不安尺度**
  名称：MAS（顕在性不安尺度）．作成：阿部満洲ら（原版：J. A. Taylor）．発行：三京房．

- **MEDE 多面的初期認知症判定検査**

  名称：MEDE（多面的初期認知症判定検査）．作成：MEDE 研究会．発行：千葉テストセンター．

- **AQ 日本語版**

  名称：AQ 日本語版（自閉症スペクトラム指数）．作成：若林明雄（原版：S. Baron-Cohen ら）．発行：三京房．

- **日本語版 LSAS-J**

  名称：LSAS-J（リーボヴィッツ社交不安尺度）．作成：朝倉聡（原版：M. R. Liebowitz）．発行：三京房．

- **M-CHAT**

  名称：日本語版 M-CHAT．作成：神尾陽子（原版：D. Robins ら）．発行：——．問合せ：国立精神・神経医療研究センター．

- **長谷川式知能評価スケール**

  名称：HDS-R（長谷川式認知症スケール）．作成：長谷川和夫．発行：三京房．備考：『改訂長谷川式簡易知能評価スケール』などの名称で使われていることもある．

- **MMSE**

  名称：精神状態短時間検査 改訂日本版（MMSE-J）．作成：杉下守弘（原版：M. F. Folstein ら）．発行：日本文化科学社．備考：『ミニメンタルステート検査』ともよばれる．

A.1.8 「D285 認知機能検査その他の心理検査」の「1 ロ その他のもの」

- **CAS 不安測定検査**

  名称：CAS 不安診断検査．作成：園原太郎ら（原版：R. B. Cattell ら）．発行：東京心理．

- **SDS うつ性自己評価尺度**

  名称：SDS（うつ性自己評価尺度）．作成：福田一彦ら（原版：W. W. K. Zung）．発行：三京房．

- **CES-D うつ病（抑うつ状態）自己評価尺度**

  名称：CES-D（うつ病自己評価尺度）．作成：島悟（原版：米国国立精神保健研究所）．発行：千葉テストセンター．

- **HDRS ハミルトンうつ病症状評価尺度**

  名称：ハミルトンうつ病評価尺度（HAMD）．作成：稲田俊也ら（原版：M. Hamilton）．発行：星和書店．

- **STAI 状態・特性不安検査**

    名称：STAI: Form X（状態・特性不安検査）．作成：水口公信ら（原版：C. D. Spielberger）．発行：三京房．

    名称：新版 STAI: Form JYZ（状態－特性不安検査）．作成：肥田野直ら（原版：C. D. Spielberger）．発行：実務教育出版．

- **POMS**

    名称：日本語版 POMS．作成：横山和仁ら（原版：D. M. McNair ら）．発行：金子書房．備考：現在は『POMS 2 日本語版』が最新版．

- **POMS2**

    名称：POMS 2 日本語版．作成：横山和仁ら（原版：J. P. Heuchert ら）．発行：金子書房．

- **IES-R**

    名称：改訂出来事インパクト尺度（IES-R）．作成：飛鳥井望（原版：D. S. Weiss ら）．発行：――．問合せ：東京都医学総合研究所．

- **PDS**

    名称：日本語版外傷後ストレス診断尺度（PDS）．作成：長江信和ら（原版：E. B. Foa）．発行：――．問合せ：長江信和．

- **TK 式診断的新親子関係検査**

    名称：TK 式診断的新親子関係検査．作成：品川不二郎ら．発行：田研出版．

- **CMI 健康調査票**

    名称：CMI（健康調査表）．作成：金久卓也ら（原版：K. Brodman ら）．発行：三京房．

- **GHQ 精神健康評価票**

    名称：GHQ 精神健康調査票．作成：中川泰彬ら（原版：D. Goldberg）．発行：日本文化科学社．備考：60 項目版，30 項目版，28 項目版，12 項目版がある．

- **ブルドン抹消検査**

    名称：東大脳研式ブルドン抹消テスト．作成：東京大学医学部付属脳研究所（原版：B. B. Bourdon）．発行：医学出版社．

- **WHO QOL26**

    名称：WHO QOL26．作成：田崎美弥子ら（原版：世界保健機関・精神保健と薬物乱用予防部）．発行：金子書房．

- **COGNISTAT**

    名称：日本語版 Cognistat Five．作成：新井平伊ら（原版：J. Mueller）．発行：ワールドプランニング．

- SIB

  名称：SIB 日本語版．作成：新名理恵ら（原版：J. Saxton ら）．発行：——．

- Coghealth（医師，看護師又は公認心理師が検査に立ち会った場合に限る。）

  名称：CogHealth．作成：ヘルス・ソリューション（原版：D. Darby ら）．発行：ヘルス・ソリューション．

- NPI

  名称：日本語版 NPI．作成：博野信次（原版：J. L. Cummings）．発行：マイクロン．備考：マイクロン『NPI-Q』と『NPI-NH』もある．

- BEHAVE-AD

  名称：日本語版 BEHAVE-AD．作成：朝田隆ら（原版：B. Reisberg ら）．発行：——．

- 音読検査（特異的読字障害を対象にしたものに限る。）

  名称：単音連続読み検査・単語連続検査・単文音読検査．作成：稲垣真澄ら．発行：診断と治療社．

- WURS

  名称：日本語版 WURS．作成：松本俊彦ら（原版：P. H. Wender ら）．発行：——．

- MCMI-II

  名称：MCMI-II（ミロン臨床多軸目録 II）境界性スケール日本語短縮版．作成：井沢功一朗ら（原版：T. Millon ら）．発行：——．

- MOCI 邦訳版

  名称：日本語版モーズレイ強迫神経症質問紙（MOCI）．作成：細羽竜也ら（原版：R. J. Hodgson ら）．発行：——．

- DES-II

  名称：DES-II（解離性体験尺度-II）．作成：田辺肇（原版：F. W. Putnum ら）．発行：——．

- EAT-26

  名称：日本語版 EAT-26．作成：向井隆代ら（原版：D. M. Garner ら）．発行：——．

- STAI-C 状態・特性不安検査（児童用）

  名称：日本版 STAIC．作成：曽我祥子（原版：C. D. Spielberger ら）．発行：——．

- DSRS-C

  名称：DSRS-C（バールソン児童用抑うつ性尺度）．作成：村田豊久ら（原版：P. Birleson）．発行：三京房．

- 前頭葉評価バッテリー

　　名称：前頭葉簡易機能検査（FAB）．作成：高木理恵子ら（原版：B. Dubois ら）．
　　発行：――．備考：『Frontal Assessment Battery』『前頭葉アセスメントバッテ
　　リー』『前頭葉機能検査』などともよばれる．
- ストループテスト

　　名称：新ストループ検査Ⅰ，新ストループ検査Ⅱ．作成：箱田裕司ら（原版：J.
　　R. Stroop）．発行：トーヨーフィジカル．
- MoCA-J

　　名称：MoCA-J（日本語版 MoCA）．作成：鈴木宏幸ら（原版：Z. S. Nasreddine
　　ら）．発行：――．
- Clinical Dementia Rating（CDR）

　　名称：臨床的認知症尺度（CDR）．作成：目黒謙一（原版：C. P. Hughes ら）．発
　　行：医学書院．

A.1.9 「D285　認知機能検査その他の心理検査」の「2　操作が複雑なもの」

- ベントン視覚記銘検査

　　名称：BVRT（ベントン視覚記銘検査）．作成：高橋剛夫（原版：A. L. Benton）．
　　発行：三京房．
- 内田クレペリン精神検査

　　名称：内田クレペリン検査．作成：内田勇三郎．発行：日本・精神技術研究所．
　　備考：『クレペリン検査』『精神作業検査』などの名称のテストもある．
- 三宅式記銘力検査

　　名称：東大脳研式記銘力テスト．作成：三宅鑛一ら．発行：医学出版社．
- 標準言語性対連合学習検査（S-PA）

　　名称：標準言語性対連合学習検査（S-PA）．作成：日本高次脳機能障害学会
　　Brain Function Test 委員会新記憶検査作製小委員会．発行：新興医学出版社．
- ベンダーゲシュタルトテスト

　　名称：BGT（ベンダー・ゲシュタルト・テスト）．作成：高橋省己（原版：L.
　　Bender）．発行：三京房．
- WCST ウイスコンシン・カード分類検査

　　名称：KWCST（慶應版ウィスコンシンカード分類検査）．作成：鹿島晴雄ら（原
　　版：D. A. Grant ら）．発行：三京房．
- SCID 構造化面接法

　　名称：SCID-5（DSM-5 のための構造化面接）．作成：北村俊則（原版：M. B.

First ら）．発行：医学書院．備考：研究版（SCID-5-RV），臨床医版（SCID-5-CV），臨床試験版（SCID-5-CT）がある．

・**遂行機能障害症候群の行動評価（BADS）**
 名称：BADS 遂行機能障害症候群の行動評価 日本版．作成：鹿島晴雄ら（原版：B. A. Wilson ら）．発行：新興医学出版社．

・**リバーミード行動記憶検査**
 名称：日本版リバーミード行動記憶検査（RBMT）．作成：綿森淑子ら（原版：B. A. Wilson ら）．発行：千葉テストセンター．

・**Ray-Osterrieth Complex Figure Test（ROCFT）**
 名称：レイ複雑図形（ROCF）．作成：A. Rey（標準化は P. A. Osterrieth）．発行：——．備考：『レイの複雑図形検査』『ROCFT』などともいう．

A.1.10 「D285 認知機能検査その他の心理検査」の「3 操作と処理が極めて複雑なもの」

・**ITPA**
 名称：ITPA 言語学習能力診断検査（1993 年改訂版）．作成：旭出学園教育研究所ら（原版：S. A. Kirk ら）．発行：日本文化科学社．

・**標準失語症検査**
 名称：標準失語症検査（SLTA）．作成：日本高次脳機能障害学会 Brain Function Test 委員会．発行：新興医学出版社．

・**標準失語症検査補助テスト**
 名称：標準失語症検査 補助テスト（SLTA-ST）．作成：日本高次脳機能障害学会 Brain Function Test 委員会．発行：新興医学出版社．

・**標準高次動作性検査**
 名称：標準高次動作性検査（SPTA）．作成：日本高次脳機能障害学会 Brain Function Test 委員会．発行：新興医学出版社．

・**標準高次視知覚検査**
 名称：標準高次視知覚検査（VPTA）．作成：日本高次脳機能障害学会 Brain Function Test 委員会．発行：新興医学出版社．

・**標準注意検査法・標準意欲評価法**
 名称：標準注意検査法（CAT）・標準意欲評価法（CAS）．作成：日本高次脳機能障害学会 Brain Function Test 委員会．発行：新興医学出版社．備考：現在は『改訂版標準注意検査法（CAT-R）』が最新版．

- **WAB 失語症検査**

    名称：WAB 失語症検査 日本語版．作成：WAB 失語症検査（日本語版）作製委員会（原版：A. Kertesz）．発行：医学書院．

- **老研版失語症検査**

    名称：老研版 失語症鑑別診断検査（D.D.2000）．作成：笹沼澄子ら（原版：H. Schuell ら）．発行：千葉テストセンター．

- **K-ABC**

    名称：K-ABC 心理・教育アセスメントバッテリー．作成：松原達哉ら（原版：A. Kaufman ら）．発行：丸善メイツ．備考：現在は『日本版 KABC-II』が最新版．

- **K-ABC II**

    名称：日本版 KABC-II．作成：日本版 KABC-II 制作委員会（原版：A. Kaufman ら）．発行：丸善出版．

- **WMS-R**

    名称：WMS-R ウエクスラー記憶検査．作成：杉下守弘（原版：D. Wechsler）．発行：日本文化科学社．

- **ADAS**

    名称：アルツハイマー病アセスメント・スケール日本語版（ADAS-J）．作成：本間昭（原版：R. C. Mohs ら）．発行：ワールドプランニング．

- **DN-CAS 認知評価システム**

    名称：DN-CAS 認知評価システム．作成：前川久男ら（原版：J. A. Naglieri ら）．発行：日本文化科学社．

- **小児自閉症評定尺度**

    名称：CARS2 日本語版（小児自閉症評定尺度第 2 版）．作成：内山登紀夫ら（原版：E. Schopler ら）．発行：金子書房．

- **発達障害の要支援度評価尺度（MSPA）**

    名称：発達障害の要支援度評価尺度（MSPA）．作成：船曳康子．発行：京都国際社会福祉センター．

- **親面接式自閉スペクトラム症評定尺度改訂版（PARS-TR）**

    名称：PARS-TR（親面接式自閉スペクトラム症評定尺度 テキスト改訂版）．作成：発達障害支援のための評価研究会．発行：金子書房．

- **子ども版解離評価表**

    名称：子ども版解離評価表（CDC）．作成：F. W. Putnam．発行：――．

A.1.11　その他
- 国立精研式認知症スクリーニングテスト

　名称：国立精研式認知症スクリーニングテスト．作成：大塚俊男ら．発行：──．

A.2　臨床系でよく用いられる主なテスト②

　ここでは，A.1 のように診療報酬化されたものではないものの，よく用いられるテストを紹介する．

A.2.1　臨床および臨床研究でよく用いられる精神症状の評価尺度
- 精神疾患全般

　名称：BPRS（Brief Psychiatric Rating Scale）簡易精神症状評価尺度．作成：一般社団法人日本精神科評価尺度研究会．

- うつ症状

　名称：PHQ-9．文献：Muramatsu, K., Miyaoka, H., Kamijima, K. Muramatsu, Y., Tanaka, Y., Hosaka, M., ... Shimizu, E. (2018). Performance of the Japanese version of the Patient Health Questionnaire-9 (J-PHQ-9) for depression in primary care. *General Hospital Psychiatry*, **52**, 64-69.

- 不安症状

　名称：GAD-7．文献：村松公美子（2014）．Patient Health Questionnaire（PHQ-9, PHQ-15）日本語版および Generalized Anxiety Disorder-7 日本語版──up to date．新潟青陵大学大学院臨床心理学研究，**7**，35-39．

- 強迫症状

　名称：Y-BOCS（YALE-BROWN 強迫観念・強迫行為評価スケール）．文献：浜垣誠司・高木俊介・漆原良和・石坂好樹・松本雅彦（1999）．自己記入式 Yale-Brown 強迫観念・強迫行為尺度（Y-BOCS）日本語版の作成とその検討．精神神経学雑誌，**101**，152-168．

- 危険飲酒のスクリーニング

　名称：WHO/AUDIT（オーディット）日本版問題飲酒指標．作成：廣尚典（原版：T. F. Babor ら）．発行：千葉テストセンター．

- 統合失調症

　名称：PANSS（Positive and Negative Syndrome Scale）陽性・陰性症状評価尺度．備考：著作権の関係で，現在のところ日本語版は入手できないが，研究で

は世界的に用いられている.

- **病識**

  名称：SAI-J（The Schedule for Assessment of Insight）. 文献：酒井佳永
  （2000）. 病識評価尺度（The Schedule for Assessment of Insight）日本語版
  （SAI-J）の信頼性と妥当性の検討. 臨床精神医学, **29**(2), 177-183.

- **抗精神病薬による副作用**

  名称：DIEPSS（Drug-Induced Extrapyramidal Symptoms Scale）薬原性錐体
  外路症状評価尺度. 文献：稲田俊也 （2012）. DIEPSS を使いこなす（改訂版）
  ―― 薬原性錐体外路症状の評価と診断：DIEPSS の解説と利用の手引き. 星和
  書店.

A.2.2　精神疾患に関する社会的側面を測定する尺度

- **QOL**

  名称：EQ-5D-5L. 文献：池田俊也・白岩健・五十嵐中・能登真一・福田敬・齋
  藤信也・下妻晃二郎 （2015）. 日本語版 EQ-5D-5L におけるスコアリング法の
  開発. 保健医療科学, **64**(1), 47-55.

- **スティグマ**

  名称：Link セルフスティグマ尺度. 文献：下津咲絵・坂本真士・堀川直史・坂
  野雄二 （2006）. Link スティグマ尺度日本語版の信頼性・妥当性の検討. 精神
  科治療学, **21**, 521-528.

- **臨床的社会適応度**

  名称：SASS-J（自記式社会適応度評価尺度）. 作成：中村純ら（原版：M. Bosc
  ら）. 発行：三京房.

- **復職**

  名称：職業復帰準備性評価シート. 作成：日本うつ病リワーク協会. 備考：
  https://www.utsu-rework.org/info/cstaff/s_sfjh.pdf

A.2.3　認知機能／発達障害

- **認知機能評価**

  名称：BACS（The Brief Assessment of Cognition in Schizophrenia）統合失
  調症認知機能簡易評価尺度. 文献：兼田康宏・住吉太幹・中込和幸・沼田周助・
  田中恒彦・上岡義典…Richard S. E. Keefe （2008）. 統合失調症認知機能簡易評
  価尺度日本語版（BACS-J）. 精神医学, **50**, 913-917.

- 成人の ADHD

　名称：CAARS 日本語版．作成：中村和彦ら（原版：C. K. Conners ら）．発行：金子書房．

- 小児の ADHD

　名称：Conners 3 日本語版（DSM-5 対応）．作成：田中康雄（原版：C. K. Conners）．発行：金子書房．

- 自閉スペクトラム症

　児童思春期管理加算として，20 歳以下の患者の初診時において，下記のテスト（ADOS-2，ADI-R，DISCO）の内容を踏まえた場合，保険点数は 1200 点と定められている．

　名称：ADOS-2 日本語版．作成：黒田美保ら（原版：C. Lord ら）．発行：金子書房．

　名称：ADI-R 日本語版．作成：ADI-R 日本語版研究会（原版：A. Le Couteur ら）．発行：金子書房．

　名称：DISCO-11（自閉症スペクトラムの半構造化面接）日本語版．文献：宇野洋太（2016）．自閉症スペクトラムの半構造化面接 The Diagnostic Interview for Social and Communication Disorders 日本語版（DISCO-J）の信頼性・妥当性．児童青年精神医学とその近接領域，**57**，39-44.

- 学習障害

　名称：改訂版標準読み書きスクリーニング検査（STRAW-R）――正確性と流暢性の評価．作成：宇野彰ら．発行：インテルナ出版．

　名称：CARD（包括的領域別読み能力検査）．作成：奥村智人ら．発行：ウィードプラニング．

　名称：ELC（Easy Literacy Check）――読み書き困難児のための音読・音韻処理能力簡易スクリーニング検査．作成：加藤醇子ら．発行：図書文化社．

A.3　人事系で用いられている主なテスト

A.3.1　民間企業の採用試験で用いられる主なテスト

- SPI

　提供：リクルートマネジメントソリューションズ．運用開始：1974 年．概要：性格検査と基礎能力検査で構成．改訂が重ねられ，現在 SPI3．パソコンで受検するテストセンター・インハウス CBT・WEB テスティング，マークシートで受検するペーパーテスティングがある．

- GAB

    提供：日本エス・エイチ・エル．運用開始：1988 年．概要：知的能力とパーソナリティを測定し，知的能力適性，マネジメント適性，職務適性などの結果が示される．Web テスト版とマークシート版がある．

- SCOA 総合適性検査

    提供：日本経営協会総合研究所．運用開始：1985 年．概要：基礎能力（基礎的な知的能力）や事務能力（実務遂行能力）といった知的側面から，持って生まれた気質や後天的に形成される性格や意欲といった情意的側面まで多面的に測定・評価する適性検査．

A.3.2　公務員試験で用いられる主なテスト

- 国家公務員採用試験

    人事院が実施する総合職試験・一般職試験・高卒者試験・社会人試験・専門職試験（皇宮護衛官，刑務官，入国警備官，税務職員など）がある．このほか，外務省，防衛省，裁判所，国立国会図書館，衆議院事務局，衆議院法制局，参議院事務局，参議院法制局などが独自の採用試験を行っている．筆記試験として，択一式の教養試験と専門試験のほか，論文なども課される．

- 地方公務員採用試験（都道府県，政令指定都市，特別区の職員）

    実際の名称は自治体によってさまざまであるが，大卒程度を「地方上級」，短大卒程度を「地方中級」，高卒程度を「地方初級」と区分されることがある．職種内容から，行政系（事務系），技術系（土木・建築・電気など），資格免許系（心理職，福祉職など），公安系（警察官，消防士など）などに分類される．教養試験と専門試験を課されることが多い．

- 地方公務員採用試験（市町村の職員）

    実際の名称は自治体によってさまざまであるが，大卒程度を「上級」，短大卒程度を「中級」，高卒程度を「初級」と区分されることがある．職種内容から，行政系（事務系），技術系（土木・建築・電気など），資格免許系（心理職，福祉職など），公安系（警察官，消防士など）などに分類される．教養試験と専門試験を課されることが多いが，SPI3 など民間企業が実施する試験を課す自治体もある．

- 日本人事試験研究センターが提供する試験

    地方公務員（主に市町村）の採用試験用として提供される問題集．科目として，教養試験（Standard-I, Standard-II, Logical-I, Logical-II, Light），専門試験（行政，土木，建築，電気，機械，化学，保育士，幼稚園教諭，社会福祉，

保健師，栄養士，保育教諭など），社会人基礎試験，事務能力基礎試験がある．また，適性検査として，事務適性検査，業務適性検査，消防適性検査，看護師適性検査，性格検査として，性格特性検査（J），職場適応性検査（S）がある．これらとは別に，道府県（46団体）と政令指定都市（20団体）に採用試験問題を作成・提供している．

- **公立学校教員採用選考試験**

  都道府県，政令指定都市の教育委員会などが実施する．小学校，中学校，高等学校，特別支援学校，養護教諭，栄養教諭に区分される．また，中学校と高等学校では，国語・社会・数学・理科・音楽などの教科ごとに試験が行われる．

A.3.3 職業興味に関するテスト

- **厚生労働省編 一般職業適性検査（GATB）[進路指導・職業指導用]**

  著者：労働省（当時）．発行：1952年．販売：雇用問題研究会．概要：多様な職業で必要とされる代表的な9種の能力を測定し，能力面からみた個人の特徴の理解や適職領域の探索など，望ましい職業選択を行うための情報を提供．

- **職業レディネス・テスト（VRT）**

  著者：労働政策研究・研修機構．発行：1989年．販売：雇用問題研究会．概要：ホランド理論による興味領域（現実的，研究的，芸術的，社会的，企業的，慣習的）に対する興味の程度と自信度および基礎的志向性（対情報，対人，対物）を測定．

- **VPI職業興味検査（第3版）**

  著者：労働政策研究・研修機構（原版：J. L. Holland）．発行：2002年．販売：日本文化科学社．概要：160の具体的な職業に対する興味・関心の有無の回答から，6種の職業興味領域尺度と5種の傾向尺度に対する個人の特性を測定．

A.4 教育・資格系で用いられている主なテスト

A.4.1 調査のために実施されるテスト

- **生徒の学習到達度調査（Programme for International Student Assessment; PISA）**

  実施：経済協力開発機構（OECD），文部科学省 国立教育政策研究所（日本国内）．運用開始：2000年．概要：OECDが，主にその加盟国の15歳の生徒を対象として3年ごとに行う国際調査．加盟各国の教育システムの評価・モニタリング，および国際比較を通じて各国の課題を明らかにし教育政策の改善に役立てる

ことを目的とする．数学と読解等のリテラシーを測定するテストと，家庭や生活
習慣・学校環境等を測定する質問紙調査から構成される．

- IEA 国際数学・理科教育動向調査（Trends in International Mathematics and Science Study; TIMSS）

    実施：国際教育到達度評価学会（IEA），文部科学省 国立教育政策研究所（日本国内）．運用開始：1995 年．概要：児童生徒の算数・数学，理科の教育到達度を国際的な尺度によって測定し，児童生徒の教育上の諸要因との関係を明らかにするため，1995 年から 4 年ごとに実施．日本では小学校 4 年生，中学校 2 年生を対象とした抽出調査．

- 全国学力・学習状況調査

    実施：文部科学省 国立教育政策研究所．運用開始：2007 年．概要：全国的な児童生徒の学力や学習状況を把握・分析し，教育施策の成果と課題を検証し，その改善に資することを主な目的とする．教科テスト（主として国語と算数／数学）と，生活習慣・学校環境に関する調査からなる．公立校に在籍するすべての小学 6 年生，中学 3 年生を対象として毎年実施される悉皆調査である．

- 全米学力調査（National Assessment of Educational Progress; NAEP）

    実施：米国教育統計センター（NCES）．運用開始：1969 年．概要：全米で実施される学力調査である．主調査（Main NAEP）は 2 年に 1 回，第 4, 8, 12 学年の生徒をサンプリングして実施される．数学と読解を中心としてさまざまな教科の学習成果をモニターし，教育政策や実践の改善に資することを目的とする．

A.4.2　高等教育関連

- 大学入学共通テスト

    実施：大学入試センター．運用開始：2021 年．概要：大学入学志願者の高校段階における基礎的な学習の達成度を判定することを主な目的とする．出願する大学の要件に応じて「国語」「地理歴史」「公民」「数学」「理科」「外国語」の 6 教科から必要な科目を選んで受験する．

- SAT

    実施：College Board．運用開始：1926 年．概要：米国における大学や職業訓練プログラムへの下地（readiness）がどの程度できているかを決めることを主な目的とする．入学のための要件の 1 つとしている大学が多い．メインのテストは，「読解」「ライティングと言語」「数学」の 3 つのテストから構成される（その他に，科目別や高校生の達成度を測定するためのテストも存在する）．

- ACT

　実施：ACT, Inc. 運用開始：1959 年. 概要：SAT と同様に，米国において大学へ
の入学要件として用いられるテストである．「英語」「数学」「読解」「科学的思
考」の 4 教科，およびオプションのライティングのテストからなる．

- 医療系大学間共用試験

　実施：医療系大学間共用試験実施評価機構. 運用開始：2005 年. 概要：日本の医
学・歯学教育において，臨床実習の前後に課される全国試験．本試験での合格
は，医師・歯科医師のための国家試験の受験のための要件となっている．

A.4.3 語学関連

- 英検（実用英語技能検定）

　実施：日本英語検定協会. 運用開始：1963 年. 概要：小学生から社会人を対象と
する英語の検定試験．「読む」「聞く」「書く」「話す」の 4 技能を測定する．

- TOEFL

　実施：Educational Testing Service（ETS）. 運用開始：1964 年. 概要：米国を中
心とする英語圏の大学などへの留学に必要なアカデミックな英語のスキルを測定
するテスト．「読む」「聞く」「書く」「話す」の 4 技能を測定する．

- IELTS

　実施：ケンブリッジ大学英語検定機構，ブリティッシュ・カウンシル. 運用開
始：1989 年（日本での実施は 1997 年から）. 概要：海外の大学などの高等教育機
関への出願，海外での仕事や移住に際しての英語の熟達度を判定する．「読む」
「聞く」「書く」「話す」の 4 技能を測定する．

- GTEC

　実施：ベネッセコーポレーション. 運用開始：2003 年. 概要：小学生から社会人
を対象として実用的な英語力を測定するテスト．「読む」「聞く」「書く」「話す」
の 4 技能を測定する．

- 日本語能力試験（JLPT）

　実施：国際交流基金，日本国際教育支援協会. 運用開始：1984 年. 概要：日本語
を母語としない人を対象として，日本語の能力を測定・認定するための試験．
「読む」「聞く」の言語行動に基づいて N1〜N5 の日本語能力レベルを認定する．

- TOEIC

　実施：Educational Testing Service. 運用開始：1979 年. 目的：国際コミュニ
ケーション英語能力テスト．日常生活やビジネス場面で必要な英語のコミュニ
ケーション能力を測定する．「Listening & Reading」「Speaking & Writing」の

2つのテストからなり，「読む」「聞く」「書く」「話す」の4技能を測定する．

- TEAP

  実施：日本英語検定協会．運用開始：2014年．目的：高校生を対象として，主に大学入試に用いることを想定して開発されている．大学で教育を受ける際に必要となる英語能力として，「読む」「聞く」「書く」「話す」の4技能を測定する．

- ケンブリッジ英語検定

  実施：ケンブリッジ大学英語検定機構．運用開始：1913年．目的：英語の学習を促進することを意図した検定試験．「学校」「一般および高等教育」「ビジネス」の各用途に応じて複数のテストがラインナップされており，「読む」「聞く」「書く」「話す」の4技能を測定する．

- 日本留学試験

  実施：日本学生支援機構．運用開始：2002年．目的：日本の大学・大学院や専修学校への入学を希望する留学生を対象とする試験で，日本語（記述，読解，聴読解・聴解）に加えて，理科（物理，生物，化学），総合科目，数学を選択して受験する．

- JPT（日本語能力試験）

  実施：日本語能力試験実施委員会．運用開始：1985年．目的：日本語を母語としないビジネス関係者と日本語学習者を対象に，ビジネス場面を含む日常生活における日本語のコミュニケーション能力（「聴解」と「読解」）を測定する．

A.4.4　その他

- IT パスポート試験

  実施：情報処理推進機構．運用開始：2009年．概要：ITを利用する社会人や学生が備えておくべき，ITに関する基礎知識をもつことが証明できる国家試験．

- 標準学力検査 教研式 NRT／教研式 CRT

  提供：図書文化社．運用開始：1950年（NRT），1980年（CRT）．目的：小中学生を対象として，学習指導・評価のために国語・社会・算数（数学）・理科・英語の各教科の学力を測定する．NRTは相対評価，CRTは絶対評価を行うために用いられる．

- 標準学力調査

  提供：東京書籍．運用開始：2004年．目的：小中学生を対象として，学習指導要領に即した国語・社会・算数（数学）・理科・英語の各教科の学力を測定する．目標値に対する達成度を評価するための「目標準拠評価方式」，学力レベルを5段階に分けて表示する「段階評価方式」の2つの評価方法を提供する．

A.4.5 国家資格試験

　国家資格には，「普通自動車第一種運転免許」のように多くの人が取得するものから，「医師」「弁護士」「公認会計士」のように難関とよばれるものまで多種多様なものがある．ここでは，試験合格後に登録が必要であるとともに，登録免許税（資格によって金額は異なる）が課税されるものを所管省庁ごとに掲載する．また，試験の実施が国ではない場合は，指定試験機関などの名称も記載する．

- **総務省所管**
  行政書士試験（指定試験機関：行政書士試験研究センター）
- **法務省所管**
  司法試験（司法修習・司法修習生考試合格後の弁護士の場合）
  司法書士試験
  土地家屋調査士試験
- **財務省所管**
  公認会計士試験（実施は金融庁内の公認会計士・監査審査会）
  税理士試験（実施は国税庁内の国税審議会）
- **文部科学省所管**
  技術士試験（指定試験機関：日本技術士会）
- **文部科学省・厚生労働省所管**
  公認心理師試験（指定試験機関：日本心理研修センター）
- **厚生労働省所管**
  医師国家試験
  歯科医師国家試験
  薬剤師国家試験
  保健師国家試験
  助産師国家試験
  看護師国家試験
  理学療法士国家試験
  作業療法士国家試験
  診療放射線技師国家試験
  臨床検査技師国家試験
  視能訓練士国家試験
  臨床工学技士国家試験（指定試験機関：医療機器センター）
  義肢装具士国家試験（指定試験機関：テクノエイド協会）

歯科衛生士国家試験（指定試験機関：歯科医療振興財団）

歯科技工士国家試験（指定試験機関：歯科医療振興財団）

救急救命士国家試験（指定試験機関：日本救急医療財団）

言語聴覚士国家試験（指定試験機関：医療研修推進財団）

あん摩マッサージ指圧師国家試験（指定試験機関：東洋療法研修試験財団）

はり師国家試験（指定試験機関：東洋療法研修試験財団）

きゅう師国家試験（指定試験機関：東洋療法研修試験財団）

柔道整復師国家試験（指定試験機関：柔道整復研修試験財団）

管理栄養士国家試験

理容師国家試験（指定試験機関：理容師美容師試験研修センター）

美容師国家試験（指定試験機関：理容師美容師試験研修センター）

社会福祉士国家試験（指定試験機関：社会福祉振興・試験センター）

介護福祉士国家試験（指定試験機関：社会福祉振興・試験センター）

精神保健福祉士国家試験（指定試験機関：社会福祉振興・試験センター）

社会保険労務士試験（実施は全国社会保険労務士会連合会）

作業環境測定士試験（指定試験機関：安全衛生技術試験協会）

キャリアコンサルタント試験（指定試験機関：キャリアコンサルティング協議会，
日本キャリア開発協会）

- **農林水産省所管**

獣医師国家試験

愛玩動物看護師（指定試験機関：動物看護師統一認定機構）

- **経済産業省所管**

計量士国家試験

情報処理安全確保支援士試験（実施は情報処理推進機構）

弁理士試験（実施は特許庁内の工業所有権審議会）

- **国土交通省所管**

海技士国家試験（実施は各地方運輸局）

小型船舶操縦士国家試験（指定試験機関：日本海洋レジャー安全・振興協会）

水先人試験

海事代理士試験

航空従事者技能証明等学科試験

不動産鑑定士試験

一級建築士試験（中央指定試験機関：建築技術教育普及センター）

建築基準適合判定資格者検定

構造計算適合判定資格者検定（検定機関：日本建築防災協会）

マンション管理士試験（指定試験機関：マンション管理センター）

測量士試験

測量士補試験

参考文献

小海宏之(編)　(2019)．神経心理学的アセスメント・ハンドブック（第2版）．金剛出版．

松原達哉(編)　(2002)．心理テスト法入門——基礎知識と技能習得のために（第4版）．日本文化科学社．

武田克彦・山下光(編)　(2019)．神経心理検査ベーシック．中外医学社．

山内俊雄・鹿島晴雄(総編集)　(2015)．精神・心理機能評価ハンドブック．中山書店．

［付録 B］

テスト得点分析のためのソフトウェアと 扱うことのできるモデルの概要

　テストを実施した結果として得られた正誤データを出発点として，古典的テスト理論や項目反応理論によりさまざまな分析をするためのソフトウェアとして，以下に挙げるようなものがある。これらのソフトウェアは大きく分けて，無料で入手できるもの（フリーソフトウェア）と有料のもの（商用ソフトウェア）があるが，無料で入手できるものは計算結果に対する保証がないことに注意が必要である。ここで示した情報は 2022 年 11 月現在のものであり，機能が追加・削除されている可能性にも留意されたい。

B.1　無料で手に入るもの（フリーソフトウェア）

　データ分析のためのフリーソフトウェアとしては「R」（R Core Team, 2022）が広く知られている。統計解析の手順をテキストファイルに記述し，R で実行することで，基本的な統計的分析を行うことができるが，そのままでは可能な分析手法が限られる。R は「パッケージ」をダウンロードして追加インストールすることで機能を拡張することができ，多くのパッケージでテストの正誤データの分析機能が提供されている。下記のパッケージを用いて分析する場合は，R のインストールと，R の操作方法の修得が必須である。

　一方で，R を必要とせず，ソフトウェア単独で動作するものもある。その中でもEasyEstimation は GUI（Graphical User Interface）の機能が充実しており，平易な操作で分析ができる点が特長である。

B.1.1　R 上で動作するもの（R パッケージ）

　下記の 5 つのパッケージは，一部を除き，基礎的な項目分析を行う機能や，二値データ（正誤反応データ）や多値データ（3 章で紹介した多枝選択式テストのように，選択枝の応答状況を表すデータ）に対応した IRT モデルのパラメタ推定機能をもっている。またパラメタ推定の方法についても，最尤推定法（EM アルゴリ

ズムによるパラメタ推定）だけではなく，（Gibbs Sampling 法を含む）MCMC
（Markov chain Monte Carlo）に基づく方法を実行できるものがある。

- ltm（Rizopoulos, 2006）

    古くから用いられている。信頼性係数の算出など，古典的テスト理論による分
析も可能。

- mirt（Chalmers, 2012）

    DIF 分析，多次元 IRT モデルや，認知診断モデルの分析も可能。

- sirt（Robitzsch, 2022）

    mirt のもつ機能の大部分に加え，多相ラッシュモデル，マルチレベル IRT モ
デルといった分析が可能。また等化係数の推定機能をもつ。一部のモデルでは
MCMC によるパラメタ推定ができる。

- TAM（Robitzsch, Kiefer & Wu, 2022）

    多相ラッシュモデルや推算値（Plausible Value）の推定などが可能。Con-
Quest（後述）の仕様に影響を受けている。

- irtoys（Partchev & Maris, 2022）

    多値型 IRT モデルに対応していないなど，他のパッケージに比べて機能は少
ないが，関数名が直感的でわかりやすい。icl（下記）をインストールしておけ
ば，irtoys から icl を呼び出して使うこともできる。BILOG-MG（後述）や ltm
パッケージと連携させることもできる。

    下記のパッケージは IRT のパラメタ推定機能を主眼としたものではないが，尺
度構成のために必要な多くの分析機能をもっている。

- psych（Revelle, 2022）

    古典的テスト理論における信頼性係数の算出や，因子分析などの機能をもつ。
IRT によるパラメタ推定とは別に，尺度の一次元性の検討を行う際などに用い
られる。

B.1.2　ソフトウェア単独で実行するもの（コマンドによる操作）

- icl（Hanson, 2002）

    二値・多値モデルの IRT 分析ができる。R 上で動作するものよりも計算速度
が比較的速い一方で，コマンドを文字列で与える操作を必要とする。またコマン
ドがややわかりにくい。

B.1.3 ソフトウェア単独で実行するもの（GUI による操作）

- **EasyEstimation**（熊谷，2022）

　　二値・多値（一部のモデル）による IRT 分析や，推算値の推定が可能。GUI による操作がわかりやすく，複雑なコマンドを覚えなくても分析ができる。日本語によるマニュアルが充実している。DIF 分析のための「EasyDIF」や，潜在ランク理論（荘島，2010）による分析のための「EasyNTT」も提供されている。

- **exametrika**（荘島，2019）

　　二値・多値モデルによる IRT 分析に加えて，潜在ランク理論（荘島，2010）による分析を行うことができる。

B.2 商用ソフトウェア

　以下のソフトウェアは有料で利用できる。いずれもコマンドによる操作が基本であるが，一部 GUI による操作が可能なものもある。詳細なマニュアルが用意されており，操作方法の質問に答えるサポート体制も整っているものが多い。

- **flexMIRT**（Vector Psychometric Group, 2022a）

　　二値・多値モデルの IRT 分析や，多次元 IRT モデルの分析，認知診断モデルによる分析やマルチレベル IRT モデルの分析にも対応。他のソフトウェアと比べて，扱えるモデルの種類が多い。

- **IRTPro**（Vector Psychometric Group, 2022b）

　　二値・多値モデルの IRT 分析や，多次元 IRT モデルの分析ができる。GUI による操作が可能であり，図表の出力機能が充実している。SPSS や SAS，Stata で作られたデータセットファイルを直接読み込める。

- **ConQuest**（Adams et al., 2020）

　　OECD が行っている調査（TIMSS や PISA）の分析でも用いられているソフトウェアで，二値・多値モデルの IRT 分析に加え，推算値の推定もできる。多相ラッシュモデルや多次元 IRT モデルなど，多彩なモデルの分析にも対応している。

- **WINSTEPS/FACETS**（Linacre, 2022b/2022a）

　　コマンドの文法が比較的簡単。WINSTEPS は二値・多値データに対する IRT 分析，FACETS は多相ラッシュモデル分析ができる。

- **BILOG-MG/PARSCALE**（Scientific Software International, 2022a/2022b）

　　BILOG-MG は二値データ，PARSCALE は二値データ及び多値データの IRT

分析に用いる。かつてはスタンダードな IRT パラメタ推定ソフトウェアであったが，より機能の多いソフトウェアの普及に伴い，新規に使用される例は減ってきている。

B.3　扱うことのできるモデルおよび分析手法について

本付録で取り上げたソフトウェアは，本書で紹介されている項目反応モデル（1, 2, 3 パラメタ・ロジスティックモデルや段階反応モデル，部分採点モデル）以外にも，多くのモデルを扱うことができる。また，さまざまなテスト分析のための手法を実行することができる。本書で説明していないモデルや分析手法について，以下に概略を記す。

B.3.1　認知診断モデル

例えば「掛け算」を理解するためには「繰り上がりのある足し算」の知識が必要であり，「繰り上がりのある足し算」を理解するためには「繰り上がりのない足し算」の知識が必要である，というように，学習の過程を説明するために知識・技能間の認知的な構造を仮定する場合がある。このような構造を考慮に入れたモデル化の手法の1つに「認知診断モデル」がある。「掛け算」や「繰り上がりのある足し算」のような，学習上重視される属性を「アトリビュート」として定義し，アトリビュートが習得できているか否かを問う項目と，それらの項目を解くためにどのアトリビュートが要求されるかの対応表（「Q マトリックス」とよばれる）を用意し，多数の受検者に項目を解答させる。得られた正誤データと Q マトリックスを認知診断モデルにより分析することで，受検者ごとに，アトリビュートごとの習得確率が推定される。また項目ごとの項目パラメタも推定される。

B.3.2　マルチレベル IRT モデル

学力調査など，ある地域全体の学力のあらましを観測する目的のテストでは，受検者となる多数の児童生徒が複数の学校に分かれて在籍しており，また地域ごとに複数の学校が所在しているという階層性を考慮したサンプリングが行われる。潜在特性値 θ を推定する際，学校・地域ごとに別々の θ の分布を仮定し，児童生徒・学校・地域という階層構造をモデル上で表現する IRT モデルは「マルチレベル IRT モデル」とよばれる。また，同様の分析を行うための類似モデルとして「多母集団 IRT モデル」がある。

B.3.3　DIF 分析

あるテスト項目の正誤データにおいて，受検者のうち特定の属性をもった者のみ
が，その属性をもつために特定の項目に正答しやすく（あるいは正答しにくく）な
る傾向を示すことがある。例えば日本と米国の受検者において同じ項目を提示し，
正誤データを分析した結果，ある項目において，日本の受検者における正答数がど
の能力層の受検者においても一貫して高かった場合，その項目は日本の受検者に対
して特異的に有利になるような性質をもっていた可能性があるため，公平なテスト
ではない可能性が指摘できる。このような性質は DIF（differential item function-
ing, 特異項目機能）とよばれ，DIF の傾向を項目ごとに検討する分析は DIF 分析
とよばれる。

B.3.4　推算値（Plausible Value）

受検者の能力を表す推定値を求める手法の1つで，θ の母集団上での分散が何ら
かの構造（地域や性別の違いといった群分け情報や質問紙調査結果などの外的基
準）によって説明される「潜在回帰モデル」を考慮し，項目反応モデルに潜在回帰
モデルを組み入れた場合の，θ の推定手法。個人ごとの θ の点推定値ではなく，母
集団上での能力値分布を推定する場合に有効な手法であり，OECD が行っている
生徒の学習到達度調査（PISA）で用いられている。詳細な解説は裳岩・篠原・篠
原（2019）を参照のこと。

引用文献

Adams, R. J, Wu, M. L, Cloney, D., & Wilson, M. R. (2020). ACER ConQuest: Generalised
　　Item Response Modelling Software [Computer software]. Version 5. Camberwell, Vic-
　　toria: Australian Council for Educational Research. https://www.acer.org/au/conquest
　　（2022 年 6 月 2 日最終閲覧）
Chalmers, R. P. (2012). mirt: A Multidimensional Item Response Theory Package for the R
　　Environment. *Journal of Statistical Software*, **48**(6), 1-29.
Hanson, B. A. (2002). IRT Command Language (ICL). http://www.openirt.com/b-a-h/
　　software/irt/icl/index.html（2022 年 6 月 2 日最終閲覧）
裳岩晶・篠原真子・篠原康正（2019）．PISA 調査の解剖　能力評価・調査のモデル．東信堂．
熊谷龍一（2022）．項目反応理論（IRT）と EasyEstimation のページ．http://irtanalysis.
　　main.jp/（2022 年 6 月 2 日最終閲覧）
Linacre, M. (2022a). Facets. https://www.winsteps.com/facets.htm（2022 年 6 月 2 日最終閲
　　覧）

Linacre, M. (2022b). Winsteps®. https://www.winsteps.com/winsteps.htm （2022 年 6 月 2 日最終閲覧）

Partchev, I & Maris, G. (2022). irtoys: A Collection of Functions Related to Item Response Theory (IRT). https://CRAN.R-project.org/package=irtoys（2022 年 6 月 2 日最終閲覧）

R Core Team (2022). R: A language and environment for statistical computing. R Foundation for Statistical Computing, Vienna, Austria. https://www.R-project.org/. （2022 年 6 月 2 日最終閲覧）

Revelle, W. (2022) psych: Procedures for Personality and Psychological Research, Northwestern University, Evanston, Illinois, USA, https://CRAN.R-project.org/package=psych （2022 年 6 月 2 日最終閲覧）

Rizopoulos, D. (2006). ltm: An R package for Latent Variable Modelling and Item Response Theory Analyses. *Journal of Statistical Software*, **17**(5), 1-25.

Robitzsch, A. (2022). sirt: Supplementary Item Response Theory Models. https://CRAN.R-project.org/package=sirt （2022 年 6 月 2 日最終閲覧）

Robitzsch, A., Kiefer, T., & Wu, M. (2022). TAM: Test Analysis Modules. https://CRAN.R-project.org/package=TAM （2022 年 6 月 2 日最終閲覧）

Scientific Software International (2022a). BILOG-MG. https://ssicentral.com/index.php/products/bilogmg-gen/ （2022 年 6 月 2 日最終閲覧）

Scientific Software International (2022b). PARSCALE. https://ssicentral.com/index.php/products/psl-general/ （2022 年 6 月 2 日最終閲覧）

荘島宏二郎 (2010)．ニューラルテスト理論──学力を段階評価するための潜在ランク理論．植野真臣・荘島宏二郎(編)　学習評価の新潮流（pp. 83-111）．朝倉書店．

荘島宏二郎 (2019)．exametrika. https://shojima.starfree.jp/exmk/index.htm （2023 年 1 月 28 日最終閲覧）

Vector Psychometric Group (2022a). flexMIRT®. https://vpgcentral.com/software/flexmirt/ （2022 年 6 月 2 日最終閲覧）

Vector Psychometric Group (2022b). IRTPRO™. https://vpgcentral.com/software/irtpro/ （2022 年 6 月 2 日最終閲覧）

［付録 C］
テスト理論の数理統計学的説明

この付録 C では，3 章で書かれた内容を数式に置き換え，数理統計学的に説明する。

C.1　数式の記号

ありうるデータ全体（母集団）について，記号を定義する。テスト得点やテストの項目への反応を x，データ取得の対象となる受検者を i，テストやテストに含まれる項目を j とする。すなわち，x_i は，受検者 i のテスト得点を示し，x_{ij} は，受検者 i のテスト j に対する反応を示す。ただし，x_{ij} は，受検者 i のテスト項目 j への反応を示す場合もある。なお，このテスト得点を集めてベクトルとして扱う場合は，ボールド体で示す。原則として，ベクトルは縦ベクトルであり，転置は，例えば，x' で示す。事象の確率は，大文字 $P(\ )$ で示し，確率表現の用具である，確率量関数や確率密度関数は，すべて，小文字 $p(\ )$ で示す。

C.2　付録 C のねらい

3 章の本文の叙述を数理統計学的に裏づけることを目的とする。付録 C では，主にベイズ統計学流に解説するので，数理統計学で学ぶ定理や系などに関する知識は必須ではない。専門的にさらに深く理解するためには，専門書を参照していただきたい（例：van der Linden, 2016）。実践家としてテストを現場で活用するには数理統計学の知識は不要であるという見識もあるかもしれないが，テストに関する理論を深く考察し，新しい技法を開発する研究者も必要であり，そのためには，数理統計学による根拠づけが必要である。

C.3 統計的推論

統計的推論は，通常，受検者 i のテスト j（あるいはテスト項目 j）への反応の発生モデル $p(x_{ij} | \beta_j, \theta_i)$ を作ることから始まる。ここで，β_j はテストの特徴を示すパラメタ（ベクトル），θ_i は受検者の特徴を表す潜在変数（ベクトル）である。

ありうるデータのモデルがデータ発生モデルであるが，データが得られる状況に鑑みて，実際に得られた値（x）を所与とした場合の未知パラメタや潜在変数の可能性の程度を示す関数を尤度 $L(x | \beta, \theta)$ という。ここで β, θ, x は，それぞれ $\beta_j, \theta_i,$ x_{ij} を集めたベクトルである。

なお，想定されているデータ（すなわち確率変数）と実際に観測され特定の値となっているデータがともに x とされていることに留意されたい。文脈上は区別されるが，縦棒 | の左にあれば未観測の確率変数であり，右にあれば観測値である。また，未知のパラメタが所与のとき，データ x_{ij} が相互に独立であると仮定できれば，尤度は，

$$L(x | \beta, \theta) \propto \prod_i \prod_j p(x_{ij} | \beta_j, \theta_i)$$

となる。

この尤度を最大化するパラメタや潜在変数の値が最尤推定値である。未知の値がこの最尤推定値と一致すれば，データの発生が最もよく説明できるとされる。あるパラメタの関数の最尤推定値は，そのパラメタの最尤推定値の関数である。また，最尤推定値（確率変数として扱う場合には，最尤推定量と言い換えることもある）の分布は，大標本において（数学的には，観測数 $n \to \infty$），真の値に一致する。真の値に一致する推定値の中で，最もその分散が小さいというような良い性質ももっている（漸近有効性）。最尤推定値は，直感的にわかりやすい推定の方法であるゆえに，テスト理論でもよく使われる方法である。

ベイズ流統計学では，主観確率として確率法則を運用する。例えば，条件つき確率のルールから，ベイズの定理が導かれる。すなわち，

$$p(\beta, \theta | x) \propto p(x | \beta, \theta) p(\beta, \theta)$$

が成立する。ここで，$p(\beta, \theta)$ が事前分布，$p(\beta, \theta | x)$ が事後分布とよばれる。データを得た後の，未知の値についての統計的知識は，事後分布として表現される。

C.4　古典的テスト理論のモデル

受検者の性質は不変のままで，何回もテストが繰り返されるケースを考える。繰り返されるテスト得点の平均の周りに，誤差とよぶべき成分が分布するとしよう。このとき，テスト得点 x_i は，その平均 τ_i と，誤差成分 ε_i に分けられる。誤差成分は他の成分とは独立に変動すると想定することによって，

$$x_i = \tau_i + \varepsilon_i$$

となる。この平均 τ_i が真の得点とよばれる。研究の対象とする母集団を想定し，そこから受検者 i が無作為に抽出されるとしよう。無作為に抽出される，固定されない受検者を $*$ で表すとすると，

$$x_* = \tau_* + \varepsilon_* \tag{C.4.1}$$

となる。

C.5　信頼性の定義

母集団のモデルにおいては，式(C.4.1)の変数はすべて確率変数である。どの受検者に対しても，誤差成分に関する分布の平均を 0，分散を一定と想定し，一定の分散を σ_ε^2 とする。また，各受検者の真の得点の分布の平均を μ，その分散を σ_τ^2 とする。さらに，誤差成分は真の得点と独立であると仮定すると，

$$V(x_*) = \sigma_x^2 = V(\tau_*) + V(\varepsilon_*) + COV(\tau_*, \varepsilon_*) = \sigma_\tau^2 + \sigma_\varepsilon^2$$

となる。ここで，V は分散を示し，COV は共分散を示す。このとき，信頼性係数 ρ^2 は，

$$\rho^2 = \frac{\sigma_\tau^2}{\sigma_x^2} = \frac{\sigma_\tau^2}{\sigma_\tau^2 + \sigma_\varepsilon^2} = 1 - \frac{\sigma_\varepsilon^2}{\sigma_x^2}$$

と定義される。ところで，テスト理論を最初に学ぶとき，信頼性係数が ρ の「2乗」で表されることが不思議かもしれない。これは，x_* と τ_* との相関係数 ρ を信頼性の指標とするとき，

$$\rho = \frac{COV(x_*, \tau_*)}{\sqrt{V(x_*)V(\tau_*)}} = \frac{\sigma_\tau^2}{\sigma_x \sigma_\tau} = \frac{\sigma_\tau}{\sigma_x}$$

となり，この2乗が信頼性係数と一致するからである。

C.6 真の得点の推定

n 人の受検者のデータが得られたとする。それぞれの受検者について複数回のテストが行われるとしよう。このデータから真の得点を推定することを考える。このデータに関して，受検者を 1 つの要因とし，受検者要因の各レベルで繰り返しがある（各受検者が複数回テストを受ける）と想定すれば，これは，実験計画の一元配置で得られるデータと見なせる。この想定に従って，真の得点の推定の問題を考える。

真の得点および誤差に関して，

$$\tau_i \sim N(\mu, \sigma_\tau^2), \qquad \varepsilon_i \sim N(0, \sigma_\varepsilon^2)$$

のような正規分布を想定する。さらに，n 人の受検者の真の得点を互いに区別することができないとする。このような性質を交換可能性（exchangeability）という。（交換可能性が成立するとき，交換可能な変数は，その分布のパラメタが与えられた場合には，独立に同一の分布に従うことと同義である。一般にはこのパラメタは未知であるので，交換可能な確率変数の同時分布は，このパラメタの分布による積分である。交換可能かどうかは主観的な判断であるが，この判断が成立すれば，パラメタを所与として独立同一分布を仮定する根拠を与える。）

このとき，パラメタ μ, σ_τ^2, σ_ε^2 が所与の場合，真の得点 τ_i は，独立同一分布に従う。それぞれの受検者からは，原則として複数回繰り返し測定値が得られるとするが，下記の分析法では，繰り返しのない受検者が含まれていても統計的推論は妥当である。それぞれの受検者 i から得られる繰り返しデータの数を n_i とし，その総数を

$$N = \sum_{i=1}^{n} n_i$$

で表し，すべてのデータを $N \times 1$ ベクトル $\boldsymbol{x}$ で示す。このときの尤度は，

$$p(\boldsymbol{x} \mid \tau, \mu, \sigma_\tau^2, \sigma_\varepsilon^2) \propto \prod_i^{n} \prod_k^{n_i} \left\{ (\sigma_\varepsilon^2)^{-\frac{1}{2}} \exp\left(-\frac{(x_{ik} - \tau_i)^2}{2\sigma_\varepsilon^2} \right) \right\}$$

となる（$\tau = (\tau_1, \tau_2, \ldots, \tau_n)^t$）。事前分布として，$\tau_i$ については，これらが交換可能であると仮定し，$\tau_i \sim N(\mu, \sigma_\tau^2)$ とする。また，μ の事前分布は一様分布，また，σ_τ^2 と σ_ε^2 の 2 つの分散の事前分布は，ジェフリーズの無情報事前分布を用いる。すなわち，$p(\sigma_\tau^2) \propto (\sigma_\tau^2)^{-1}$，また，$p(\sigma_\varepsilon^2) \propto (\sigma_\varepsilon^2)^{-1}$ である。このとき，事後分布は，次のようになる。

$$p(\tau, \mu, \sigma_\tau^2, \sigma_\varepsilon^2 | \boldsymbol{x})$$

$$\propto (\sigma_\tau^2)^{-1}(\sigma_\varepsilon^2)^{-1} \prod_i^n \prod_k^{n_i} \left\{ (\sigma_\varepsilon^2)^{-\frac{1}{2}} \exp\left(-\frac{(x_{ik}-\tau_i)^2}{2\sigma_\varepsilon^2} \right) \right\} \prod_i^n \left\{ (\sigma_\tau^2)^{-\frac{1}{2}} \exp\left(-\frac{(\tau_i-\mu)^2}{2\sigma_\tau^2} \right) \right\}$$

$$= \left\{ (\sigma_\varepsilon^2)^{-\frac{1}{2}N-1} \exp\left(-\sum_i^n \sum_k^{n_i} \frac{(x_{ik}-\tau_i)^2}{2\sigma_\varepsilon^2} \right) \right\} \left\{ (\sigma_\tau^2)^{-\frac{1}{2}n-1} \exp\left(-\sum_i^n \frac{(\tau_i-\mu)^2}{2\sigma_\tau^2} \right) \right\}$$

ここで，全パラメタの同時事後分布において，μ を積分消去する。結局，事後分布は次のようになる（式の途中で，σ_ε^{-2} を h_ε に，σ_τ^{-2} を h_τ に表記を変えている）。

$$p(\tau, \sigma_\tau^2, \sigma_\varepsilon^2 | \boldsymbol{x})$$

$$\propto \left\{ (\sigma_\varepsilon^2)^{-\frac{1}{2}N-1} \exp\left(-\frac{S_e + \sum_i^n n_i(\tau_i - \overline{x}_{i*})^2}{2\sigma_\varepsilon^2} \right) \right\} \left\{ (\sigma_\tau^2)^{-\frac{1}{2}n} \exp\left(-\sum_i^n \frac{(\tau_i - \overline{x}_{**})^2}{2\sigma_\tau^2} \right) \right\}$$

$$= (\sigma_\varepsilon^2)^{-\frac{1}{2}N-1}(\sigma_\tau^2)^{-\frac{1}{2}n} \exp\left(-\frac{S_e + \sum_i^n n_i(\tau_i - \overline{x}_{i*})^2}{2\sigma_\varepsilon^2} \right) \exp\left(-\sum_i^n \frac{(\tau_i - \overline{x}_{**})^2}{2\sigma_\tau^2} \right)$$

$$\propto (h_\varepsilon)^{\frac{1}{2}N+1}(h_\tau)^{\frac{1}{2}n} \exp\left(-\frac{1}{2} h_\varepsilon S_e \right) \exp\left[-\frac{1}{2}\sum_i^n \left\{ n_i h_\varepsilon(\tau_i - \overline{x}_{i*})^2 + h_\tau(\tau_i - \overline{x}_{**})^2 \right\} \right]$$

ただし，

$$S_e = \sum_i^n \sum_k^{n_i} (x_{ik} - \overline{x}_{i*})^2, \quad \overline{x}_{i*} = (n_i)^{-1} \sum_k^{n_i} x_{ik}, \quad \overline{x}_{**} = N^{-1} \sum_i^n \sum_k^{n_i} x_{ik}$$

である。

事後分布の最後の項の加算の部分について，次のような平方完成をする。

$$\sum_i^n \left\{ n_i h_\varepsilon(\tau_i - \overline{x}_{i*})^2 + h_\tau(\tau_i - \overline{x}_{**})^2 \right\}$$

$$= (n_i h_\varepsilon + h_\tau)(\tau_i - \hat{\tau}_i)^2 + \frac{n_i h_\varepsilon h_\tau}{n_i h_\varepsilon + h_\tau}(\overline{x}_{i*} - \overline{x}_{**})^2$$

ここで，

$$\hat{\tau}_i = \frac{n_i h_\varepsilon \overline{x}_{i*} + h_\tau \overline{x}_{**}}{n_i h_\varepsilon + h_\tau} = \frac{n_i \sigma_\varepsilon^{-2} \overline{x}_{i*} + \sigma_\tau^{-2} \overline{x}_{**}}{n_i \sigma_\varepsilon^{-2} + \sigma_\tau^{-2}}$$

となる。分母と分子に，$\sigma_\tau^2 \sigma_\varepsilon^2$ をかけると，

$$\hat{\tau}_i = \frac{n_i \sigma_\tau^2 \overline{x}_{i*} + \sigma_\varepsilon^2 \overline{x}_{**}}{n_i \sigma_\tau^2 + \sigma_\varepsilon^2} = \rho_i^2 \overline{x}_{i*} + (1 - \rho_i^2) \overline{x}_{**}$$

となる。ここで，

$$\rho_i^2 = \frac{n_i \sigma_\tau^2}{n_i \sigma_\tau^2 + \sigma_\varepsilon^2}$$

である。繰り返しが1の場合には，信頼性係数は C.5 で定義した信頼性係数と一致する。各受検者において繰り返しの数が多くあれば，それだけ，各受検者の得点の平均値の重みが増えることになる。

　以上が，階層モデルとして，真の得点の推定問題を解説したものであるが，最小2乗法による根拠づけも可能である。まず，$\hat{\tau}_* = \beta_0 + \beta_1 x_*$ とおき，2乗誤差の期待値を最小にすることを考える。すなわち，$E[(\tau_* - (\beta_0 + \beta_1 x_*))^2]$ を最小にするのは，パラメタが次の値をとることである：

$$\hat{\beta}_0 = \bar{x}_* - \beta_1 x_*$$

$$\hat{\beta} = \frac{COV(x_*, \tau_*)}{V(x_*)} = \frac{V(\tau_*)}{V(x_*)} = \rho^2$$

が推定値となる。

　以上のような設定で，σ_τ^2 と σ_ε^2 の推定も可能である。信頼性係数の推定は次の項で説明するが，ベイズ的に，信頼性係数の事後分布を得ようとすれば次のような手順を用いる。まず，σ_τ^2 と σ_ε^2 の事後分布を得る。これらは，上記のモデルの場合には，逆カイ二乗分布になる。信頼性係数は，σ_τ^2 と σ_ε^2 の関数であり，σ_τ^2 と σ_ε^2 の事後分析によって，信頼性係数の推定値を数値的に得ることができる。

C.7　信頼性係数の推定

　信頼性係数を推定するには，繰り返しが必要である。再テスト法や，平行テスト法において，最初のテスト得点を $x_*^{(1)}$，2回目の得点を $x_*^{(2)}$ として，

$$x_*^{(1)} = \tau_* + \varepsilon_*^{(1)}, \qquad x_*^{(2)} = \tau_* + \varepsilon_*^{(2)}$$

となる。両者の相関係数 $\rho_{(1)(2)}$ は，

$$\rho_{(1)(2)} = \frac{COV(x_*^{(1)}, x_*^{(2)})}{\sqrt{V(x_*^{(1)})}\sqrt{V(x_*^{(2)})}} = \frac{\sigma_\tau^2}{\sigma_x^2}$$

となり，信頼性係数 ρ^2 と一致する。

　折半された2つのテストを，あらためて，$x_{h*}^{(1)}$ と $x_{h*}^{(2)}$ とおき，2つのテストが平行テストであると想定する（煩雑な記号法であるが，折半（split halves）された

テストの h を示す）。共通の真の得点を τ_{*h}，その分散を $V(\tau_{*h}) = \sigma_{\tau h}^2$ と記すことにすると，

$$\rho_{h12} = \frac{\sigma_{\tau h}^2}{\sigma_{xh}^2}$$

となる。ところで，元来のテスト得点は

$$x_* = x_{h*}^{(1)} + x_{h*}^{(2)} = 2\tau_{*h} + \varepsilon_{*h}^{(1)} + \varepsilon_{*h}^{(2)}$$

となる。すなわち，元来のテスト得点は，真の得点の部分が $2\tau_{*h}$ となり，誤差の部分が $\varepsilon_{*h}^{(1)} + \varepsilon_{*h}^{(2)}$ となる。誤差成分は互いに独立なので，テスト得点の分散は，

$$V(x_*) = 4V(\tau_{*h}) + 2V(\varepsilon_{*h}^{(*)}) = 4\sigma_{\tau h}^2 + 2\sigma_{\varepsilon h}^2$$

となる。したがって，推定したい信頼性係数 ρ^2 は，

$$\rho^2 = \frac{4\sigma_{\tau h}^2}{4\sigma_{\tau h}^2 + 2\sigma_{\varepsilon h}^2} = \frac{4\rho_{h12}}{4\rho_{h12} + 2(1 - \rho_{h12})} = \frac{2\rho_{h12}}{1 + \rho_{h12}}$$

となる。テストを半分にして，その間の相関係数を計算することによって，信頼性係数を推定することができる。この方法を折半法という。

　同じロジックは，テスト得点がいくつかの下位テスト（subtest）に分けられ，それらが平行テストであると仮定できる場合にも応用できる。

　このとき，下位テスト間の相関係数（ρ_s）はモデルが正しければ同じになる（実際にデータから推論する場合は，下位テスト間で計算される相関係数は通常同じにはならないので，それらの平均をとることになる）。このとき，本来のテストの信頼性係数は，

$$\rho^2 = \frac{m\rho_s}{1 + (m - 1)\rho_s}$$

となる（スピアマン‐ブラウンの公式）。

C.8　クロンバックの α 係数

　本文では，α 係数の安易な使用について注意を促している（より詳しくは岡田（2014）や Cho（2016）を参照）。

　テストが m 個の下位テストに分かれるとする。α 係数は，最小の下位テストとして，それぞれの項目への反応として定義されているが，下位テストへの分割としたほうが，より一般的な議論につながる。これらの下位テストの得点をベクトル x とする。すなわち，$x = (x_1, x_2, \ldots, x_m)'$ である。付録 C のここまでの記号法では，

受検者 i の下位テストの得点ベクトル x_i, あるいは母集団から無作為に抽出されたことを示す記号として x_* とすべきであるが，記号の煩雑さを避けるために，単に x とする。この x について，一般的に潜在変数モデルを表現し，α 係数との関連を指摘する。まず，α 係数を本文とは別の表現をするために，次のような行列を用意する。

x の分散共分散行列：

$$\Sigma = V(x) = \{\sigma_{jk}\}$$

分散共分散行列の対角成分からなる，非対角要素がすべて 0 の行列（対角行列）：

$$D_\Sigma = \{\sigma_j^2\} = \mathrm{diag}(\Sigma)$$

対角成分を 0 とする共分散行列：

$$C_\Sigma = \{c_{jk}\} = \Sigma - D_\Sigma$$

すべての要素を 1 とするユニットベクトル（$m \times 1$）を $\mathbf{1} = (1, 1, \ldots, 1)^t$ とおくと，α 係数は，

$$\alpha = \frac{m}{m-1}\left(\frac{\displaystyle\sum_j\sum_{k \neq j}\sigma_{jk}}{\displaystyle\sum_j\sigma_j^2 + \sum_j\sum_{k \neq j}\sigma_{jk}}\right) = \frac{m}{m-1}\left(\frac{\mathbf{1}^t C_\Sigma \mathbf{1}}{\mathbf{1}^t \Sigma \mathbf{1}}\right)$$

となる。すなわち，α 係数とは，対角成分を除いた共分散行列の全成分の和と分散共分散行列の全成分の和との比に比例する。この簡単な指標がどのような役に立つのかを吟味するために，下位テストのベクトル x について，いくつかのモデルを想定する。

(a) 一般モデル（構造方程式モデル，因子分析モデル）

$$x = \tau + \Lambda\theta + \varepsilon, \quad V(\varepsilon) = \Sigma_\varepsilon$$

ここでは，テストの構造を示す母集団モデルを提示する。

複数の下位テストが，真の得点ベクトル τ といくつかの次元 r の潜在変数 $\theta = (\theta_1, \theta_2, \ldots, \theta_r)^t$ によって説明されている。真の得点ベクトル τ は，$\tau = \tau\mathbf{1}^t = (\tau, \tau, \ldots, \tau)^t$ である。潜在変数 θ の各要素の影響力の強さは $\Lambda = \{\lambda_{jk}\}$ で示される（ただし，$k = 1, \ldots, r$）。このパラメタは潜在変数モデルの 1 つである因子分析モデルでは，因子負荷量とよばれる。因子負荷量 λ_{jk} は，潜在変数 θ_r の下位テスト j への

回帰係数である（潜在変数は因子ともよばれる）。

　誤差ベクトル ε の分散共分散行列は，分散は異なるが，互いに相関しないことを想定して，共分散はすべて 0 であると仮定されることが多い。誤差分散共分散行列を $V(\varepsilon) = \Psi$ とおくとき，Ψ は対角行列であり，対角成分は，それぞれ別の値をもつ。このモデルでは簡単のために，潜在変数の分散は 1，潜在変数間の相関は 0 であるとする（$V(\theta) = I_r$）として，$V(x) = V(\tau) + \Lambda\Lambda' + \Psi$ となる。ただし，I_r は $r \times r$ の単位行列を表す。

(b) 平行テストモデル（parallel test）

$$x = \tau + \varepsilon, \ \ V(\varepsilon) = \sigma_\varepsilon^2 I_m$$

　テストに課する条件としては最も厳しい。誤差成分は，平均を 0，分散を σ_ε^2 とする同じ分布に従う。このとき，$V(x) = \sigma_\tau^2 I_m + \sigma_\varepsilon^2 I_m$ となる。

(c) タウ等価モデル（tau equivalent test）

$$x = \tau + \varepsilon, \ \ V(\varepsilon) = \Psi$$

　平行テストの条件のうち，誤差成分の分散が一定という条件が外され，分散は相互に異なる。このとき，x の分散共分散行列 $V(x) = \Sigma$ の対角成分はそれぞれ異なるが，非対角成分，すなわち共分散はすべて同じになる。なお，真の得点に定数が加算されても，分散や共分散には関係しないので，真の得点に定数を加算するモデルも，タウ等価モデルの派生モデルとして扱うことができる。

(d) 同族モデル（congeneric model）

$$x = \tau\lambda + \varepsilon, \ \ V(\varepsilon) = \Psi$$

　このモデルにおいては，次元の数は同じだが，真の得点が異なる。因子分析モデルでいえば次元の数は 1（$r = 1$）であり，因子負荷量行列は第 1 列のみとなり，それを λ とおいている。このとき，真の得点ベクトルは，$\tau\lambda_1, \tau\lambda_2, \ldots, \tau\lambda_m$ となる。

　それぞれのモデルが正しい場合に α 係数を計算する。

(a) 一般モデルの場合

　一般モデルにおける信頼性の定義は複雑なので，最後に説明する。

(b) 平行テストの場合

$$\alpha = \frac{m}{m-1}\left(\frac{m(m-1)\,\sigma_\tau^2}{m^2(\sigma_\tau^2+\sigma_\varepsilon^2)}\right) = \rho^2$$

(c) タウ等価モデルの場合

各下位テストの信頼性係数を $\rho_j^2 = \sigma_\tau^2/\sigma_j^2$ とおき，その平均を $\bar{\rho}^2$ とする。ここで，各 $\rho_j^2 = \bar{\rho}^2$ と見なすならば，

$$\alpha = \frac{m}{m-1}\left(\frac{m(m-1)\,\sigma_\tau^2}{\sum_j \sigma_j^2 + m(m-1)\,\sigma_\tau^2}\right) = \frac{m}{m-1}\left(\frac{m(m-1)\,\bar{\rho}^2}{m+m(m-1)\,\bar{\rho}^2}\right)$$

$$= \frac{\bar{\rho}^2}{1+(m-1)\,\bar{\rho}^2}$$

となる。さらに，$\bar{\rho}^2$ の推定値として，すべての組み合わせの下位テスト間の相関係数の平均を代置するならば，α 係数はこの平均をスピアマン‐ブラウンの公式に当てはめた結果に一致する。

(d) 同族モデルの場合

このモデルにおいては，共分散成分は $\lambda_j\lambda_k$ となる。各変数が正規化され，分散共分散行列が相関係数行列であれば，α 係数はすべての組み合わせの相互の相関係数の平均をスピアマン‐ブラウンの公式に当てはめた結果に一致する。

(a) 一般モデルの場合

1つの因子だけではなく，多次元的なモデルが妥当な場合に，α 係数を計算すると，全体のばらつきの総和のうち，共通因子が占めるばらつきの占める割合となる。因子分析モデルでは，真の得点 τ は，多次元の潜在変数（因子）の最初の因子として解釈できる（因子負荷量はすべて1）。α 係数は，第1因子だけではなく，複数の因子間の共分散も含むことになるので，α 係数はもはや1次元性の指標ではない。因子分析モデルが妥当な場合，テストの1次元性に関しては，主因子解の第1因子のみを取り上げ，その因子の寄与率を計算するほうが良い指標となっていると考えられる。

C.9 妥当性の定義

3章の43ページにあるように，統計的に操作できる期待値としての真の得点の定義を変えて，テストが測ろうとしている特性の指標として，あらためて真の得点を考える。この意味での受検者 i の真の得点を θ_i とするとき，これは，誤差 ε_i には存在せず，期待値 τ_i の中に存在するであろう。期待値 τ_i における θ_i 以外の部分を η_i とおく。真の得点 θ_i と期待値の他の部分 h_i，および，誤差 ε_i との間が独立であると仮定すると，受検者 i について得られた1つのテスト得点 x_i の分散は，次のように分解される。

$$x_i = \tau_i + \varepsilon_i = \theta_i + \eta_i + \varepsilon_i$$

$$V(x_*) = \sigma_x^2 = V(\tau_*) + V(\varepsilon_*) = V(\theta_*) + V(\eta_*) + V(\varepsilon_*) = \sigma_\theta^2 + \sigma_\eta^2 + \sigma_\varepsilon^2$$

テスト得点が真の得点をどの程度示すかという指標として，妥当性係数 φ を定義すると，次のようにするのが理にかなっている。

$$\varphi = \frac{\sigma_\theta^2}{\sigma_x^2}$$

しかし，現実的には，θ を独立して取り出すことは困難である。実際には，データとして取得できる基準変数との関連の度合いによって，妥当性を検証する場合が多い。本文で説明したように，基準が分類などの離散変数である場合にはまた別の工夫が必要であるが，基準変数も量的であれば，ピアソンの相関係数が適切である。ピアソンの相関係数は，どのような母集団を想定するか，どのようなデータ収集の手続きが取られるかに影響されることの多い，解釈の難しい指標である。

C.10 テスト得点の欠損の取り扱い

基準とテスト得点の一部が欠損値であることを示す変数を次のように定義する。

y：基準変数

y_o：基準変数のうち，観測される部分

y_m：欠損している部分

x：テスト得点（一般的には独立変数）

x_o：テスト得点のうち，観測される部分

x_m：欠損している部分

a：基準やテスト得点が観測されるか欠損するかを決めるダミー変数ベクトル

ここで，データとして観測される基準変数の全体，すなわち，$y^t = (y_o^t, y_m^t)$および$x^t = (x_o^t, x_m^t)$の全体の分布のパラメタを θ，欠損するかどうかを定める分布のパラメタを η とする。欠損のメカニズムが，y や x に依存しないとすれば（missing at random; MAR とよばれる），次のようになる。

$$p(y, x, a | \theta, \eta) = p(y, x | a, \theta) p(a | \eta)$$
$$= p(y_m, x_m | a, \theta) p(y_o, x_o | a, \theta) p(a | \eta)$$

この場合は欠損メカニズムが無視できるので，欠損値を積分消去すれば観測データのモデル分布が得られる。

一般的には，欠損メカニズムは，y や x に依存する場合が多い。この場合には，信用できるモデル式 $p(x, y, a | \theta, \eta)$ を設定することが必要である。

テスト得点は，すべてが観測されるとし，また，欠損メカニズムを示す a の分布が観測されるテスト得点 x_o だけに依存する場合には，比較的分析は簡単である。すなわち，$p(a | \eta)$ は，観測データ x_o が所与の場合に固定され，$p(y_m | x_o)$ は積分消去できる。すなわち，

$$p(y_o | x_o, \theta) = \int p(y_m | x_m, \theta) p(y_o | x_o, \theta) dy_m$$

例えば，大学入学の選抜資料の妥当性を評価するような場合には，この推定法にのっとり，適切なモデルを選べばよい。

より一般的には，適切な共変数 z を選ぶことによって，共変数 z を所与とするとき，

$$p(y | x, z, \theta) = p(y_o | x_o, z, \theta) p(y_m | x_m, z, \theta)$$

および

$$p(x | z, \theta) = p(x_o | z, \theta) p(x_m | z, \theta)$$

というように分解できるならば，観測値を所与とするパラメタ θ に関する推論は，

$$p(y_o, x_o | z, \theta) = \int p(y | x, z, \theta) p(x | z, \theta) dx_m dy_m$$

における左辺を観測データのモデル分布として推論することができる。詳しくは，ベイズ流に欠損値の扱いを論じた Shigemasu（2022）を参照されたい。

C.11 結果的妥当性の指標

妥当性の指標として，基準との関連を示すほかに，有力な方法が，結果的妥当性の数値化である。結果的妥当性の有望な指標が，EVSI（expected value for sample information）である。研究者あるいは実践家が当面する意思決定問題において，いくつかある代替案の集合を $\mathcal{D}$ のとし，その要素である個々の代替案を d とする。テスト得点を x とし，そのテストが測ろうとする事象や変数，あるいは，パラメタなどをすべて ξ で示す。テストの情報がない状態では，テスト得点は推定するほかに手段がなく，その推定は，事前分布 $p(\xi)$ で示される。この状況における最適な代替案は，代替案 d と不確定事象 ξ によって生起する結果の効用を $u(d, \xi)$ として，

$$\arg\max_{d \in \mathcal{D}} \int u(d, \xi) p(\xi) d\xi$$

である。テスト得点 x を利用できるならば，当該の未知の状態は，事後分布によって表現できる。テスト情報を利用した最適な決定は，

$$\arg\max_{d \in \mathcal{D}} \int u(d, \xi) p(\xi|x) d\xi$$

によって示される。テスト情報の価値，すなわち結果的妥当性は，この両者の差である。あらためて示すと，以下のようになる。

$$EVSI = \max_{d \in \mathcal{D}} \int u(d, \xi) p(\xi|x) d\xi - \max_{d \in \mathcal{D}} \int u(d, \xi) p(\xi) d\xi$$

C.12 項目反応理論

項目への反応のモデルにはさまざまなものがある。代表的なモデルが，2パラメタロジスティックモデルである。3章57ページで示したように，このモデルは，

$$P(x_{ij} = 1) = \frac{1}{1 + \exp\{-1.7a_j(\theta_i - b_j)\}}$$

である。ここで，定数 1.7 がモデルに含まれるのは，この確率を正規分布の累積分布関数で表現する場合とパラメタの意味が相似になるようにするためである。一方，誤答する確率 $P(x_{ij} = 0) = 1 - P(x_{ij} = 1)$ は，

$$P(x_{ij} = 0) = \frac{\exp\{-1.7a_j(\theta_i - b_j)\}}{1 + \exp\{-1.7a_j(\theta_i - b_j)\}}$$

となる。

このモデルに基づき，受検者の潜在変数 θ_i を推定することを考える。今，簡単のために，項目が2つであるとし，そのパラメタは，$a_1 = 1$，$b_1 = -1$，$a_2 = 0.5$，$b_2 = 0.5$ であるとしよう。ある受検者は，項目1に正答したが，項目2には間違えたとする。このデータ $(x_{i1} = 1,\ x_{i2} = 0)$ が出現する確率は，2パラメタロジスティックモデルを真とするとき，

$$P(x_{i1} = 1,\ x_{i2} = 0)$$
$$= \frac{1}{1 + \exp\{-1.7(\theta_i + 1)\}} \left[\frac{\exp\{-1.7 \times 0.5(\theta_i - 0.5)\}}{1 + \exp\{-1.7 \times 0.5(\theta_i - 0.5)\}} \right]$$

である。上式を，n 個のテスト項目と N 人の受検者に一般化し，複数の受検者について，複数のテストによって得られるデータをまとめて，行列 $\boldsymbol{X}$ で示すとき，

$$P(\boldsymbol{X}) = \prod_i^N \prod_j^n P(x_{ij} = 1)^{x_{ij}} P(x_{ij} = 0)^{1 - x_{ij}}$$

となる。これは，データを発生する様子を示す分布であるが，データが現実に得られた場合には，モデルに含まれる未知の部分（パラメタや潜在変数）の値のもっともらしさを示す。このような式を尤度（likelihood）とよぶ（厳密にいえば，上式と比例する式はすべて尤度とよばれる）。データ行列 $\boldsymbol{X}$ が発生する様子を，項目パラメタや潜在変数が既知の場合に示す場合には，$P(\boldsymbol{X}|\boldsymbol{a}, \boldsymbol{b}, \boldsymbol{\theta})$ と表現し，$\boldsymbol{X}$ が得られて，データが既知となれば，未知の部分と既知の部分を交換し，$L(\boldsymbol{a}, \boldsymbol{b}, \boldsymbol{\theta}|\boldsymbol{X})$ と表現する（ここで，$\boldsymbol{a}, \boldsymbol{b}, \boldsymbol{\theta}$ は，a_j, b_j, θ_i をそれぞれベクトル化したものである）。

項目パラメタが既知の場合は，θ の尤度 $L(\theta|\boldsymbol{a}, \boldsymbol{b}, \boldsymbol{X})$ を最大化する値が推定値となる。このようにして得られる推定値を最大尤度推定値，あるいは略して最尤推定値という。潜在変数 θ の推定値 $\hat{\theta}$ は，最尤推定値で与えられることが多い。最尤推定値の分散は直接得ることは難しいが，受検者の N が大きいときには分散を近似する値が得られる。

テスト得点ではなく，テスト項目に対する反応まで解体して分析する利点は，テストの最適な構成に情報を与えることである。現在では，コンピュータ情報技術を利用して，それぞれの受検者に最適なテストをテスト実施するごとに組み立てることができる（5章参照）。

C.13　多次元項目反応モデル

潜在変数 θ を，複数の因子の線形式で表現する。このとき，因子数を r として，

$$P(x_{ij} = 1) = \cfrac{1}{1 + \exp\left\{-1.7\left(\sum_k^r a_{jk}\theta_k - b_j\right)\right\}}$$

がモデル式である。

非補償型の正答のモデルは,

$$P(x_{ij} = 1) = \prod_k^r \cfrac{1}{1 + \exp\{-1.7a_{jk}(\theta_{ik} - b_{jk})\}}$$

となる。また,補償型のモデルは,

$$P(x_{ij} = 1) = \max_k \left[\cfrac{1}{1 + \exp\{-1.7a_{jk}(\theta_{ik} - b_{jk})\}} \right]$$

となる。

C.14 項目カテゴリへの反応のモデル

多枝選択式テストにおいて,準備された選択枝のそれぞれに反応する確率を示す,代表的なモデルとして,多項ロジスティックモデルがある。ただし,IRT モデルでは,説明変数が学力などの潜在変数である。

$$P(x_{ij} = k) = \left(\cfrac{\exp\{a_{jk}(\theta_i - b_{jk})\}}{\sum_k \exp\{a_{jk}(\theta_i - b_{jk'})\}} \right)$$

がある(この式において,先述したロジスティックモデルにおける定数 1.7 はこの場合あまり意味がないので省略している)。テストの項目への反応を得て,適切なモデルを選択したあとは,項目パラメタや潜在変数を推定する。推定の方法としては,これらのデータを生成する尤度を最大化する最大尤度法か,事前分布を用いるベイズ的方法によって推定することが多い。

本文で説明したように,答えに明らかな順序性がある場合には,順序性をもっているモデルを想定することも可能である。いま,反応カテゴリ(選択枝)の数を q とする。いま,選択枝は数値が大きいほど,難易度が高く,学力などの潜在変数 θ が高くなければ反応しないとする。通常は,もちろんこのような順序で選択枝の番号が定まるわけではないが,データ分析の際に,この順序性を満たすように選択枝の番号を変えればよい。このとき,それぞれのカテゴリ i 以上への反応確率を

$$P_1^+(\theta), P_2^+(\theta), \ldots, P_q^+(\theta)$$

とするとき,それぞれの反応確率は,

$$P_j(\theta) = P_{j+1}^+(\theta) - P_j^+(\theta)$$

となる。ただし，選択枝1以上の確率を，$P_1^+ = 1$ とする。P_k^+ の具体的な形としては，ロジスティックモデルなどを適用する。

C.15　各種モデルの選択

　テスト項目への反応についてのいろいろなモデルを紹介したが，これらのモデルは現在までに提案されたモデルのほんの一部である。多くのモデルから手元にあるデータを分析するために最適なモデルを選ぶのは重要で難しい問題である。統計学的には，個々のモデルによるデータの再現と実データとの差（例えば，二乗誤差）が小さいほうが良いとする考え方がある。図 3.4 は，θ_i の推定値 $\hat{\theta}_i$ との相関図であるが，この図を示した場合のように真の値が既知の場合には，真の値と測定値の差の2乗の n 人の和，

$$\sum_i^n \left(\hat{\theta}_i - \theta_i \right)^2$$

を最小にするモデルが良いモデルである。しかし，現実のデータ分析では，真の値は既知ではない。このようなとき，手元にあるデータとモデルによって予想されるデータとの間にどれほど隔たりがあるかをモデルの良さの指標とすることができる。項目反応理論の場合，モデルから導かれるのは，各項目に正答する確率 $P(x_{ij} = 1)$ である。得られるデータは，受検者 i が，テスト項目 j に実際に正答したかどうかであり，モデルによる推論の良さは，正答した問いには大きい確率を予想し，誤答した場合には，この確率が小さければ小さいほどよい。このための尺度として，$P(x_{ij} = 1) \equiv \pi_{ij}$ とおき，その推定値を $\hat{\pi}_{ij}$ とすると，N 人の受検者，n 項目のテストについて，

$$\sum_i^N \sum_j^n \hat{\pi}_{ij}^{x_{ij}} (1 - \hat{\pi}_{ij})^{1 - x_{ij}}$$

が良い指標となる。これは，最大尤度法を用いた場合の最大化された尤度であり，諸モデル間の尤度の値を比較することになる。

　あるいは，正答する確率の統計モデルによる予測値と実際に得られたデータとの距離を指標とすることもできる。すなわち，

$$\sum_i^N \sum_j^n (\hat{x}_{ij} - x_{ij})^2$$

である。

しかし，本節でここまで説明してきた方法では，良いモデルは得られたデータに最もよく適合するモデルとなり，このデータのみがもつ特徴に適合するほうが指標の値が良くなる。このデータのみの特化した特徴にも合わせるためには，パラメタは多いほうが有利であり，この有利さはこれから得られるデータ全体に対して有利であるとは限らず，かえって不利になることがある。また，真のモデルが，比較したい複数のモデルの中に含まれているとは限らない。推定のために使われるデータと真のモデルを探すためのデータを分けて，前者のデータによる推定結果を後者のデータに適用して評価するという考え方もある。最も極端な場合として，全部で N 個のデータがあるとすれば，$(N-1)$ 個のデータを推定のために用い，残りの１つのデータに適用して評価する作業を N 回繰り返すことも考えられる。また，想定されるデータ全般に対し，真のモデルが比較対象のモデルの中にもないという一般的な状況を念頭に最適なモデルを選択できるように考えられているのが，AIC，BIC，WAIC，WBIC などの情報量規準である。しかし，これらの規準の数値の差をどのように評価するかについてコンセンサスが得られているわけでもなく，この情報量規準だけで，最も適切なモデルを決めることは難しい。

引用文献

Cho, E. (2016). Making reliability reliable: A systematic approach to reliability coefficients. *Organizational Research Methods*, **19**(4), 651-682.

岡田謙介 (2011). クロンバックの α に代わる信頼性の推定法について. 日本テスト学会誌, **7**, 37-50.

Shigemasu, K. (2022). Sage statisticians in social sciences. *Journal of the Indian Institute of Science*, **102**(4), 1277-1285.

van der Linden, W. J. (Ed.). (2016). *Handbook of item response theory: Volume 1. Models*. CRC Press.

索　引

■ 編者紹介

繁桝　算男　（しげます　かずお）

　　東京大学名誉教授．慶應義塾大学訪問教授．Ph.D.　主要著書：『ベイズ統計入門』（著，東京大学出版会，1985），『意思決定の認知統計学』（著，朝倉書店，1995），『後悔しない意思決定』（著，岩波書店，2007），『心理テスト』（共訳，培風館，2010），『心理学理論バトル』（編，新曜社，2021）など．

■ 著者紹介

繁桝　算男　（しげます　かずお）【はじめに，1 章，3 章，付録 A，付録 C】

　　〈編者紹介参照〉

加藤　健太郎　（かとう　けんたろう）【2 章，付録 A】

　　ベネッセ教育総合研究所主席研究員．Ph.D.　主要著書：『R による項目反応理論』（共著，オーム社，2014），『Progress & Application 心理統計法』（共著，サイエンス社，2021）など．

光永　悠彦　（みつなが　はるひこ）【4 章，付録 B】

　　名古屋大学大学院教育発達科学研究科准教授．博士（学術）．主要著書：『テストは何を測るのか』（著，ナカニシヤ出版，2017），『テストは何のためにあるのか』（編，ナカニシヤ出版，2022）など．

植野　真臣　（うえの　まおみ）【5 章】

　　電気通信大学大学院情報理工学研究科教授．博士（工学）．主要著書：『e テスティング』（共編，培風館，2009），『学習評価の新潮流』（朝倉書店，2010，共著），『確率的グラフィカルモデル』（共編，共立出版，2016）など．

宇都　雅輝　（うと　まさき）【6 章】

　　電気通信大学大学院情報理工学研究科准教授．博士（工学）．

二村　英幸　（にむら　ひでゆき）【7 章，付録 A】

　　元文教大学人間科学部教授．主要著書：『人事アセスメントハンドブック』（共編，金子書房，2000），『人事アセスメント論』（著，ミネルヴァ書房，2005），『キャリア自律を育む心理測定ツールの開発と実践』（著，金子書房，2021）など．

黒田　美保　（くろだ　みほ）【8 章，付録 A】

　　田園調布学園大学人間学部教授．博士（医学）．博士（学術）．公認心理師．臨床心理士．臨床発達心理士．主要著書：『公認心理師のための発達障害入門』（著，金子書房，2018），『発達障害支援に生かす適応行動アセスメント』（監訳，金子書房，2021）など．

心理・教育・人事のためのテスト学入門

2023 年 4 月 20 日　第 1 刷発行

編　者	繁桝算男	
発行者	柴田敏樹	
印刷者	日岐浩和	

発行所　株式会社 誠信書房

〒112-0012 東京都文京区大塚 3-20-6
電話　03 (3946) 5666
https://www.seishinshobo.co.jp/

中央印刷　協栄製本
検印省略
©Kazuo Shigemasu, 2023

落丁・乱丁本はお取り替えいたします
無断で本書の一部または全部の複写・複製を禁じます
Printed in Japan
ISBN978-4-414-30025-3 C3011

子どものPTSDの
アセスメント
UCLA 心的外傷後ストレス障害
インデックスの手引き

亀岡智美 著

世界で汎用されている「UCLA 心的外傷後ス
トレス障害インデックス」。著者らが臨床実践
から得た、この日本語版の実施方法を解説。

A5判並製　定価(本体1300円＋税)

子どもの発達検査の
取り方・活かし方
子どもと保護者を支えるために

樋口隆弘 著

検査を子どもに資するものとするために、検査
中・検査前後に起こりがちな難しい状況に対す
る検査者の考え方と対応方法を解説する。

A5判並製　定価(本体2000円＋税)